Bauwelt Fundamente 169

Herausgegeben von

Elisabeth Blum
Jesko Fezer
Günther Fischer
Angelika Schnell

Stephan Trüby

Rechte Räume
Politische Essays und Gespräche

Bauverlag
Gütersloh · Berlin

Birkhäuser
Basel

Die Reihe Bauwelt Fundamente wurde von Ulrich Conrads 1963 gegründet und seit Anfang der 1980er-Jahre gemeinsam mit Peter Neitzke herausgegeben.
Verantwortliche Herausgeberin für diesen Band: Elisabeth Blum

Gestaltung der Reihe seit 2017: Matthias Görlich

Vordere Umschlagseite: Kontinuität der Reichsidee als rechte Obsession – das Steinbild des erwachenden Barbarossa, von 1155 bis 1190 Kaiser des römisch-deutschen Reiches, am zwischen 1892 und 1896 nach Plänen von Bruno Schmitz gegen den „inneren Feind" der Sozialdemokratie errichtete Kyffhäuserdenkmal in Thüringen (Foto: Stephan Trüby, 2018).

Hintere Umschlagseite: Frisch gestrichen, aber noch im Bau – der rekonstruierte Krönungsweg der Neuen Frankfurter Altstadt (Stand: 30. November 2017), den zwischen 1562 und 1792 zehn römisch-deutsche Könige und Kaiser gingen (Foto: Stephan Trüby).

Library of Congress Control Number: 2020947588

Bibliografische Information der Deutschen Nationalbibliothek
Die Deutsche Nationalbibliothek verzeichnet diese Publikation in der Deutschen Nationalbibliografie; detaillierte bibliografische Daten sind im Internet über http://dnb.dnb.de abrufbar.

Dieses Buch ist auch als E-Book (ISBN 978-3-0356-2241-6) erschienen.

Der Vertrieb über den Buchhandel erfolgt ausschließlich über den Birkhäuser Verlag.
© 2020 Birkhäuser Verlag GmbH, Basel, Postfach 44, 4009 Basel, Schweiz, ein Unternehmen von Walter de Gruyter GmbH, Berlin/Boston; und Bauverlag BV GmbH, Gütersloh, Berlin

Gedruckt auf säurefreiem Papier, hergestellt aus chlorfrei gebleichtem Zellstoff. TCF ∞

bau|| ||verlag

Printed in Germany

ISBN 978-3-0356-2240-9

9 8 7 6 5 4 3 2 1
www.birkhauser.com

Publiziert mit der freundlichen Unterstützung von:

 Universität Stuttgart

Inhalt

1 Rechte Räume. Eine Einführung

Viele westlich-liberal geprägte Demokratien erfahren derzeit einen bis vor wenigen Jahren kaum für möglich gehaltenen politischen Rollback. In manchen dieser Länder scheint nichts mehr unmöglich zu sein: die Rückkehr von offen rassistischem Denken und Homophobie in breiteren Gesellschaftsschichten; die Rückkehr religiös getragener Mythen auf politische Bühnen; selbst die Rückkehr bzw. Ersteinführung von Diktatur und Faschismus.[1] Bestritten werden die emanzipatorischen Errungenschaften von 1968 ff. auf breiter Front von einer teilweise bereits parlamentarisch agierenden Rechten, die das Rad der Zeit zurückdrehen will: zurück in eine Zeit klar konturierter Nationalstaaten mit „passenden Völkern"; zurück in ein „Europa der Vaterländer", zurück zu „America First". Diese Front, die zur Bedrohung nicht nur des europäischen Einigungsprojektes, sondern auch zur Bedrohung des „Westens" im Sinne einer freiheitlich-demokratischen Grundordnung insgesamt geworden ist, verfügt trotz – oder gerade wegen – ihres Nationalismus über internationale Schlagkraft. Dass mit dem Aufschwung der Rechten auch Aussagen zur Kultur im Allgemeinen und zur Architektur im Besonderen getätigt werden, soll anhand dieses Buches deutlich werden. Die Leitfrage, die sich durch die teils viel diskutierten Essays und Gespräche zieht, ist folgende: Verfolgen zeitgenössische rechtspopulistische, rechtsradikale, rechtsextremistische und (neo-)faschistische Kräfte eine architekturpolitische und städtebauliche Agenda? Und wenn die Antwort, wie vorwegzunehmen ist, „Ja" lauten muss: Inwieweit macht sich hierfür die sogenannte „Mitte der Gesellschaft" zur unfreiwilligen Helferin?

Rechtspopulismus, Rechtsradikalismus, Rechtsextremismus, (Neo-)Faschismus – Begriffsklärungen

Doch was ist eigentlich mit „Rechtspopulismus", „Rechtsradikalismus", „Rechtsextremismus" und „(Neo-)Faschismus" gemeint? Und wie verhalten sich diese Strömungen zum Konservatismus? Mit Ernst Hillebrand sei unter „Rechtspopulismus" im Folgenden „kei[n] klar definierte[s], einheitliche[s]"[2] Konzept verstanden, sondern: „Ein kleinster gemeinsamer Nenner lässt sich am ehesten noch im soziokulturellen Bereich finden: in einer Präferenz für das Gewohnte, das Nationale, das Vertraute und in einer dezidierten Abneigung gegenüber den etablierten Mainstreamparteien und den amtierenden liberalen Eliten."[3] Rechtspopulisten, so Hillebrand, sind keineswegs ein „Problem für die etablierten konservativen Parteien", keineswegs „eine Art Verteilungskampf im rechten Lager",[4] ganz im Gegenteil: Sie „gewinnen ihre Wähler in einem nicht unerheblichen Maße aus traditionellen Wählermilieus der linken Mitte".[5] Mit Folgen, die aus verschiedenen Ländern bekannt sind, etwa aus Polen, Österreich oder Ungarn: „Der Abfluss von aus einfachen sozialen Verhältnissen stammenden Wähler zu den Rechtspopulisten droht die Machtperspektive der linken Mitte dauerhaft zu schwächen."[6] Als Ursache dieser Entwicklung macht Hillebrand eine wachsende „Kluft zwischen öffnungsorientierten, liberal-kosmopolitischen Eliten und nationalistisch-protektionistischen Bevölkerungsgruppen" aus.[7] Er beklagt die „Aushöhlung der Demokratie" im „Mehrebenensystem von Nationalstaaten und Europäischer Union", in dem für eine signifikante Anzahl von Bürger*innen „das gewünschte Maß an Teilhabe und Repräsentativität"[8] immer mehr verloren zu gehen scheine: „Das Vertrauen, die Dynamiken des Kapitalismus durch demokratische Politik einhegen zu können, ist im neoliberalen Finanzkapitalismus deutlich geschwunden."[9] Gleichzeitig warnt Hillebrand vor allzu ökonomistischen Erklärungsmodellen – und empfiehlt, die „kulturellen und[10] gesellschaftlichen Dimensionen der Verunsicherung von Wählern"[10] stärker zu berücksichtigen: „[...] auch in gut funktionierenden Volkswirtschaften – das zeigen die Beispiele der Schweiz oder Dänemarks – können Rechtspopulisten erfolgreich sein und die politische Agenda (mit)bestimmen. Es wird daher eines sehr viel breiteren, das ganze Spektrum der Verunsicherungsgefühle abdeckenden Ansatzes bedürfen, um dem Rechtspopulismus das Wasser abzugraben."[11]

Für die allermeisten der in diesem Buch thematisierten kulturellen Entwicklungen kann der Begriff des „Rechtspopulismus" jedoch als eher unadäquat und zumeist auch verharmlosend betrachtet werden. Viele der in den folgenden Kapiteln zu beschreibenden Phänomene sollten daher besser nicht als „rechtspopulistisch", sondern als „rechtsradikal" bezeichnet werden. Was ist damit genau gemeint? Die deutschen Verfassungsschutzbehörden definieren „Radikalismus" im Allgemeinen und „Rechtsradikalismus" im Besonderen als „überspitzte, zum Extremen neigende Denk- und Handlungsweise, die gesellschaftliche Probleme und Konflikte bereits ‚von der Wurzel (lat. radix) her‘ anpacken will".[12] Sie konzedieren: „Radikale politische Auffassungen haben in unserer pluralistischen Gesellschaftsordnung ihren legitimen Platz. Auch wer seine radikalen Zielvorstellungen realisieren will, muss nicht befürchten, dass er vom Verfassungsschutz beobachtet wird, jedenfalls nicht, so lange er die Grundprinzipien unserer Verfassungsordnung anerkennt."[13] Erst dann, wenn Radikale den demokratischen Verfassungsstaat durch Taten aktiv zu beseitigen versuchen, sprechen die deutschen Verfassungsschutzbehörden von „Extremismus" – der dann enstprechend auch beobachtet wird.[14] Im Glossar des Bundesamtes für Verfassungsschutz, das auf www.*verfassungschutz.de* abrufbar ist, wird vor diesem Hintergrund „Rechtsextremismus" folgendermaßen definiert: „Unter Rechtsextremismus werden Bestrebungen verstanden, die sich gegen die im Grundgesetz konkretisierte fundamentale Gleichheit der Menschen richten und die universelle Geltung der Menschenrechte ablehnen. Rechtsextremisten sind Feinde des demokratischen Verfassungsstaates, sie haben ein autoritäres Staatsverständnis, das bis hin zur Forderung nach einem nach dem Führerprinzip aufgebauten Staatswesen ausgeprägt ist. Das rechtsextremistische Weltbild ist geprägt von einer Überbewertung ethnischer Zugehörigkeit, aus der u.a. Fremdenfeindlichkeit resultiert. Dabei herrscht die Auffassung vor, die Zugehörigkeit zu einer Ethnie, Nation oder ‚Rasse‘ bestimme den Wert eines Menschen. Offener oder immanenter Bestandteil aller rechtsextremistischen Bestrebungen ist zudem der Antisemitismus. Individuelle Rechte und gesellschaftliche Interessenvertretungen treten zugunsten kollektivistischer ‚volksgemeinschaftlicher‘ Konstrukte zurück (Antipluralismus)."[15]

Wenngleich diese Unterscheidung von Radikalismus und Extremismus brauchbar erscheint, so sei dennoch die „Extremismustheorie", die dem Extremismusverständnis der deutschen (ebenso wie beispielsweise der österreichischen) Verfassungsschutzbehörden zugrunde liegt, infrage gestellt. Denn sie besagt erstens, dass ein angeblich ideologiefreier Staat Äquidistanz sowohl zum Rechts- wie zum Linksextremismus halten solle[16] – und zweitens, dass es so etwas wie eine besonnene „Mitte" der Gesellschaft gäbe, die stets fern jeglichen Extremismus sei. Doch wer sich auch nur etwas mit dem Aufstieg des Nationalsozialismus in Deutschland beschäftigt hat, der weiß: Nichts davon ist richtig. Der „Mitte" ist grundsätzlich zu misstrauen. Entsprechend vertritt der Soziologe Wilhelm Heitmeyer die These – etwa in seiner Studie *Deutsche Zustände* –, dass sich rechtsextreme Einstellungen gerade auch in dieser ominösen „Mitte der Gesellschaft" finden lassen.[17] Mit Julian Bruns, Kathrin Glösel und Natascha Strobl ist die Extremismustheorie darüber hinaus auch insofern zu kritisieren, als sie nicht unterscheidet, „ob sich Gruppierungen gegen die aktuelle, bürgerliche Demokratie wenden, weil sie Demokraten *per se* ablehnen (wie die ‚Rechtsextremen') oder weil sie ihnen nicht demokratisch genug ist und mehr Demokratie verlangt wird (wie dies vermeintlich ‚Linksextreme' tun)".[18] Die Autor*innen folgern entsprechend: „Die Extremismustheorie dient also lediglich der eigenen Selbstversicherung sowie der Nivellierung und Banalisierung rechtsextremer Ideologie seit 1945."[19] Die Kritik an der Extremismustheorie sollte aber nicht als Aufruf zur Abschaffung des Verfassungsschutzes missverstanden werden. Dass dies kontraproduktiv wäre, zeigt beispielsweise der Blick in die USA, wo es gar keinen Verfassungsschutz gibt und der Rechtsextremismus nicht nur staatlich nicht beobachtet wird,[20] sondern sogar durch das „First Amendment", also den ersten Zusatzartikel zur Verfassung der Vereinigten Staaten aus dem Jahre 1791, geschützt ist – jedenfalls solange er nicht terroristisch agiert. Lediglich privat finanzierte Watchdog-Organisationen wie die Anti-Defamation League (ADL) etc. sorgen dort für organisierten Widerstand gegen Rechtsextremist*innen[21] – mit begrenztem Erfolg. Gerade um den Rechtsextremismus im Sinne eines antidemokratischen Umsturzprojektes nicht aus dem Blick zu verlieren, sei er im Folgenden als Begriff verwendet – wohlgemerkt nicht im Sinne einer Extremismustheorie, sondern im Sinne eines Steigerungsbegriffs des zwar zu kritisierenden, aber auch von der Meinungsfreiheit gedeckten „Rechtsradikalismus".[22]

Der klarste Beweis für die Inexistenz einer „besonnenen Mitte der Gesellschaft", den das 20. Jahrhundert geliefert hat, ist der Faschismus. Ihn hat

Peter Sloterdijk einmal als einen „plötzlichen Royalismus von unten" definiert: „Das Volk emaniert aus seiner dunklen Mitte einen Mann, in dem es ganz bei sich zu sein wähnt."[23] In ähnlicher Weise argumentiert Zeev Sternhell, der den Faschismus gleichsam zentral aus der Gesellschaft aufsteigen lässt und ihn auch nicht „irgendeiner bestimmten sozialen Klasse"[24] zuordnet: Faschismus, so der israelische Historiker, wandte sich „seit seinen Anfängen sowohl an die jeweiligen intellektuellen Eliten als auch an die unwissende Landbevölkerung".[25] Dies wird gerade in der Entstehungsphase des Faschismus deutlich, dessen ideologische Wurzeln laut Sternhell eben nicht, wie vielfach behauptet, im Italien des frühen 20. Jahrhunderts zu finden sind, sondern bereits vorher im Frankreich der Jahre zwischen 1880 und 1890 festgestellt werden können. Dort habe sich zum ersten Mal „eine Allianz zwischen Theorien" herausgebildet, „die von den unterschiedlichen Spielarten des Sozialismus – entweder nicht-marxistisch, anti-marxistisch oder tatsächlich post-marxistisch – und dem Nationalismus abgeleitet wurden"[26] und mit dem Namen Maurice Barrès (1862–1923) verbunden ist, der auch als Erster den so gut wie immer antisemitisch grundierten Begriff „Sozialistischer Nationalismus" prägte, und zwar während der Dreyfus-Affäre Mitte der 1890er-Jahre.[27] Die breite intellektuelle Bewegung der Jahre nach 1890, so Sternhell, „war vor allem eine Bewegung der Revolte, der Revolte gegen die Welt des Rationalismus und des Denkens in den Kategorien von Ursache und Wirkung, der Revolte gegen Materialismus und Positivismus, gegen die Mittelmäßigkeit der bürgerlichen Gesellschaft und gegen die Verwirrungen der liberalen Demokratie".[28] Gegen die als dekadent wahrgenommene „Welt des alten, bürgerlichen Europas"[29] sollte eine neue Zeit antreten: die Zeit des Faschisten, „der die Welt vom bürgerlichen Geist befreit und eine Sehnsucht nach Reaktion und Wiedergeburt weckt, die gleichzeitig geistig und physisch, moralisch, sozial und politisch sein sollte".[30] Als Alternative zum liberalen und friedfertigen Bürger und zum städtischen Händler warb der Faschismus für „den Barbaren und den Ritter des Mittelalters", so Sternhell: „Als Ersatz für den europäischen Rationalismus boten sie das Gefühl, die Empfindsamkeit und die Gewalt. Und anstelle des degenerierten Mannes einer Filzpantoffel-Zivilisation, dem körperliche Anstrengung widerlich geworden war, boten sie den Kult des Körpers, der Gesundheit und des Lebens in freier Natur."[31] Mit schrecklichen Folgen für Millionen von Menschen. Und, wie nicht zuletzt mit diesem Buch zu zeigen ist: mit Konsequenzen auch für die Theorie und Praxis von Architektur und Städtebau.

Architektur und Politik, *again*

Das Verhältnis von Architektur und Politik ist seit Langem unter architekturtheoretischer Beobachtung.[32] Die Architektur gilt einem Wort von Hermann Hipp und Ernst Seidl zufolge als „politischste, weil zugleich öffentlichste Kunst".[33] Martin Warnke hat einmal drei Gesichtspunkte genannt, die „Architektur zu einem politischen Faktor werden lassen": Erstens habe das Bauen „zu allen Zeiten politisches Gewicht schon dadurch gewonnen, dass es einen wichtigen wirtschaftlichen Faktor darstellte. [...] Bauinvestitionen können Konjunkturen beleben."[34] Zweitens gewährleisteten Bauten – zumal Fortifikationsarchitekturen – immer auch die „*Sicherheit* politischer Machtträger".[35] Und drittens repräsentiere Architektur oft auch Machtverhältnisse – etwa wenn Architekturelemente durch ihre Gestalt „Erinnerungen an signifikante Vorbilder wachruft oder durch fremde Zitate Machtansprüche anmeldet",[36] zumal wenn Architektur allgemein ein „Imponieren durch quantitative Größe"[37] betreibt. Insbesondere letzterer Gesichtspunkt ist durch die Ikonologie untersucht worden, also jene im ersten Drittel des 20. Jahrhunderts entstandene kunsthistorische Methode, die als intellektuelle Unabhängigkeitserklärung der Kunstwissenschaften von Nachbardisziplinen wie der philosophischen Ästhetik zu verstehen ist. So schreibt Klaus von Beyme mit Bezug auf Aby Warburgs 1912 erschienene Untersuchungen des astrologischen Bildprogramms der Fresken im Palazzo Schifanoia in Ferrara, in denen erstmals die Rede von einer „ikonologischen Analyse" ist: „Warburgs Großtat war die Verselbständigung einer einst komplexbeladenen Kunstwissenschaft: Sie konnte die Autonomie einer kunsthistorischen Methode in der Ikonologie belegen und dennoch den interdisziplinären Bezug für das Fach wieder herstellen, den mancher Vorgänger gekappt hatte."[38] Die Ikonologie im Sinne einer allgemeineren Bedeutungsforschung war nun abgegrenzt von einer älteren Ikonografie, die lediglich das Dargestellte – Figuren, historische Ereignisse etc. – in ihrem Aufbau zu verstehen versuchte. In der Folge sollte Erwin Panofsky dann in den 1930er-Jahren die Ikonologie zu einem Dreistufenschema der Interpretation präzisieren, in der eine präikonografische Analyse (die die Frage nach der Semantik im Sinne von „Was ist dargestellt?" stellt) von einer ikonografischen Analyse (die die Frage nach der Syntax im Sinne von „Wie ist es dargestellt?" stellt) und von einer ikonologischen Interpretation (die die Frage nach der Pragmatik im Sinne von „Was bedeutet es?" stellt) unterscheidet. Dass diese Theorien, die im Kontext einer Auseinandersetzung mit Bildender Kunst entstanden, nicht so ohne Weiteres auf die Architektur übertragbar sind, dürfte sich fast von selbst verstehen – die Architektur ist nur in ihren seltensten Fällen eine Darstellende Kunst. Wenn die Ikonografie eine „Kunde der abgebildeten Inhalte" und die Ikonologie eine „Kunde von der Bedeutung der Inhalte" ist,[39] dann liegt Günter Bandmann sicherlich richtig, wenn er in seinem berühmten Aufsatz „Ikonologie der Architektur" (1951) konstatiert, „dass es keine Architekturikonografie, wohl aber eine Architekturikonologie gibt".[40] Deren Potenziale macht er insbesondere an der mittelalterlichen Architektur deutlich, als Politik und Religion noch ungeschieden waren. Doch später entstandene Architekturen – also etwa Bauten, die seit der Neuzeit bzw. Renaissance entstanden sind – konnte die Architekturikonologie nie erschöpfend analysieren. Schon gar nicht konnte sie dies leisten bei den Bauten seit Anbruch der Moderne, also der Zeit ab ca. 1800, die von der Dreifachrevolution in Amerika 1776, in Frankeich 1789 und der englischen Industriellen Revolution geprägt ist. Daher sei im Folgenden ein fünfgliedriges systematisches Modell vorgestellt, das in Erweiterung eines architekturikonologischen Ansatzes die vielfältigen Berührungspunkte von Politik und Architektur nachvollziehbar macht.

Erstens – und hier bewegt man sich noch auf architekturikonologischem Terrain – ist in diesem Zusammenhang die zentrale Rolle der Bauherrschaft zu nennen. Architektur entsteht bekanntlich, wenn eine Bauherrschaft über eine entsprechende politische Implementierungskraft bzw. über das nötige Geld verfügt, um eine Baumaßnahme anzuvisieren und dann – meistens – Architekt*innen beauftragt, diese zu planen und zu realisieren. Hierauf hat bereits Günter Bandmann in seinen vier „Quellen und Methoden der Architekturikonologie" hingewiesen, wenn er den Aufzeichnungen zur Planungsgeschichte bzw. den Auftraggeber*innen eine wichtige Rolle in der architekturikonologischen Analyse zuweist. „Die Wahl oder Ablehnungen bestimmter Formen durch die Auftraggeber oder Bauherren kann etwas über die geschichtliche Bedeutung der Formen aussagen."[41] *Zweitens* – und auch hier bewegt man sich noch auf dem von Bandmann in „Ikonologie der Architektur" vermessenen architekturikonologischen Terrain – ist auf die Verlautbarungen von Architekt*innen einzugehen – also auf Dokumente wie Briefe, Bücher oder neuerdings auch Social-Media-Äußerungen –, um den politischen Gehalt von Architekturen zu sondieren. Damit wird nicht zuletzt architekturtheoretisches Terrain betreten. *Drittens* – und hier verlässt man nun die tradierte Architekturikonologie – sind die Umstände der Bauproduktion und Materialentscheidungen zu klären: Kamen beispielsweise Billiglohnkräfte zum Einsatz? Oder „verdankt" sich etwa das Fassadenmaterial einer Zwangsarbeit? Derlei Fragen sind zum Beispiel mithilfe von *material studies* oder auch forensischer Forschungsansätze zu klären. *Viertens* ist die Nutzungs- bzw. Umnutzungsgeschichte von Bauwerken zu berücksichtigen: Wie wurde und wird ein Bauwerk bespielt? Welche Spuren hinterließen verschiedene Programme in den jeweiligen Raumkonfigurationen? Welche politischen Handlungen vollzogen und vollziehen sich vor welchem architektonischen Hintergrund – und aus welchen Gründen? Und *fünftens* – und hier schließt sich der Kreis, dessen Skizzierung mit Martin Warnkes Erwähnung des Faktors „Bauinvestition" begann – ist der gesamtgesellschaftliche Rahmen aller summierten Bauherren-Aktivitäten zu berücksichtigen: In welchem *volks*wirtschaftlichen Anreizklima vollzogen und vollziehen sich die *betriebs*wirtschaftlichen Einzelbaumaßnahmen? Welche gebauten Folgen zeitigte beispielsweise der New Deal? Welche der keynesianisch geprägte Wohlfahrtsstaat der Nachkriegszeit? Diese fünf Berührungspunkte von Politik und Architektur sind bei jeder Einzelanalyse zu berücksichtigen.

Als eine ebenso machtgierige wie machtarme Spielart des fünften Aspektes kann die „Metapolitik" betrachtet werden, die die politische Rechte auf dem

Feld der Kultur und eben auch (dieser in diesem Buch auszuführende Befund mag für manche überraschend sein) der Architektur praktiziert. Mit „Metapolitik" ist eine „Politik *hinter* der Politik" bzw. „Politik *vor* der Politik" gemeint, mit der jenseits von Parlamenten zivilgesellschaftliche Überzeugungen und kulturelle Diskurse bestimmt und nach eigenen Vorstellungen verändert werden sollen. Als Erster war es der italienische kommunistische Philosoph Antonio Gramsci, der während seiner von Benito Mussolini betriebenen Inhaftierung zwischen 1926 und 1936 eine „Theorie der Metapolitik" formulierte. Dieses ursprünglich linke theoretische Konzept erfreut sich seit einigen Jahrzehnten vor allem bei der Rechten größter Beliebtheit. So ließ sich etwa einer der zentralen Vertreter der französischen Nouvelle Droite, Alain de Benoist, bei seiner Formulierung einer „Kulturrevolution von rechts" von Gramsci inspirieren. Auch der deutsche NPD- und AfD-nahe Rechtsanwalt Thor von Waldstein wandelt auf den von De Benoist kartierten metapolitischen Spuren Gramscis, wenn er etwa ausführt, dass eine „Gruppierung, die politische Macht anstrebe, nur obsiegen [könne], wenn es ihr zuvor gelinge, den kulturellen *Überbau* einer Gesellschaft in den Griff zu bekommen. Bevor also beispielsweise eine politische Partei nachhaltigen parlamentarischen Erfolg bei Wahlen erzielen könne, müsse dazu zuerst der vorpolitische Boden bereitet werden."[42] Mit einem solchen Projekt einer kulturellen Hegemonie verknüpft von Waldstein die Hoffnung auf eine „Lufthoheit über die Köpfe und Herzen der Menschen", welche „stets wichtiger [sei] als die parlamentarische Mehrheit als solche".[43] Wenngleich in den metapolitischen Exkursen De Benoists und von Waldsteins so gut wie nie Architektur thematisiert wird, so wird dennoch zu zeigen sein, dass die Rechte gerade auch auf architektonische und urbanistische Überlegungen setzt, um die anvisierten „Köpfe und Herzen der Menschen" zu erreichen.

Die metapolitische Analyse, die in den folgenden Kapiteln vorgenommen werden soll, knüpft an die bekannte, von Walter Benjamin in den Jahren 1935/36 vorgenommene Gegenüberstellung einer faschistischen „Ästhetisierung der Politik" und einer kommunistischen „Politisierung der Kunst" an,[44] lässt aber deren mehr oder weniger unfreiwilligen Artefaktfokus hinter sich. Denn es gibt keine dezidiert faschistische Ästhetik. Wie Inge Baxmann einmal dargelegt hat, ist das, was von verschiedenen Autor*innen als faschistische Architektur und Kunst oder als faschistischer Film analysiert wurde, besser einzubetten in eine lange „Kontinuität der politischen Ästhetik", die vom Ende des 19. Jahrhunderts an eine „Ästhetisierung des Raumes" wie eine „Verknüpfung von Körperkultur und nationaler Regeneration" betrieb.[45] Zu diesem Zweck verweist Baxmann auf die „Umstrukturierung des politischen Raums in der Moderne, der mit der Umstrukturierung der kollektiven Wahrnehmungspositionen durch die neuen Medien zusammenhängt".[46] Weiter: „Die technischen Medien ermöglichten es, die nationale Gemeinschaft als Erlebnis zu inszenieren und bestätigten damit die Existenz jenes imaginären Konstrukts, das sie feierten. Die nationalsozialistische Version des nationalen Mythos wurde mittels der neuen Technologien als erfahrbare Realität inszeniert. Film und Radio gaben dieser Konstruktion ‚Gestalt', indem sie die Bilder und Narrationen lieferten. Sie implizierten aber auch eine performative Dimension: Die Inszenierung der kollektiven Fiktion (wie bei nationalen Massenaufmärschen seit der Jahrhundertwende) ließ sie wiederum zur Realität werden. Der Nationalsozialismus vollendete so das romantische Projekt einer geeinten Volksgemeinschaft unter den Bedingungen seiner technologischen Inszenierbarkeit."[47] Für die Analyse von Prozessen politischer Ästhetisierung scheint Baxmann „eine kulturanthropologische Perspektive auf die Medien hilfreich, die die Unhintergehbarkeit der Ästhetisierung des Politischen anerkennt", denn: „Ästhetisierungsprozesse sind Ausdruck der Bedeutung des Imaginären für das Politische. In Symbolen, Bildern, Mythen, rituellen Handlungen und Narrationen handelt eine Gesellschaft ihr (wie auch immer konfliktuelles) Selbstverständnis aus, macht Erlebtes ‚sinnhaft' für die jeweilige Gemeinschaft. Das politische Imaginäre, das in diesen Prozessen der Ästhetisierung Ausdruck findet, ist insofern nicht als ‚falsches Bewusstsein' abzutun. Anzusetzen wäre vielmehr an den mit neuen Medien verbundenen Wahrnehmungsdispositionen und an den Mediendramaturgien, über die eine ästhetische Formung des Politischen erfolgt."[48] Dieser Empfehlung sei in den folgenden Kapiteln gefolgt, indem der Fokus weniger auf Bauwerke selbst als vielmehr auf die Kontexte ihrer medialen Erscheinungen – insbesondere in Texten und den sozialen Medien – gelegt wird. Das bedeutet, Architektur gerade auch in ihren Erregungszusammenhängen in den Blick zu nehmen. So zum Beispiel in den Erregungszusammenhang des Aufsatzes „Wir haben das Haus am rechten Fleck", den der Verfasser am 8. April 2018 in der *Frankfurter Allgemeinen Sonntagszeitung (FAS)* publizierte und dessen Langfassung „Die Einstecktuchisierung verrohter Bürgerlichkeit" in diesem Buch neu abgedruckt ist. Oder in den Erregungszusammenhang der *ARCH+ 235 „Rechte Räume*. *Bericht einer Europareise*", die der Verfasser gemeinsam mit Kolleg*innen des Instituts für Grundlagen moderner Architektur und Entwerfen (IGmA) ein gutes Jahr nach „Wir haben das Haus am rechten Fleck" publizierte – und eine Debatte in deutschsprachigen und internationalen Medien zeitigte, die die ohnehin bereits große Aufregung um den *FAS*-Text nochmals um eine Vielfaches übertraf.

Zur Debatte um „Wir haben das Haus am rechten Fleck" (2018)

„Wir haben das Haus am rechten Fleck" (Abb. 1.1) hatte eine signifikante Resonanz: Protestnoten, Hatemails und Gegenartikel flogen in den Wochen nach der Publikation wie wild umher: frei flottierende Zornigkeiten über unbequeme Wahrheiten in Sachen „Architektur und Politik", die sich gegen das offen gelegte Faktum wandten, dass sich die erste parlamentarische Initiative für das später „Dom-Römer-Projekt" genannte Vorhaben einer „Neuen Frankfurter Altstadt" gewissen Akteuren aus dem rechtsradikalen Milieu verdankt. Was als scheinbar „wütende wie alberne Debatte"[49] (Niklas Maak) begann, eskalierte monatelang zu einer Konfrontation mit internationalem Echo. Bemerkenswert dabei ist, dass sich die zeitgenössische Architektur in dem Moment, in dem sie sich ihrem größten Gegenwind seit den 1970er-Jahren gegenübersieht („Würfelhusten"), auch ihrer seit Jahrzehnten größten diskursiven Relevanz erfreut. Der zeitgenössischen Architektur geht es in Deutschland gleichzeitig so schlecht und so gut wie schon lange nicht mehr. Sie wird – als eine die Felder von Technik, Kunst, Politik und Ökonomie synthetisierende Tätigkeit – massivst angefeindet von größeren Bevölkerungskreisen. Und gleichzeitig setzt sie als forschende, theoretisierende

Metadisziplin Debattenakzente, die, denkt man etwa an Forensic Architecture, weit in benachbarte und auch entlegenere Gefilde hinein gehört und diskutiert werden: in den Politik- und Geschichtswissenschaften, der Soziologie, der Humangeografie, der Philosophie etc. So weit, so ambivalent.

Die in „Wir haben das Haus am rechten Fleck" erzählte politische Geburt der Neuen Frankfurter Altstadt aus dem Geiste rechter und rechtsradikaler Ideologie führte zur ersten großen Architekturdebatte in Deutschland, die sich unter den Shitstorm-Bedingungen sozialer Medien vollzog. Aus dem Streit können drei Erkenntnisse gewonnen werden – zwei überraschende und eine erwartbare –, die weit über die Grenzen der Architekturwelt hinaus von Interesse sind. Erwartbar war die monumentale Bestätigung der – teils durchaus skeptisch aufgenommen – Grundthese des Textes: Sie lautet: „Die Rekonstruktionsarchitektur entwickelt sich in Deutschland derzeit zu einem Schlüsselmedium der autoritären, völkischen, geschichtsrevisionistischen Rechten."[50] Damit wird wohlgemerkt nicht gesagt, dass hinter jedem Rekonstruktionsprojekt rechtes Gedankengut stecken würde – eine solche Behauptung wäre geradezu absurd –, sondern: dass, wenn Rechte in Deutschland über Architektur reden, dann vor allem über Rekonstruktionen. In Frankfurt war es bekanntlich der Rechtsradikale Wolfgang Hübner, der im September 2005 jenen vom ebenfalls rechtsradikalen Claus M. Wolfschlag formulierten Antrag Nr. 1988 der „Freien Wähler BFF (Bürgerbündnis für Frankfurt)" einreichte, welcher zur Blaupause dessen wurde, was 2006 von der schwarz-grünen Koalition auf den parlamentarischen Weg gebracht und 2018 von einem SPD-Bürgermeister als Neue Altstadt eingeweiht wurde. Hübner, der eine Vergangenheit im linksradikalen Milieu hat, später dann zeitweilig Mitglied der AfD war und nach wie vor als Parteigänger Björn Höckes auftritt, wandte sich am Tag nach der Veröffentlichung von „Wir haben das Haus am rechten Fleck" auf dem rechten Blog *pi-news – Politically Incorrect* gegen den Verfasser, indem er ihn einer „aus dem verbreiteten ‚Schuldkult' resultierend[en] ‚Sühnearchitektur'" zuordnet, die viele „deutsche Städte mit Betonbrutalismus und Traditionsverachtung verschandelt" hätten.[51] Hunderte von Kommentaren und Hassbotschaften an den Verfasser mit teils justiziablem Inhalt inklusive Todesdrohungen waren die Folge. Ins selbe Horn wie

Alternative für Deutschland? Was für eine seltsame Geschichte erzählt die rekonstruierte Altstadt ihren Besuchern eigentlich? Foto Helmut Fricke

Wir haben das Haus am rechten Fleck

Die gefeierte neue Frankfurter Altstadt geht auf die Initiative eines Rechtsradikalen zurück. Das ist kein Zufall. *Von Stephan Trüby*

Besser nicht veröffentlichen?

Die Abrechnung der früheren Cheflektorin von Suhrkamp

VON JULIA ENCKE

■ KLEINE MEINUNGEN

■ AUS DER REDAKTION

Abb. 1.1: „Rechte Räume"-Debatte, die erste: Am 8. April 2018 erschien in der *Frankfurter Allgemeinen Sonntagszeitung* (*FAS*) der Aufsatz „Wir haben das Haus am rechten Fleck" des Verfassers.

ARCH+

Zeitschrift für Architektur
und Urbanismus

RECHTE RÄUME
Bericht einer Europareise

Abb. 1.2: „Rechte Räume"-Debatte,
die zweite: Am 29. Mai 2019 erschien
die vom Institut für Grundlagen moderner Architektur und Entwerfen (IGmA)
kuratierte *ARCH+235*: „Rechte
Räume. Bericht einer Europareise".

Hübner stieß der hessische AfD-Bundestagsabgeordnete Jan Nolte – er beschäftigt einen möglichen Komplizen des Terrorverdächtigen Franco A. als
Mitarbeiter –, als er am 24. April 2018 auf Facebook verlautbarte „Wir wollen,
dass die Menschen sich ihrer historischen Wurzeln bewusst werden und dass
sie es gerne tun. Dass sie mit Freude auf die eigene Vergangenheit zurück-
schauen und daraus Kraft schöpfen, anstatt mit gesenktem Kopf durch trost-
lose Innenstädte zu schlurfen, wie es ein Prof. Trüby als angemessene Sühne
für den Holocaust bevorzugt."[52]

Unter den rechten Magazinen, die sich mit besonders viel Verve auf das
Thema Rekonstruktion stürzten, muss neben der *Jungen Freiheit*, die eigens
einen über 26-minütigen (!) Film über die Altstadt-Debatte mit Gastaufrit-
ten von Hübner, Wolfschlag und anderen drehte,[53] die 2017 erstmalig erschienene Zeitschrift *Cato* genannt werden. Sie wurde vom rechten Göttinger
Gymnasiallehrer und Publizisten Karlheinz Weißmann ins Leben gerufen;
die Redaktion wird vom langjährigen *Junge-Freiheit*-Autor Andreas Lombard geleitet. Die feintuerisch daherkommende Zeitschrift, die sich in kul-
turhistorischer Planlosigkeit (oder auch in perfider Fake-News-Bereitschaft)

im Untertitel „Magazin für Neue Sachlichkeit" nennt, betreibt eine systematische Verunsachlichung des kulturellen Diskurses insgesamt und des Architekturdiskurses im Besonderen: In Ausgabe 1 durfte etwa der britische Schwulenhasser,[54] Feminismus-Kritiker und Connaisseur „schöner Architektur" Roger Scruton einen übellaunigen „Abgesang auf die narzisstische Exzentrik der Moderne" publizieren; in Ausgabe 2 folgte eine Begehung der Humboldtforum-Baustelle mit Wilhelm von Boddien, dem Geschäftsführer des Fördervereins für den Wiederaufbau des Berliner Schlosses; in Ausgabe 3 betrieb der luxemburgische Architekt Léon Krier unter dem Titel „Berufen oder arbeitslos" entschlossen Geniekult in eigener Sache. Es war nicht überraschend, dass in der Ausgabe 5/2018 gleich zwei Artikel der Neuen Altstadt gewidmet sind: Neben Lombard ist einmal mehr der vom BFF-nahen Verein Frankfurter Pro Altstadt e. V. gefeierte Architekt Léon Krier mit einem Beitrag vertreten – der mit den Worten schließt: „Statt diejenigen anzuklagen, die all das initiiert haben, wäre es vielleicht an der Zeit, dass sich die selbstherrlichen Experten kollektiv für die gängige menschenverachtende Hässlichkeit, Trostlosigkeit und Brutalität ihrer Werke entschuldigten, für die ganz allein sie verantwortlich sind. Oder dass sie, wenn das zuviel verlangt ist, zumindest schweigen – statt die moralische Keule zu schwingen."[55]

Das unter der Flagge der „Schönheit" segelnde Milieu von Rechten und Rechtsradikalen nutzt für seine politischen Zwecke seit geraumer Zeit scheinbar unpolitische Stadtbild- und Altstadtvereine, in denen sich zwar in der übergroßen Mehrzahl unbedenkliche Bürger*innen engagieren, welchen allerdings vorzuwerfen ist, dass sie ohne nennenswerte Gegenwehr politisch bedenkliche Akteure gewähren lassen. So sucht Stadtbild-Deutschland-Vorstandsmitglied Harald Streck (bis April 2018 auch Bundesvorsitzender) als Unterzeichner der von Andreas Lombard, Karlheinz Weißmann und anderen initiierten „Erklärung 2018" die Nähe rechter Milieus. So musste man sich bei der vom Pro Altstadt e. V. organisierten Tagung „Altstadt 2.0. Städte brauchen Schönheit & Seele", die am 8. und 9. September 2018 im Historischen Museum auf dem Frankfurter Römerberg stattfand, bei Wolfgang Hübner anmelden. Zu den gefeierten Rednern der Tagung gehörte auch Claus M. Wolfschlag; obwohl er – wahrscheinlich auf Druck der Stadt als Museumsträger – gar nicht auf dem Programmzettel stand. Stargast war der frenetisch applaudierte Léon Krier, der vor Jahren einmal einen Prachtband über Albert Speer als Architekten verfasste, in dem die Rolle Speers als NS-Rüstungsminister und Kriegsverbrecher marginalisiert wurde. Krier solidarisierte sich in Frankfurt mit dem antisemitischen Verschwörungstheoretiker Ken Jebsen[56] und präsentierte eine selbst gezeichnete Karikatur, in der eine Tempelsäule am Galgen hängt; darunter steht geschrieben: „Nürnberger Architektur-Prozesse". Der Berliner Hotel-Adlon-Architekt Jürgen Patzschke wird mit den Worten zitiert: „Wir müssen auf den Kriegspfad gehen!"[57] Die *taz* resümiert in ihrem Tagungsbericht: „Die Rechten und Rechtsextremen haben ihre neue Kampfzone gefunden: die Städte und ihre Traditionen."[58]

Zur Debatte um die *ARCH+ 235: „Rechte Räume. Bericht einer Europareise"* (2019)

Rund 14 Monate nach „Wir haben das Haus am rechten Fleck" erfolgte die Veröffentlichung der vom IGmA kuratierten *ARCH+ 235: „Rechte Räume. Bericht einer Europareise"* (Abb. 1.2), die eine beispiellose Debatte um Bauwerke und Stadträume nach sich zog, die die Grenzen der Architekturwelt weit hinter sich ließ. Kaum mehr als 24 Stunden nach der Veröffentlichung am 24. Mai 2020 folgte in der Frankfurter Allgemeinen Sonntagszeitung vom 26. Mai 2019 bereits Niklas Maaks erster enervierter Artikel „Kann Raum rechts sein?", und nun, nach Dutzenden von Zeitungs- und Magazinartikeln in deutschsprachigen und internationalen Medien, nach Hunderten von Zuschriften und Tausenden von Online-Kommentaren, ist die Debatte noch immer nicht so richtig abgeflaut. Wohin führt der Nerv, der mit der *„Rechte Räume"*-Ausgabe ganz offenkundig getroffen wurde?

In mindestens zwei Richtungen. Zum einen entzündete sich die *„Rechte Räume"*-Debatte im journalistischen Kontext an Verena Hartbaums Artikel „Rechts in der Mitte – Hans Kollhoffs CasaPound". Unter Bezugnahme auf einen älteren Text von Heinz Dieter Kittsteiner aus dem Jahre 2003 wirft sie darin dem Berliner Architekten Hans Kollhoff vor, auf seinem

BEI USURA HAT KEINER EIN HAUS VON GUTEM WERKSTEIN, DIE QUADERN WOHLBEHAUEN, FUGENRECHT, DASS DIE STIRNFLÄCHE SICH ZUM MUSTER GLIEDERT

Abb. 1.3: Antisemitische Flaschenpost: Die Debatte um die ARCH+235 „Rechte Räume". Bericht einer Europareise" entzündete sich insbesondere an Verena Hartbaums Artikel „Rechts in der Mitte – Hans Kollhoffs CasaPound", in dem die Autorin ein Ezra-Pound-Zitat kritisiert, das der Architekt Hans Kollhoff auf seinem 2001 fertiggestellten Walter-Benjamin-Platz in Berlin-Charlottenburg anbringen ließ.

2001 vollendeten Walter-Benjamin-Platz in Berlin ein Zitat des amerikanischen Dichters und faschistischen Mussolini-Propagandisten Ezra Pound (Abb. 1.3–4) angebracht zu haben: „BEI USURA HAT KEINER EIN HAUS VON GUTEM WERKSTEIN. / DIE QUADERN WOHLBEHAUEN, FUGENRECHT, / DASS DIE STIRNFLÄCHE SICH ZUM MUSTER GLIEDERT". Bei Lichte betrachtet, entpuppt sich diese Passage aus den sogenannten „Usura Cantos" jedoch als antisemitische Flaschenpost. Denn bei Pound steht das Codewort „Usura" (Wucher) für „die Juden" bzw. das „zinstreibende Judentum", dem im Werk des Dichters die Schuld an allem möglichen Übel der Welt in die Schuhe geschoben wird, nicht zuletzt – wie mit der von Kollhoff verwendeten Passage geschehen – eben auch schlechte Architektur ohne „guten Werkstein". Doch Maak, der in der Debatte um die Neue Frankfurter Altstadt noch umsichtig argumentierte, skandalisierte nun nicht etwa die Anbringung eines antisemitisch konnotierten Zitats im öffentlichen Raum von Berlin, sondern verteidigt die Architektur des Platzes: Man solle sich „fragen, warum ähnliche großzügige Plätze, gern auch mit anderer Architektur, nicht auch für Menschen mit geringerem Einkommen gebaut werden [...]."[59] Wenige Tage später legte Maak in der *Frankfurter Allgemeinen Zeitung* nach und wirft der bei ihm ungenannt gebliebenen „Autorin" eine Diffamierung Kollhoffs vor:

Abb. 1.4: „Bei Usura": Am 28. Mai 2019 führte im Rahmen der Heftvorstellung der „Rechte Räume"-ARCH+235 ein vom IGmA konzipierter „Rechte Räume"-Walk u. a. zum Walter-Benjamin-Platz, bei dem Verena Hartbaum (Mitte) den Kontext des Pound-Zitats erläuterte.

„[…] es ist unlauter und demagogisch, Kollhoff als Antisemiten zu denunzieren […]."[60] Doch an keiner Stelle im Heft wird gegen Kollhoff der Vorwurf des Antisemitismus erhoben. Die „antisemitische Flaschenpost", die Pound 1936 ins Meer der Literatur warf und 2001 von Kollhoff auf dem Walter-Benjamin-Platz entrollt und in Stein gemeißelt wurde, macht aus Kollhoff nicht notwendigerweise einen Antisemiten, jedoch das Pound-Zitat freilich nicht weniger problematisch.

Aber es kam noch wilder. Am 1. Juli 2019 hob Maak gar einen Artikel Arnold Bartetzys in die *Frankfurter Allgemeine Zeitung*, in dem der konservative Publizist nicht nur den „vernichtenden Verdacht" gegen Kollhoff beklagt, sondern der Autorin, der *ARCH+*-Redaktion und dem Verfasser dieser Zeilen auch noch eine „Verletzung journalistischer Sorgfaltspflicht" unterstellt, weil Verena Hartbaum Kollhoff nicht um eine Einschätzung gebeten hätte. Hat sie aber, und Bartetzky selbst erwähnt sogar den Briefwechsel zwischen Hartbaum und Kollhoff aus dem Jahre 2012, in dem dieser eine mehr als problematische Begründung dafür abliefert, weshalb er auf einem Platz, der ausgerechnet dem jüdischen Nazi-Opfer Benjamin gewidmet ist, eine Bühne für den Faschisten und Antisemiten Pound bietet: „[…] das ist ja das Schöne an der Konfrontation von Walter Benjamin und Ezra Pound, die persönlich ja nicht stattgefunden hat, dass man daran hypothetische Behauptungen knüpfen kann, die nicht selten ein grelles Licht werfen auf die fatale Geschichte des vergangenen Jahrhunderts."[61] Das ist Täter-Opfer-Relativierung par excellence, die Kollhoff jüngst auch sinngemäß wiederholte, als er Pounds Faschismus und Benjamins revolutionären Sozialismus mit folgenden Worten symmetrisierte: „Beide gescheiterten Hoffnungen muss man vor allem aus ihrer Zeit heraus verstehen. Doch wir dürfen uns fragen, was wir dennoch heute damit anfangen können."[62] Die Kunsthistorikerin Annika Wienert vom Deutschen Historischen Institut Warschau kritisiert in der im Oktober 2019 erschienen *ARCH+ features „Rechte-Räume-Reaktionen"* das Kollhoff'sche Pound-Zitat und die apologetische Bartetzky-Berichterstattung in der *FAZ* mit deutlichen Worten: „Die symbolische Gewalt an Juden und Jüdinnen, welche sowohl die implizite öffentliche Ehrung des Antisemiten und überzeugten Faschisten Ezra Pound darstellt als auch die schiere Präsenz einer antisemitischen Aussage im öffentlichen Raum, wird nicht zu Kenntnis genommen."[63] Daraufhin wendete sich das Blatt: Die Rostocker Historikerin Ulrike von Hirschhausen schrieb am 20. Oktober 2019 im Berliner *Tagesspiegel* einen langen Artikel mit dem Titel „Architektur und Antisemitismus: Alle Kultur ist Barbarei", in der sie mit Blick auf Kollhoffs Pound-Zitat schreibt: „Wir müssen in Zeiten, in der rechtsradikale Positionen für manche einen Ausweg aus den Problemen der Globalisierung zu liefern scheinen, antisemitische Übergriffe sich häufen und die Synagoge von Halle zum Ziel eines Anschlags wird, solche Texte erst recht beim Namen nennen – und sie mit unseren Antworten konfrontieren."[64] Die öffentliche Debatte führte im Januar 2020 zur Entscheidung der Bezirksverordnetenversammlung Charlottenburg-Wilmersdorf, die Entfernung des Zitats zu fordern. Gegen den auf Initiative der Grünen, der Linken und der SPD eingebrachten Beschluss votierte die AfD-Fraktion; die CDU und die FDP enthielten sich der Stimme.[65] Weitere Artikel – insbesondere ein Text Marcus Woellers in der *Welt* vom 25. Januar 2020, in dem zum ersten Mal der Eigentümer Blackstone öffentlich genannt wurde – führten dann am 27. Januar 2020 zur Entfernung des Pound-Zitats vom Benjamin-Platz (Abb. 1.5).[66] Die *FAZ*, die anlässlich des Streits um das Pound-Zitats eine

„neue Architekturdebatte"[67] in Deutschland ausgerufen hatte, hat bis heute noch keinen Anlass gesehen, über das (vorläufige?) Ende dieser Debatte zu berichten.

Während sich die Debatte um die „*Rechte Räume*"-Ausgabe im journalistischen Kontext vor allem auf den Walter-Benjamin-Platz fokussierte, wurden Teile der Fachöffentlichkeit durch einen Satz des Verfassers in der Einleitung zu *ARCH+ 235 „Rechte Räume. Bericht einer Europareise"* erregt, in der Hans Stimmann und Harald Bodenschatz vorgeworfen wird, „das populistische und sozial neutralisierte Geschäft identitärer Stadtraumbildung zu betreiben („Berlinische Architektur", Projekt einer Rekonstruktion der Berliner Altstadt) – und dabei keine Berührungsängste mit der patriotischen Rechten an den Tag legen".[68] Die Folge waren diverse Repliken, so etwa Kaye Geipels Kritik problematischer „Zuschreibungen"[69] in der *Bauwelt* oder eine öffentliche Stellungnahme der Vereinigung für Stadt-, Regional- und Landesplanung (SRL) vom 22. August 2019, in der sich der Verband dagegen verwahrt, „unser Mitglied" Harald Bodenschatz „in den Kontext ‚rechter Räume'" zu stellen (was gar nicht stimmt), „nur weil er sich für kritische Rekonstruktionen einsetzt" (was ebenfalls nicht stimmt).[70] Wahr ist an der Kritik des Verfassers an Bodenschatz, dass er mit seinem Plädoyer für eine *unkritische* Rekonstruktion der Berliner Altstadt nach Frankfurter Vorbild auch ein „christlich-jüdisches Symbiose-Experiment ohne Vorbild in der europäischen Geschichte" zu

27

implementieren versucht. Damit verharmlost er eine lange Diskriminierungs-
und Pogromgeschichte von Juden in Preußen zu einer „guten alten Zeit" der
Toleranz, die historisch schlicht nicht belastbar ist.[71] Zudem macht er sich
unfreiwillig kompatibel mit der patriotischen Rechten, die sich in Gestalt der
Berliner AfD eine Rekonstruktion des Schlossumfeldes schon seit Längerem
mit auf die Fahnen geschrieben hat.[72]

Renaissance der Ideologie im Sinne einer *Bewusstmachung* von Ideologie

Die Debatten um rechte Räume im Allgemeinen und die Neue Frankfurter
Altstadt im Besonderen zeigen brennglasscharf, auf welche künftige Auseinandersetzungen die Wissenschaftssphäre und der Journalismus in politisch
zunehmend polarisierten Zeiten zusteuern: Einer eher kritischen Wissenschaftssphäre, die die politischen und ökonomischen Rahmenbedingungen
von Architektur zu benennen versteht, steht eine in weiten Teilen unkritisch
gewordene Architekturkritik gegenüber, die allen Ernstes den Eindruck ver-
mitteln will, das Modell „Neue Frankfurter Altstadt" ließe sich in ähnlichen
zentralen Lagen, mit denselben stadträumlichen und handwerklichen Qua-
litäten mit etwas gutem Willen verallgemeinern. Ist es den knapper gewordenen Budgets im (Print-)Journalismus und der Sorge um schrumpfende
Leserschaften geschuldet, dass in so vielen Qualitätsmedien so wenig Investi-
gationsbereitschaft an den Tag gelegt, so viel Altstadt-Opium für's Volk verab-
reicht wird? Der Frankfurter Altstadtstreit zeigt auch, dass ein zu Unrecht in
Vergessenheit geratenes Wort zurück auf die Tagesordnung (nicht nur) architektonischer Debatten kommen sollte: Ideologie. Denn der revisionistischen
Architektur-Ideologisierung der Neuen Rechten, die mit Camouflage-Slogans
wie „Schönheit", „Heimat", „Tradition", „Identität" oder „Seele" hantiert, ist
nur mit einer emanzipatorischen Gegen-Ideologisierung beizukommen, mit
der diese Begriffe entweder zurück erkämpft oder verlockende Alternativen angeboten werden sollten. Beides dürfte nicht einfach werden. Zumal
die neoliberalisierten Zeitläufte die scheinbare Ideologielosigkeit zur ulti-
mativen Ideologie erhoben haben. Dass mitten in Frankfurt ein geförderter

Wohnungsbau für Bestverdiener entstehen konnte, ist der vielleicht schlagendste Beweis für das geschmeidige Funktionieren dieser im Habitus der Ideologielosigkeit daherkommenden Super-Ideologie.

Doch es gibt erste Anzeichen für eine Renaissance der Ideologie im Sinne einer *Bewusstmachung* von Ideologie. Arno Brandlhuber, einer der vielleicht interessantesten deutschen Gegenwartsarchitekten, hat vor einiger Zeit „die vielleicht verständliche Angst gerade der Deutschen, sich dem Thema der Ideologie anzunähern und sie geradezu auszuklammern aus dem eigenen Tun" zu einer zentralen „Schwachstelle der architektonischen Produktion" in Deutschland seit dem Zweiten Weltkrieg" erklärt.[73] In einem Interview forderte er: „Architektur muss [...] ideologischer werden."[74] Dem ist beizupflichten. Eine ideologisch bewusster gewordene Architektur würde ihre politisch-ökonomischen Ziele präziser formulieren – gemeinsam mit der Politik oder auch in Antithese zu ihr. Der Kritik käme die Rolle zu, im Bewusstsein einer ideologischen Verfasstheit alles Gebauten zu werten und dabei ein Mindestmaß an Distanz und Kritikbereitschaft zu wahren. Und der Theorie käme zum einen die Rolle zu, sich von der Ideologie zu emanzipieren, indem sie ihren eigenen ideologischen Charakter dialektisch verarbeitet.[75] Zum anderen müsste sie das Paradoxon aller gebauten Umwelt ausformulieren: dass Architektur und Städtebau immer politisch sind und es gleichzeitig eine Volatilität der politischen Bedeutungen von architektonischer Form gibt.

Vor diesem Hintergrund sind sowohl dieses Einleitungskapitel als auch die folgenden entstanden. Im zweiten Kapitel „(Theorie-)Theoretische Vorbemerkungen" geht es um einige grundlegende Ausführungen zur Rechts-Links-Polarität und die viel diskutierte Frage ihrer Aktualität für Gegenwartsanalysen. Auf dieser Basis wird im dritten Kapitel unter dem Titel „Architektur oder (Konservative) Revolution?" eine historische Herleitung rechten Architekturdenkens aus den europäischen und inbesondere deutschen Heimatschutzbewegungen erbracht, die vor allem nach 1918, also nach dem Ersten Weltkrieg, im Kontext der sogenannten „Konservativen Revolution" insofern „scharf" gemacht wurden, als sie mehr oder weniger geradewegs in den Nationalsozialismus führten. Im vierten Kapitel wird mit Fokus auf den deutschsprachigen Raum eine Art fragmentarische „Galerie der Reaktionäre" präsentiert, die zeigt, dass viele der Heimatschutz-Ideologeme des 19. Jahrhunderts über die sogenannte „Konservative Revolution" des frühen 20. Jahrhunderts oft auch noch im 21. Jahrhundert nachwirken. Im fünften Kapitel „Architektonische ‚Metapolitik'" wird mit Blick auf Deutschland eine Typologie rechtspopulistischer und rechtsradikaler Raumpraxis entfaltet. Darauf folgt im sechsten Kapitel „Die Einstecktuchisierung verrohter Bürgerlichkeit", eine Detailstudie der Teilrekonstruktion der Neuen Frankfurter Altstadt, deren politische Initiative auf besagte rechtsradikale Gruppierung der „Bürger für Frankfurt (BFF)" zurückgeht. Im siebten Kapitel „In Verlautbarungsgewittern" wird anhand des von Christoph Mäckler initiierten sogenannten „Deutschen Instituts für Stadtbaukunst" gezeigt, dass die Felder von Architektur und Stadtplanung besonders anfällig für das Verschmelzen von konservativem und rechtem Gedankengut sind. Dem folgt im achten Kapitel mit dem Titel „Architekturen des durchdrehenden Neoliberalismus" eine schlaglichtartige Darstellung ausgewählter Architekturen und Projekte der letzten Jahrzehnte, die als Reaktion auf jene fundamentalen ökonomischen Veränderungen gedeutet werden können, welche Hyman P. Minsky im Rahmen seiner „Hypothese finanzieller Instabilität" angesprochen hat. Daran schließt im neunten Kapitel eine „Aufklärung der Dialektik" betitelte Untersuchung über „Rechte Räume in den USA" an, in der über einen mehrere Jahrhunderte umfassenden Zeitraum nationalistische Identitätsproduktionen auf der Grundlage eines europäischen Kolonisationsprojektes formuliert wurden – mit Auswirkungen bis heute. Das Buch endet mit dem „Very fine people on both sides"? betitelten zehnten Kapitel, in dem – ausgehend von einigen Beispielen jüngerer Architekturhistoriografie und -kritik – auf die Rolle des Modernebegriffs im Kontext von „Rechte Räume"-Debatten eingegangen wird. Es dürfte kein Zufall sein, dass sich diese ausgerechnet im Bauhausjahr 2019 hochspielten.

Rechte Räume. Politische Essays und Gespräche spannt sich zwischen zwei Bildern auf: dem Frontcover, auf dem ein Steinbild des erwachenden Barbarossa zu sehen ist, dem Kaiser des römisch-deutschen Reiches von 1155 bis 1190. Es handelt sich hierbei um den unteren Teil des Kyffhäuserdenkmals in Thüringen, das zwischen 1892 und 1896 nach Plänen von Bruno Schmitz gegen den „inneren Feind" der Sozialdemokratie errichtet wurde. Auf dem Backcover ist der Frankfurter „Krönungsweg" (Stand: 30. November 2017) zu sehen, den zwischen 1562 und 1792 zehn römisch-deutsche Könige und Kaiser gingen und dessen Wiedererrichtung im Rahmen der Rekonstruktion der Frankfurter Altstadt auf die politische Initiative von Rechtsradikalen zurückgeht. Beide Fotos stehen als Klammer für die Kontinuität der Reichsidee als rechte Obsession.

Das vorliegende Buch verdankt sich teils bisher unveröffentlichter Einzelstudien, teils aber auch Texten und Textteilen, die seit 2016 in verschiedenen Medien – insbesondere in der *ARCH+*, dem *Baumeister, e-flux*, der *Frankfurter Allgemeinen Sonntagszeitung, Log* sowie in der *Zeit* – veröffentlicht wurden und für diese Ausgabe grundlegend überarbeitet bzw. aktualisiert wurden. Das vorliegende Buch ist als Zwischenbilanz eines *work in progress* zu verstehen – viele Personalien, so etwa Frederik Adama van Scheltema (1846–1899), Bruno Schmitz (1858–1916), Josef Strzygowski (1862–1941), Wilhelm Kreis (1873–1955), Oswald Spengler (1880–1936), Paul Schmitthenner (1884–1972), Martin Heidegger (1889–1975), Hans F.K. Günther (1891–1968), Hans Seldmayr (1896–1984), Julius Evola (1898–1974), Hermann Giesler (1898–1987), Rudolf Wolters (1903–1983), Philip Johnson (1905–2005), Dominique Venner (1935–2013), Henning Eichberg (1942–2017), James Howard Kunstler (geb. 1948), Guillaume Faye (1949–2019), Theodore Dalrymple (geb. 1949), Martin Mosebach (geb. 1951), Gerd Held (geb. 1951) oder Marcello La Speranza (geb. 1964) – konnten aus Platzgründen nicht diskutiert werden; und wenngleich stellenweise auch auf Themenfelder außerhalb Deutschlands eingegangen wird, so musste doch der systematischere Blick auf den internationalen Kontext mit Ausnahme der USA entfallen. Folgende Personen ermöglichten und unterstützten in den letzten Jahren die Veröffentlichungen meiner Studien zu rechten Räumen: Nick Axel, Cynthia Davidson, Sokratis Georgiadis, Alexander Gutzmer, Nikolaus Hirsch, Sandra Hofmeister, Niklas Maak, Markus Miessen, Anh-Linh Ngo, Nikolaus Kuhnert, Dirk Peitz, Hanno Rauterberg, Zoë Ritts, Peter Cachola Schmal, Claudius Seidl, Philipp Sturm und Patrick Templeton. Ihnen allen sei vielmals gedankt, ebenso den Gesprächspartnern Fabian Bechtle, Alem Grabovac, Leon Kahane und Martin Tschechne. Zu guter Letzt seien vor allem Verena Hartbaum, Tina Hartmann, Philipp Krüpe, Anh-Linh Ngo und Matteo Trentini für die kontinuierlichen inhaltlichen Auseinandersetzungen zum Thema während der letzten Jahre sowie Elisabeth Blum für die vertrauensvolle Zusammenarbeit im Rahmen dieser Buchfassung von ganzem Herzen gedankt.

Dieses Buch ist postum dem Architekten, Publizisten und langjährigen Co-Herausgeber der Reihe *Bauwelt Fundamente* Peter Neitzke (1938–2015) gewidmet, dessen kritische Stimme, wie sie sich insbesondere in seinem Buch *Konvention als Tarnung*[76] niederschlug, dem weitgehend konservativ bis reaktionär gewordenen deutschen Architektur- und Städtebau-Diskurs so sehr fehlt.

Stuttgart, im Frühling 2020 – mitten in der Coronavirus-Pandemie, die in vielen bereits jetzt schon latent oder offen autoritär geführten Ländern ein Einfallstor für weitreichende Veränderungen der politischen Ordnung sein dürfte und die in liberaleren Gesellschaften von vielen Rechtsradikalen und -extremist*innen als „ultimative[r] Niedergangsbeschleuniger"[77] des politischen Status quo geradezu bejubelt wird; *to be continued* …

Stephan Trüby

Anmerkungen

1 Dieses Kapitel setzt sich teilweise aus Passagen der Texte „Rechte Räume: Einleitung" und „Altstadt-Opium für's Volk" zusammen, die in der *ARCH+ 235: „Rechte Räume. Bericht einer Europareise"* (Mai 2019) veröffentlicht wurden; eine weitere Passage verdankt sich dem gemeinsam mit Anh-Linh Ngo und Verena Hartbaum verfassten Text „Rechte Räume-Reaktionen. Eine Einführung", der in der *ARCH+ 237: „Nikolaus Kuhnert. Eine architektonische Selbstbiografie"* (November 2019) im beigelegten *ARCH+ features „Rechte-Räume-Reaktionen"* erschien.

2 Ernst Hillebrand: „Die populistische Herausforderung. Eine Einführung", in (ders., Hrsg.): *Rechtspopulismus in Europa. Gefahr für die Demokratie?*, Bonn: Dietz, 2015, S. 9.

3 Ebd.

4 Ebd.

5 Ebd.

6 Ebd.

7 Hillebrand, „Die populistische Herausforderung. Eine Einführung", a. a. O., S. 8.

8 Ebd.

9 Ebd.

10 Hillebrand, „Die populistische Herausforderung. Eine Einführung", a. a. O., S. 11.

11 Ebd.

12 https://www.verfassungsschutz.de/de/service/glossar/extremismus-radikalismus; zuletzt abgerufen am 20. April 2020.

13 Ebd.

14 Vgl. ebd.

15 https://www.verfassungsschutz.de/de/service/glossar/_IR; zuletzt abgerufen am 20. April 2020.

16 Vgl. Julian Bruns, Kathrin Glösel, Natascha Strobl: „Einleitung", in (dies., Hrsg.): *Die Identitären. Handbuch zur Jugendbewegung der Neuen Rechten in Europa*, Münster: Unrast-Verlag, [2]2016 [2014], S. 24.

17 Vgl. Bruns, Glösel, Strobl, *Die Identitären*, a. a. O., S. 25.

18 Ebd.

19 Ebd.

20 Vgl. Thomas Grumke: *Rechtsextremismus in den USA*, Opladen: Leske + Budrich, 2001, S. 23.

21 Vgl. ebd.

22 Vgl. Bruns, Glösel, Strobl, *Die Identitären*, a. a. O., S. 26.

23 Peter Sloterdijk: *Sphären III. Schäume*, Frankfurt am Main: Suhrkamp, 2004, S. 639.

24 Zeev Sternhell: *Faschistische Ideologie*, Berlin: Verbrecher Verlag, 2019, S. 7.

25 Ebd.

26 Sternhell, *Faschistische Ideologie*, a. a. O., S. 22.

27 Vgl. Sternhell, *Faschistische Ideologie*, a. a. O., S. 35.

28 Sternhell, *Faschistische Ideologie*, a. a. O., S. 24.

29 Sternhell, *Faschistische Ideologie*, a. a. O., S. 69.

30 Sternhell, *Faschistische Ideologie*, a. a. O., S. 63.

31 Sternhell, *Faschistische Ideologie*, a. a. O., S. 70.

32 Dietrich Erben lässt eine politisierte Architekturtheorie bereits mit Vitruv beginnen. – Vgl. Dietrich Erben: „Politische Theorie", in *ARCH+ 221 „Tausendundeine Theorie"*, Dezember 2015.

33 Hermann Hipp, Ernst Seidl: „Vorwort", in (dies.; Hrsg.): *Architektur als politische Kultur. Philosophia practica*, Berlin: Reimer, 1996, S. 7.

34 Martin Warnke: „Einführung", in (ders.: Hrsg.): *Politische Architektur in Europa vom Mittelalter bis heute. Repräsentation und Gemeinschaft*, Köln: DuMont, 1984, S. 12.

35 Warnke, „Einführung", a. a. O., S. 13.

36 Warnke, „Einführung", a. a. O., S. 14.

37 Ebd.

38 Klaus von Beyme: „Politische Ikonologie der Architektur", in: Hermann Hipp, Ernst Seidl (Hrsg.): *Architektur als politische Kultur. Philosophia practica*, Berlin: Reimer, 1996, S. 20.

39 Günter Bandmann: „Ikonologie der Architektur" (1951), in: Martin Warnke (Hrsg.): *Politische Architektur in Europa vom Mittelalter bis heute. Repräsentation und Gemeinschaft*, Köln: DuMont, 1984, S. 24.

40 Bandmann, „Ikonologie der Architektur", a. a. O., S. 26.

41 Bandmann, „Ikonologie der Architektur", a. a. O., S. 60.

42 Thor von Waldstein: *Metapolitik. Theorie – Lage – Aktion*, Schnellroda: Antaios, 2015, S. 14.

43 Ebd.

44 Vgl. Karlheinz Barck: „Konjunktionen von Ästhetik und Politik oder Politik des Ästhetischen?", in: Karlheinz Barck, Richard Faber (Hrsg.): *Ästhetik des Politischen, Politik des Ästhetischen*, Würzburg: Königshausen & Neumann, 1999, S. 100.

45 Inge Baxmann: „Ästhetisierung des Raums und nationale Physis. Zur Kontinuität politischer Ästhetik. Vom frühen 20. Jahrhundert zum Nationalsozialismus", in: Karlheinz Barck, Richard Faber (Hrsg.): *Ästhetik des Politischen, Politik des Ästhetischen*, Würzburg: Königshausen & Neumann, 1999, S. 84.

46 Ebd.

47 Baxmann, „Ästhetisierung des Raums und nationale Physis", a. a. O., S. 89.

48 Baxmann, „Ästhetisierung des Raums und nationale Physis", a. a. O., S. 90.

49 Niklas Maak: „Dom, offene Stadt. Zeigt Frankfurts neue Altstadt Lösungen für die Probleme unserer Städte – oder ist sie selbst eins? Über einen neuen Architekturstreit", in: *Frankfurter Allgemeine Zeitung*, 12. Mai 2018 (http://www.faz.net/aktuell/feuilleton/kunst/der-streit-um-frankfurts-neue-altstadt-15585497.html?premium, zuletzt abgerufen am 20. April 2020).

50 Stephan Trüby: „Wir haben das Haus am rechten Fleck", in: *Frankfurter Allgemeine Sonntagszeitung*, 8. April 2018 (https://www.faz.net/aktuell/feuilleton/neue-frankfurter-altstadt-durch-rechtsradikalen-initiiert-15531133.html; zuletzt abgerufen am 20. April 2020).

51 Wolfgang Hübner: „Neue Altstadt in Frankfurt: Sind schönere Städte ‚rechtsradikal'? Zum Denunziationsversuch eines Modernisten", in: *pi-news / Politically Incorrect*, 9. April 2018 (http://www.pi-news.net/2018/04/neue-altstadt-in-frankfurt-sind-schoenere-staedte-rechtsradikal/; zuletzt abgerufen am 20. April 2020).

52 Jan Nolte: „Heimat eine Form geben: Die Rekonstruktion der Frankfurter Altstadt ist ein Segen für die Menschen in der Main-Metropole", Facebook-Post vom 24. April 2018 (https://www.facebook.com/Jannolteafd/photos/a.802157289894883/1472076799569592/?type=1&theater; zuletzt abgerufen am 20. April 2020).

53 Titel der Produktion: *Alt statt neu – dem Wahren Schönen Gutenl.* – Vgl. https://jungefreiheit.de/kultur/2018/alt-statt-neu-dem-wahren-schoenen-guten/; zuletzt abgerufen am 20. April 2020.

54 In seinem Essay „Sexual morality and the liberal consensus" (1989) bezeichnet Roger Scruton Homosexualität als Perversion. Er glaubt, argumentieren zu können, dass Homosexuelle an keinen sozial stabilen Zukünften von Gesellschaft mitbauen können, da sie keine Kinder zeugen wollen. – Vgl.

https://en.wikipedia.org/wiki/Roger_Scruton; zuletzt abgerufen am 20. April 2020.

55 Léon Krier: „Das Ende der Heuchelei", in: *Cato* Nr. 5, 1. August 2018.

56 Philipp Krüpe: „Altstadt 2.0", in: *Baumeister*, 21. September 2018 (https://www.baumeister.de/40244-2/; zuletzt abgerufen am 20. April 2020).

57 Anja Laud: „Auf den Kriegspfad für die Schönheit", in: *Frankfurter Rundschau*, 11. September 2018.

58 Adrian Schulz: „Rechtes Denken und Architektur: Alle an ihren Platz", in: *taz*, 11. September 2018 (https://www.taz.de/!5534282/; zuletzt abgerufen am 20. April 2020).

59 Niklas Maak: „Kann Raum rechts sein?", in: *Frankfurter Allgemeine Sonntagszeitung*, 26. Mai 2019.

60 Niklas Maak: „Antisemitische Flaschenpost?", in: *Frankfurter Allgemeine Zeitung*, 29. Mai 2019 (https://m.faz.net/aktuell/feuilleton/debatten/streit-zu-zitat-von-ezra-pound-im-walter-benjamin-platz-16210829.html; zuletzt abgerufen am 20. April 2020).

61 Zit. nach Verena Hartbaum: *Der Walter-Benjamin-Platz*, Nürnberg: a42.org – master of architecture, 2013, S. 70.

62 Hans Kollhoff, zit. nach Peter von Becker: „Spiel mit der Provokation", in: *Tagesspiegel*, 3. Juni 2019 (https://www.tagesspiegel.de/kultur/berliner-architekturstreit-spiel-mit-der-provokation/24416220.html, zuletzt abgerufen am 20. April 2020).

63 Vgl. Annika Wienert: „Symbolische Gewalt im öffentlichen Raum", in: *ARCH+ 237: „Nikolaus Kuhnert. Eine architektonische Selbstbiografie"* (November 2019), S. 17 des beigelegten *ARCH+ features „Rechte-Räume-Reaktionen"*.

64 Ulrike von Hirschhausen: „Architektur und Antisemitismus: Alle Kultur ist Barbarei", in: *Tagesspiegel*, 20. Oktober 2019 (https://www.tagesspiegel.de/kultur/architektur-und-antisemitismus-alle-kultur-ist-barbarei/25134234.html; zuletzt abgerufen am 20. April 2020).

65 Vgl. Cay Dobberke: „Kiezgespräch – Antisemitische Inschrift soll verschwinden", in: *Tagesspiegel*, 17. Januar 2020 (https://www.tagesspiegel.de/berlin/bezirke/leute-newsletter-am-freitag-antisemitische-inschrift-am-walter-benjamin-platz-soll-weg/25441712.html; zuletzt abgerufen am 20. April 2020).

66 Vgl. Marcus Woeller: „Blackstone und der Antisemitismus", in: *Die Welt*, 29. Januar 2020 (https://www.welt.de/kultur/architektur/plus205332543/Blackstone-Kollhoff-und-der-Antisemitismus-Streit-um-Benjamin-Platz.html; zuletzt abgerufen am 20. April 2020).

67 Maak, „Antisemitische Flaschenpost?", a. a. O.

68 Trüby, „Rechte Räume. Eine Einführung", a. a. O., S. 11.

69 Kaye Geipel: „Zuschreibungen", in: *Bauwelt 14.2019*, 11. Juli 2019, S. 13 (https://www.bauwelt.de/rubriken/betrifft/Zuschreibungen-Arch-Debatte-Rechte-Raeume-3394532.html; zuletzt abgerufen am 20. April 2020).

70 Vgl. S. 160 f.

71 Erst die Novemberrevolution 1918 und die Gründung der Weimarer Republik brachte für Juden in Deutschland eine völlige Gleichstellung per Gesetz und damit auch im Staatsdienst mit sich. Alle Positionen im öffentlichen Dienst standen ihnen nun offen: Universitätsordinariate, Beamtenstellen, Ministerposten. Allerdings sahen sich Juden nach dem Ende des Ersten Weltkriegs auch einer massiven Welle antisemitischer Angriffe konfrontiert. – Vgl. Sebastian Panwitz, in: Stiftung Stadtmusem Berlin, Franziska Nentwig (Hrsg.): *Geraubte Mitte. Die „Arisierung" des jüdischen Grundeigentums im Berliner Stadtkern 1933–45*, Berlin: Verlag M – Stadtmuseum Berlin, 2003, S. 17.

72 https://afdkompakt.de/2017/05/30/stadtschloss-kuppel-und-umfeld-historisch-passend-rekonstruieren/; zuletzt abgerufen am 20. April 2020.

73 Arno Brandlhuber, zit. nach „,Architektur muss ideologischer werden.' Arno Brandlhuber im Gespräch", in: Stephan Trüby, Verena Hartbaum (Hrsg.): *Germania, Venezia. Die deutschen Beiträge zur Architekturbiennale Venedig seit 1991. Eine Oral History*, Paderborn: Fink, 2016.

74 Ebd.

75 Peter V. Zima: „Ideologie und Theorie. Zum Verhältnis von ideologischen und theoretischen Diskursen", in: Kurt Salumun (Hrsg.): *Ideologien und Ideologiekritik. Ideologietheoretische Reflexionen*, Darmstadt: Wissenschaftliche Buchgesellschaft, 1992, S. 60.

76 Peter Neitzke: *Konvention als Tarnung. Anmerkungen zur architektonischen Gegenmoderne in Deutschland*, Darmstadt: Jürgen Häusser, 1995.

77 Matthias Quent: „Der ultimative Niedergangsbeschleuniger", in: *Zeit Online*, 15. März 2020 (https://www.zeit.de/politik/deutschland/2020-03/afd-rechtsradikale-coronavirus-verfassungsschutz-gefahr?fbclid=IwAR2bwzuRdE-y2LleCvbmM9w_uHuPDrknpmTJz03wuenf7sY9f-VyHsuMdvaqE; zuletzt abgerufen am 20. April 2020).

2 (Theorie-)Theoretische Vorbemerkungen

Alles, was in der Welt der Fall ist – Phänomene, soziale Organisationen, Artefakte, Kunstwerke, Gebäude etc. –, kann sich unserer Aufmerksamkeit seit jeher gewiss sein.[1] Davon kündet das antike Wort „theoria". In gängigen griechischen Lexika meint „theoria" zweierlei: erstens „Anschauen oder Zuschauen";[2] zweitens wird dieses Anschauen ausdrücklich mit dem Phänomen des Geistes verbunden und bedeutet dann geistiges Anschauen, Betrachten, Untersuchen, Überlegen.[3] In seinem noch immer lesenswerten Essay *Lob der Theorie* führt Hans-Georg Gadamer aus,[4] dass der Mensch stets ein theoretisches Wesen sei. Er könne zuweilen nicht anders als wach sein, schauen – und vor allem: staunen.[5] Die ersten Theoretiker waren Staunende, die Bericht erstatteten: schaulustige Abgesandte einer griechischen Polis, die ihr Zuhause von den Zukunftsbeeinflussungstechniken auswärtiger Orakel und Götterfeste in Kenntnis setzten.[6]

Zu den staunenswerteren Phänomenen der Gegenwart gehört sicherlich die kaum für möglich gehaltene Rückkehr von rechtsradikalen, rechtsextremistischen und neofaschistischen Politikformationen in verschiedenen westlichliberalisierten Staaten. Diese Entwicklungen, die auch und gerade theoretisch inspiriert sind, bedürfen nicht nur geeigneter politischer Aktivismen, sondern auch (theorie-)theoretischer Überlegungen, nicht zuletzt auch zur politischen Rechts-Links-Dichotomie. Die wohl wichtigste Theorieformation, die die Neue Rechte für obsolet zu erklären versucht, ist die Dekonstruktion. Wenn einer der Begründer der Dekonstruktion, Jacques Derrida (1930–2004), eine radikale Metaphysikkritik betreibt, wenn er vermeintlich stabile Entitäten und Identitäten kritisiert, deren Artifizialitäten benennt, deren Paradoxien herausarbeitet und somit sicher geglaubte Denkgebäude einstürzen lässt, dann war dies ein ebenso philosophisch subtiler wie umfassender Angriff gegen Konservative aller Länder, zumal marxistisch grundiert. Mit der *différance*, dem absichtlich falsch mit ‚a' geschriebenen und somit die Schriftlichkeit als solche betonendem Anti-Schlüsselbegriff der Dekonstruktion, sollten bestehende Ordnungen unterlaufen, Binaritäten wie etwa Stimme vs. Schrift oder Natur vs. Kultur infrage gestellt und als westliche, logozentristische oder phallozentristische Konstruktionen demaskiert werden. Es kann vor diesem Hintergrund wenig überraschen, dass Derrida tiefe Spuren in den machtkritischen Theoriewerken der Gender- und Postcolonial Studies hinterlassen hat.

Ebenso wenig überraschend ist, dass es gerade auch Architekten und Architekturtheoretiker wie Peter Eisenman, Bernard Tschumi und Mark Wigley waren, die sich vom dekonstruktionistischen Sturm auf die Fundamente angesprochen fühlten – und mit einem sicherlich etwas allzu direkten „Dekonstruktivismus" reagierten.

Mitten in die akademischen Erfolgswellen der Dekonstruktion hinein hat Jean-François Lyotard (1924–1998), eine Art liberaler Sparringspartner Derridas, in *Das postmoderne Wissen* (1979) das Wort vom „Ende der *grands récits*" geprägt.[7] „Große Erzählungen" stellen für Lyotard ideologisch-politische Konstruktionen dar, die das zerstören, was als zentraler Grundwert der europäischen Zivilisation gelten kann: die Freiheit des Individums.[8] In der „großen Erzählung" des Marxismus, die in der Emanzipation eines sich über alle anderen Klassen erhebenden Proletariats ihren zwingenden Höhepunkt finden sollte, machte Lyotard die bis dato letzte ideologische Quelle menschenverachtender politischer Praxis aus.[9] Lyotards Ausführungen sollten sich in der Folgezeit breiter Anerkennung erfreuen, und die kritische Auseinandersetzung mit dem marxistischen Denken, die nach dem Fall des Eisernen Vorhangs in Francis Fukuyamas *Ende der Geschichte* kulminierte,[10] kann als wichtigste Gemeinsamkeit jüngerer kulturtheoretischer Produktion betrachtet werden. Doch aus der Asche der „großen Erzählungen" sind neue Supertheorien wie Phoenixe emporgestiegen – nicht zuletzt der Marxismus genießt mindestens den Status des Untoten[11] –, die im Folgenden auf ihre Verbindungen sowohl zur Neuen Rechten wie zur Architektur der Gegenwart zu untersuchen sind.

Große Erzählungen nach dem Ende der großen Erzählungen

Mit der weithin aufgegriffenen These vom „Ende der Geschichte" trat die „Große neoliberale Erzählung des Marktes" an die Stelle des durch diverse Dekonstruktionen gegangenen Metanarrativs des Marxismus. Die neoliberale Metaerzählung besagt, dass freie Märkte, wenn sie denn nur von der

Politik in Ruhe gelassen werden, gleichsam automatisch zu Gleichgewichtszuständen finden würden. Doch trotz aller Freiheitsrhetorik ist diese Idee, die sich – um nur zwei ihrer wichtigsten Theoretiker zu nennen – von der anti-keynesianischen Österreichischen Schule um Friedrich August von Hayek (1899–1992) und der Chicagoer Schule um Milton Friedman (1912–2006) herschreibt, seit ihrer ersten großflächigen politischen Implementation im Jahre 1973, nämlich seit Augusto Pinochets Machtergreifung in Chile, stets Allianzen mit autoritären Regimen eingegangen. Die liberale bzw. neoliberale Hypothese von der Effizienz der Märkte entpuppt sich insofern als eine „Oikozidee", die nicht nur die Blasen und Krisen der Wirtschaftsgeschichte geflissentlich zu ignorieren oder zu marginalisieren versucht, um nur keine Zweifel an der angeblichen Gerechtigkeit und Gutartigkeit von Märkten aufkommen zu lassen.[12] Schlimmer noch: Sie camoufliert die Tatsache, dass Märkte nur allzu oft „in Zusammenhang mit Feldzügen, mit kriegerischen oder räuberischen Aktionen und den damit verbundenen riskanten Unternehmungen" entstanden sind – also eben nicht nur durch unschuldige bedarfsorientierte Wirtschaftsweisen.[13] Es kann vor diesem Hintergrund kaum überraschen, dass sich in letzter Zeit ein Teil des neoliberalen Milieus – denkt man etwa an die Diskussionen um prominente AfD-Mitglieder in der Friedrich-A.-von-Hayek-Gesellschaft[14] – für Rechtsextremismen aller Art offen gezeigt haben; dass neoliberale Publizisten wie André F. Lichtschlag (*eigentümlich frei*) oder Roland Tichy (*Tichys Einblick*) mittlerweile im politischen Spektrum eindeutig rechtsaußen verortet werden können; und dass sich ein Teil der amerikanischen Alt-right-Bewegung nicht zuletzt auf die neoliberal-libertären Säulenheiligen Ayn Rand und Murray Rothbard berufen. Im Architekturdiskurs wird diese Position derzeit am artikuliertesten von Patrik Schumacher vertreten, der seit dem Tod von Zaha Hadid im Jahre 2016 Chef von Zaha Hadid Architects ist.[15]

Schumacher, in frühen Jahren nach eigenem Bekunden ein Parteigänger des Marxismus, schreibt seine aktuellen politischen Positionen von der Niklas Luhmann'schen Systemtheorie her, einer Theorieformation, die neben dem Neoliberalismus als zweite wichtige „Große Erzählung nach dem Ende der großen Erzählungen" erachtet werden kann. Bekanntlich gilt nach Luhmann

(1927–1998): Systeme nach neuerem systemtheoretischen Verständnis sind autopoietisch, d. h. sie erzeugen die Elemente, die sie von ihrer Umwelt unterscheidbar machen, aus eigener Kraft. Bei diesen Elementen handelt es sich um anschlussfähige Operationen, die im Falle von sozialen Systemen Kommunikationen heißen. Systemspezifische Codes eröffnen Operationsräume und bringen Systeme in produktive Unruhe. Programme formen Codes zu Medien um. Medien erhöhen die Wahrscheinlichkeit anschlussfähiger Kommunikation. Durchaus antipodisch zur Differenztheorie der Dekonstruktion, die an unhinterfragten Denktraditionen, an Hierarchien und Ordnungen sägt, wo sie nur kann, erfreut sich die Differenztheorie der Systemtheorie – Luhmann definiert ein System als Differenz von System und Umwelt – mit staunenden Augen an der unwahrscheinlichen Evolution systemischer Ordnungen in einer komplexen Welt. Dabei äußert sie sich so gut wie nie zu Unordnungen, Konflikten, gar Kriegen. Weshalb Schumachers luhmanneske Systemtheorie der Architektur wenig zu überzeugen vermag, hat der Verfasser an anderer Stelle dargelegt.[16] Im Bewusstsein von Schumachers jüngeren politischen Äußerungen lesen sie sich wie Versuche, ein angebliches Architektur-System von konkurrierenden Systemen – insbesondere dem Politik-System – zu säubern, um die Architektur *de facto* umso stärker zum Instrument einer als libertäre Politik daherkommenden Wirtschaftskraft zu machen.[17]

Während Luhmanns Werk, dieser *grand récit* kapitalistischer Ordnungen, sich zuweilen wie die Detailanalyse eines friktionsfreien Gesellschaftsgetriebes liest, geht es in der dritten „Großen Erzählung nach dem Ende der großen Erzählungen", der Friedrich Kittler'schen Medientheorie, in puncto Aggressionspotenzial deutlich heftiger zur Sache. Darauf hat nicht zuletzt Jochen Hörisch hingewiesen, wenn er mit Bezug auf Kittler schreibt: „[...] die Sphäre der Medien ist bleihaltig."[18] Ähnliches bekundet Bernd Stiegler, wenn er mit Blick auf Kittlers Wehrmachtfixiertheit dessen Annahme „einer strukturellen Vorgängigkeit der Medien als einer die Kultur bestimmende Hardware"[19] mit den Worten kritisiert, diese sei grundiert von einer „etwas eigentümliche[n] und auch nervige[n] Kriegsbegeisterung".[20] Dies hängt damit zusammen, dass für Kittler Medien stets im und für den Krieg produziert und entwickelt werden; Medien seien immer auch Kriegstechniken.[21] Damit betreibt Kittler, der sich während seines Studiums stark mit Derrida auseinandersetzte und einen Text von ihm auch ins Deutsche übertrug, eine Restabilisierung der dekonstruktionistischen Infragestellung des Grundes, und zwar durch die *arché* des Krieges. Liegt es am Kriegs-Reduktionismus der Kittler'schen Medientheorie, dass doch der eine oder andere Medientheoretiker, der stark von Kittler beeinflusst wurde – man denke etwa an Norbert Bolz oder Oliver Grau[22] – in jüngerer Zeit durch reaktionäre, AfD-affine und den Gender Studies feindlich gesinnten Positionen aufgefallen ist? Und liegt es am professionstypischen Desinteresse für Medien*inhalte*, dass so viele kriegs- und technikfixierte Medientheoretiker – gerade auch politisch eher unverdächtige Alumni der sogenannten „Kittler-Jugend"[23] – die auf sozialen Medien geäußerten politischen Kommentare von Bolz, Grau und Konsorten kaum oder auch gar nicht mitbekommen, geschweige denn skandalisieren? Hinzuzufügen bleibt, dass die Medientheorie Kittler'scher Art – sieht man einmal von den wenigen Ausnahmen ab, etwa den verdienstvollen architekturtheoretischen Äußerungen Markus Krajewskis – recht großräumig an der Architektur(-theorie) vorbeigegangen ist. Bisher jedenfalls.

Als vierte „Große Erzählung nach dem Ende der großen Erzählungen" kann das weite Feld jener Naturwissenschaften genannt werden, die mit „absoluten Erkenntnissen" auch bei traditionell geisteswissenschaftlichen Fragestellungen aufzuwarten versuchen – also vor allem Teile der Evolutionsbiologie und -psychologie sowie Teile der Neurowissenschaften.[24] Wenngleich es unlauter wäre, diese verdienstreichen Wissenschaftsdisziplinen grundsätzlich unter Verdacht zu stellen oder deren Eigenlogiken über einen Kamm zu scheren, so fällt doch die Vielzahl der Namen in diesen Wissenfeldern auf, die in den letzten Jahren in den Geruch gekommen sind, für gesellschaftliche Rollback-Positionen einzustehen – etwa bzgl. der Geschlechtereinteilung und der evaluierenden Kategorisierung menschlicher Populationen. So sind hier beispielsweise zu nennen die Evolutionsbiologen Irenäus Eibl-Eibesfeldt (1928–2018), der in verschiedenen Essays von „kulturfernen Ausländern" schreibt;[25] Ulrich Kutschera (geb. 1955), für den das Adoptionsrecht für Lesben und Schwule einer „staatlich geförderten Pädophilie" gleichkommt;[26] oder auch Axel Meyer (geb. 1960), für den Gender-Forschung insgesamt

„unwissenschaftlich" ist.[27] Ebenfalls sind in diesem Zusammenhang beispielsweise die Evolutionspsychologen John Philippe Rushton (1943–2012), Arthur Robert Jensen (1923–2012), Richard Lynn (geb. 1930) und Richard J. Herrnstein (1930–1994) zu nennen, die mit unterschiedlichen Akzentuierungen in ihren Forschungen den Beweis anzutreten versuchten (und dies teils noch immer versuchen), dass Menschen mit heller Hautpigmentierung intelligenter seien als mit dunkler. Gleichfalls zu nennen ist hier der Hirnforscher Manfred Spreng,[28] der mit Verweis auf neurowissenschaftliche Untersuchungen nachzuweisen glaubt, dass die „Gender-Ideologie" eine „Gleichschaltung der Geschlechter" provoziere. Im Architekturkontext ist hier vor allem die Gruppe TRACE zu erwähnen, die mit einer 2014 veröffentlichten Studie[29] insinuiert, dass die typisch westliche Architektur-Kategorisierung von *high-ranking* und *low-ranking* bei chinesischen, nichteuropäisch enkulturierten Probanden vollkommen entfällt – und damit der Chimäre „kultureller Reinheit" zuzuarbeiten versucht.

Die Rückkehr der Rechts-Links-Polarität – und ihre Erweiterung

Die vier angesprochenen „Großen Erzählungen nach dem Ende der großen Erzählungen" teilen bei aller Verschiedenheit eine Gemeinsamkeit: Ihre wichtigsten Protagonisten – Ausnahmen wie Bolz oder Kutschera mögen die Regel bestätigen – würden sich wohl in den allermeisten Fällen weigern, das eigene Denken in ein Rechts-Links-Schema einzuordnen. Ein solches sei „passé". Derlei ist immer wieder zu hören gewesen in den letzten vier Jahrzehnten, seit eine weitgehende Neoliberalisierung sozialdemokratisch-linker und eine weitgehende Liberalisierung konservativ-neoliberaler Positionen stattgefunden hat – mit dem Resultat, dass sie mit minimalen Unterscheidungsmerkmalen um die „Mitte" werben. Entsprechend schreibt 1994 Norberto Bobbio (1909–2004), der italienische Philosoph, der sich selbst als „liberalen Sozialisten" bezeichnete: „Noch nie wurde so viel gegen die herkömmliche Differenzierung zwischen Rechts und Links geschrieben wie heute: Sie wird als überholt betrachtet, als sinnlos [...]."[30] Auch gut zwanzig Jahre später, im

Jahre 2015, äußert sich der Münchner Soziologe Armin Nassehi in *Die letzte Stunde der Wahrheit* in vergleichbarer Weise, wenn er, der sich „weiß Gott nicht dem linken Mainstream"[31] zugehörig fühlt, konstatiert: „Dass etwas rechts oder links sei, konservativ oder progressiv, enthält immer weniger Informationswerte [...]."[32] Nassehis Einschätzung mündet in einen eher unpräzisen Aufruf zu mehr Multi-Perspektivismus, auch und gerade in der Theorie: „Beschreibungen müssen vorsichtiger werden, müssen mit Rückkopplungen rechnen, damit, dass sie selbst zum Beschriebenen dazugehören, sie müssen mitliefern, dass alles Reden nur ein Reden aus der Perspektive unterschiedlicher Perspektiven ist."[33]

Innerhalb der Rechts-links-Polarität, die sich seit der verfassungsgebenden Nationalversammlung im revolutionären Frankreich von 1789 zur wichtigsten Navigationshilfe in politischen Fragen entwickelt hat, impliziert die Denkfigur des Rechten vor allem eine kollektive Orientierung am Mythos. Entsprechend macht Armin Mohler (1920–2003), einer der prägenden Rechtsintellektuellen (ja, es gibt wenige, aber es gibt sie, auf die diese Titulierung durchaus passt) im deutschsprachigen Raum und darüber hinaus, das große, enthusiasmierende „Schlachtenbild" als zentralen Gedanken der Rechten aus.[34] Für den gebürtigen Schweizer, der sich in seinem Heimatland stets „monumental unterernährt"[35] fühlte und daher 1942 illegal über die deutsche Grenze ging, um sich der Waffen-SS anzuschließen, war Deutschland vor allem ein „geistiges Prinzip", eine „metaphysische Größe".[36] Mohler und andere Rechte reagieren auf gesellschaftliche Komplexitäten üblicherweise mit der Unterkomplexität ethnischer Homogenität – und damit identitären, ethnopluralistischen Gesellschaftskonzepten nach Mottos wie „Deutschland den Deutschen", „Frankreich den Franzosen", „Ungarn den Ungarn" etc. So schreibt Alain de Benoist (geb. 1943), die von Mohler stark beeinflusste zentrale Figur der französischen Rechten: „Ich nenne hier [...] die Haltung rechts, die darin besteht, die Vielgestaltigkeit der Welt und folglich die relativen Ungleichheiten, die ihr notwendiges Ergebnis sind, als ein Gut und die fortschreitende Vereinheitlichung der Welt, die durch den Diskurs der egalitären Ideologie seit zweitausend Jahren gepredigt und verwirklicht wird, als ein Übel anzusehen."[37] Darüber hinaus reagieren die allermeisten Rechten – die

Wortführer sind fast ausschließlich Männer – auf gesellschaftliche Komplexitäten mit der Unterkomplexität traditioneller Geschlechterrollen. Im Unterschied zum bewahrenden, „gärtnerischen" (Mohler) Konservativismus üben sie sich mit Vorliebe an der (Rhetorik einer) Machtübernahme in einem umstürzlerischen Akt; daher ihre Begeisterung für das (Mohler'sche) Paradoxon einer „Konservativen Revolution".[38] Nur bei einer Frage herrscht innerhalb der Rechten große Uneinigkeit: der Zweckmäßigkeit internationaler Märkte und Finanzströme.

Gegen die Mythos-Fixierung der Rechten setzt die Linke auf die Orientierung an der Utopie und auf die weitgehende Konstruierbarkeit gesellschaftlicher Ordnungen. Ebenso interessiert sich eine eher linke Perspektive, wie Nassehi zu Recht schreibt, generell „für die Schwächeren, für die Unterprivilegierten"; sie erkennt an, „dass soziale Ungleichheit vor allem das Ergebnis sozialer Strukturen ist".[39] Dem Disput über die Zweckmäßigkeit internationaler Märkte und Finanzströme innerhalb der Rechten entspricht innerhalb der Linken der Streit über die Rolle und Tauglichkeit des Nationenbegriffs. Bei allen gerechtfertigten Einwänden gegenüber einem „rechten Nationalismus" sollte man sich stets vor Augen führen, dass nicht nur die Gründungsszene der Linken eine nationalistische war – in der Französischen Revolution setzte sich das französische Volk gegen die von Frankreich angeführte Internationale der Aristokratie durch –, sondern dass sich die meisten sozialistischen Experimente des 20. Jahrhunderts nationalen Befreiungsbewegungen verdanken (und nur manchmal von ernst gemeinten internationalistischen Impulsen durchdrungen waren). Der linke Internationalismus wurde in jüngster Zeit etwa von Immanuel Wallerstein (1930–2019) vertreten, dem Begründer der Weltsystemanalyse. Wallerstein diganostiziert einen Paradimenwechsel weg vom europäisch geprägten Universalismus (mit seinen drei zentralen Verfahren und Konzepten, nämlich dem vermeintlichen Interventionsrecht gegen militärisch „schwächere" Barbaren, dem essentialistischen Partikularismus des Orientalismus und dem wissenschaftlichen Universalismus[40]) hin zu einem wahrhaft „universellen Universalismus": „Es wäre die Welt von Senghors *rendez-vous du donner et du recevoir*. Es gibt keine Garantie dafür, dass wir dorthin gelangen. In den Auseinandersetzungen der nächsten fünfzig

Jahre wird es um diese Frage gehen. Die einzige ernsthafte Alternative ist eine erneute hierarchische, ungleiche Welt, die behauptet, auf universellen Werten gegründet zu sein, in der jedoch Rassismus und Sexismus weiterhin unser Handeln beherrschen, vielleicht sogar auf viel krassere Weise als dies in unserem gegenwärtigen Weltsystem der Fall ist."[41] Zwar wird in der Tat die simplifizierende Rede von rechts und links vielen Komplexitäten der Gegenwart nicht mehr gerecht, doch käme ein labyrinthischer Multi-Perspektivismus à la Nassehi oder gar eine Komplettaufgabe der Rechts-links-Polarität einer Entpolitisierung gleich. Hierauf haben vor allem Theoretiker*innen aus dem neomarxistischen Spektrum wie Chantal Mouffe[42] oder Slavoj Žižek hingewiesen. Man muss das jüngere linksreaktionäre Feminismus-, LGBTI- und Political-Correctness-Bashing des Letzteren nicht teilen, um seinen bemerkenswerten Aufsatz „Die populistische Versuchung" (2017) zu goutieren, in dem die tradierte Polarität von rechts und links insofern aktualisiert wird, als Žižek sie durch die kreuzförmige Kombination zweier Achsen ersetzt: die Achse „Universalität versus patriotische Zugehörigkeit" sowie die Achse „Kapitalismus versus linker Antikapitalismus".[43] Im Anschluss daran hat der Verfasser den Vorschlag des slowenischen Philosophen in ein politisches Positionen-Diagramm überführt, sodass sowohl die Linke als auch die Rechte jeweils in zwei Aggregatzuständen erscheint: einmal in einer international orientierten und einmal in einer nationalistischen. In ein solches Positionenmodell können die gängisten Politikoptionen der Gegenwart und jüngeren Vergangenheit eingetragen werden: auf der linken Seite etwa die universalistische Linke ebenso wie die globalisierungsfeindliche, patriotische, anti-kosmopolitische und manchmal auch latent oder offen antisemitische Linke; auf der rechten Seite der multikulturelle Kapitalismus sowie der patriotisch-völkisch-antisemitische Antikapitalismus. Einen Bedeutungszuwachs diagnostiziert Žižek mit Blick auf Donald Trumps Kombination von Neoliberalismus und anti-neoliberaler „America-First"-Politik vor allem auf der Achse der „doppelten Rechten" – und zieht den Schluss, „dass der globale Kapitalismus mit partikularen und kulturellen Identitäten bestens koexistierten kann".[44] Žižeks verdienstreiches Kreuzachsen-Modell lässt sich auch erweitern, um viele vermeintlich überraschende

Abb. 2.1: Doppelte Rechte, doppelte Linke: politisches Positionenmodell, aufbauend auf Slavoj Žižeks Kreuzachsen-Modell, wie es im Žižek-Aufsatz „Die populistische Versuchung" (2017) dargelegt wurde (Diagramm: Stephan Trüby).

politische Koalitionen der letzten Jahre und Jahrzehnte zu verstehen, so die Kombination aus universalistischer Linker und multikulturellem Kapitalismus, die Nancy Fraser einmal als „Progressiven Liberalismus"[45] (paradigmatisch repräsentiert etwa in der Symbiose von neoliberalen Finanzeliten und einer „kritischen" Kunstwelt) bezeichnet hat; so auch die Kombination aus nationalistischer bzw. antisemitischer Linker und nationalistischer Rechter, die gemeinhin als „Querfront" bezeichnet wird (Abb. 2.1).

Es gibt keine „rechte" Architektur (aber rechte Räume)

Es liegt auf der Hand, dass mit diesem Diagramm nicht nur ein Orientierungsmodell politischer Überzeugungen, sondern auch eine Art Weltkarte impliziter oder expliziter Architekturideologien von *Architekt*innen* vorliegt. Wohlgemerkt von *Architekt*innen*, nicht von Architekturen. Die Rede ist also vielmehr von Sprechakten als von Bauwerken; vielmehr von Fleisch als von Stein; vielmehr von Schriften oder verbalen Bekenntnissen als von ästhetischen Indizien: So wenig es eine „rechte" oder „linke" Architektur gibt, so wenig gibt es auch eine „faschistische" oder „demokratische" Architektur. Dessen ungeachtet ist spätestens mit dem Wiedererstarken der Rechten seit der europäischen Zeitenwende um die sogenannte „Flüchtlingskrise 2015/2016", die der (in Teilen selbst nach rechts gerückten) Erstaunensbewältigungstechnik namens Theorie viele neue Aufgaben bescherte, auch die Architektur stärker in den Fokus gerückt.

Architektur situiert sich auf zweifache Weise in der Kulturtheorie: einmal als vielleicht komplexeste Kulturtechnik, die die Menschheit hervorgebracht hat (denn nirgendwo sonst – weder in der Literatur noch im Theater noch in den Bildenden Künsten etc. – fallen wirtschaftliche, technisch-wissenschaftliche, künstlerische, rechtliche, mediale, religiöse und politische Interessen so in eins wie beim Bauen und Planen für's Bauen); und zweitens durch das im Einleitungskapitel dargelegte fünfgliedrige systematische Modell, das in Erweiterung eines architekturikonologischen Ansatzes die vielfältigen Berührungspunkte von Politik und Architektur nachvollziehbar macht.[46] Vom österreichischen Architekten Gustav Peichl wird der Satz überliefert, dass es keine politische Architektur gäbe, nur gute oder schlechte. Das ist einerseits bestreitbar, weil es keinen politikfreien Raum der Architektur gibt, andererseits ist das Zitat insofern nicht ganz von der Hand zu weisen, als jegliche Architekturstile von jeglichen politischen Systemen instrumentalisiert werden können. So wie es eine sozialistisch inspirierte Architekturmoderne gibt (in der Sowjetunion, in Deutschland etc.), so gibt es auch eine faschistisch inspirierte (in Italien); so wie es einen monarchischen und diktatorisch geprägten Neoklassizismus gibt, so gibt es auch einen republikanisch-demo kratisch geprägten. Das finnische Parlament zum Beispiel, erbaut 1926–1931 von Johan Sigfrid Sirén, und das nordkoreanische Parlament in der 1984 vollendeten Mansudae-Kongresshalle in Pjöngjang sehen sich zum Verwechseln ähnlich (Abb. 2.2–3).[47]

Und doch gibt es, wie im Folgenden kurz umrissen sei, zumindest Tendenzen für linke Architekturpräferenzen, die sich recht präzise in Žižeks Positionenmodell eintragen lassen. So kann mit Hans Sedlmayr, dem Antisemiten und NSdAP-Mitglied (ab 1930), der internationalistischen Linken seit der Französischen Revolution sicherlich nicht zu Unrecht u.a. eine Architektur des Kugelhaften und Bodenlosen zugeordnet werden. Sedlmayr verlängerte seine Vermutung eines inneren Zusammenhangs „zwischen der Idee des Kugelgebäudes und dem ‚bodenlosen' Geist jener Revolutionen"[48] bis in die Zeit

nach 1917, als – zum Schauder des reaktionären Kunsthistorikers – mit der Architektur der russischen Konstruktivisten wieder eine scheinbar entgründete Architektur der Wolkenbügel fröhliche Urstände feierte. Diese Tendenzen fanden in den Architektur gewordenen Infragestellungen der *arché*, wie sie im Rahmen der „dekonstruktivistischen Architektur" seit Ende der 1980er- und frühen 1990er-Jahre betrieben wurde, ihre Kontinuität. Auch der partikularistischen Linken lassen sich architekturtheoretische Positionen zuordnen, so vor allem der „Kritische Regionalismus", wie er insbesondere von Kenneth Frampton prominent vertreten wurde. In Abgrenzung zur – für

Frampton – allzu szenografischen postmodernen Architektur à la Robert Venturi und Denise Scott Brown, in der er kaum mehr als eine reine Affirmation ökonomischer Zwänge erkennen kann, plädiert der britische Architekturtheoretiker für eine haptisch erfahrbare Architektur des Ortes, auf präzise Fenstersetzungen, die auf lokale Gegebenheiten eingehen, und auf die Vermeidung künstlicher Klimatisierungen. Dass eine solche Architekturtheorie mühelos eine Querfront zur völkischen Rechten bilden kann, macht nicht zuletzt Framptons problematische Bezugnahme auf Martin Heidegger und dessen Postulat „Die Grenze ist nicht das, wobei etwas aufhört, sondern, wie die Griechen es erkannten, die Grenze ist jenes, von woher etwas *sein Wesen beginnt*"[49] deutlich: „Wohl können wir skeptisch bleiben gegenüber dem Vorschlag [Heideggers, S. T.], eine kritische Praxis in einem so hermetisch metaphysischen Konzept wie dem des ,Seins' zu begründen; aber wenn wir mit der allgegenwärtigen Ortlosigkeit unserer modernen Umwelt konfrontiert werden, müssen wir mit Heidegger nichtsdestoweniger die absolute Vorbedingung eines umgrenzten Raums postulieren, um eine Architektur des Widerstands zu schaffen."[50]

So wie sich linke Architekturpräferenzen festmachen lassen, so lassen sich auch rechte Präferenzen fixieren. Rechte Räume entstehen immer dann, wenn mythische Ursprünge, Nationen, Regionen, Heimaten übercodiert werden, wenn Architektur zum „Heimatschutz" unter Ausschluss von realer oder vermeintlicher Fremdheit verkommt. Das kommt manchmal einfach nur harmlos folkloristisch daher, doch oft genug versteckt sich dahinter mindestens Nationalromantik, wenn nicht das, was im Nationalsozialismus dann „Blut- und Boden-Ideologie" genannt wurde, also die postulierte Einheit eines rassisch definierten „Volkskörpers" mit einem Siedlungsgebiet. Als wichtigste Bezugsfiguren jüngerer Architekturtheoretiker der Rechten – zu ihnen sind etwa Norbert Borrmann (1953–2016) und Christian J. Grothaus (geb. 1969) zu rechnen – zählen vor allem Armin Mohler und die Architekturtheoretiker der von Mohler retroaktiv in Façon gebrachten „Konservativen Revolution", also insbesondere Arthur Moeller van den Bruck (1876–1925), Leopold Ziegler (1881–1958) und Paul Schultze-Naumburg (1869–1949). Auf sie alle wird im Folgenden noch näher einzugehen sein. Und wie bereits bei der erwähnten

„Querfront" rechts- und linksidentitärer Architekturkonzepte dargelegt, wiederholt sich auch im internationalistischen Spektrum ein Bündnis quer durch die politischen Lager von rechts und links: Der bereits erwähnte Patrik Schumacher etwa ist dem linken Internationalismus viel näher als den identitären Architekturkonzepten der Völkischen. Im Feld des Architektonischen reduziert sich also das vierpolige Positionenmodell Slavoj Žižeks weitgehend auf einen sowohl rechts wie links auftauchenden Internationalismus und einen ebenfalls sowohl rechts wie links präsenten Regionalismus bzw. Nationalismus. Es gehört vor diesem Hintergrund zu den größten intellektuellen Herausforderungen von Architekt*innen, eine Architektur des Ortes gerade auch für Unerwartetes, Anderes offen zu halten, sie also für das Subversive empfänglich zu machen; ebenso gehört es zu den größten intellektuellen Herausforderungen, eine Architektur der globalen Orientierung den autoritär-libertären Zurichtungen zu entziehen.

Eine Architektur – und damit auch Architekturtheorie –, die sich gegen völkisches Gedankengut immunisieren will, kann sich nicht auf einen Anti-Ökonomismus à la Frampton beschränken (oder gar in der Tradition der Blut- und Boden-Ideologie aufgehen), sondern sollte die tradierte, auch durch die „Große Erzählung des Neoliberalismus" nicht überwundene Oikos-Vergessenheit der architektonischen Profession überwinden. Beispielhaft hat Iris Därmann in *Kulturtheorien zur Einführung* (2011) unter Bezugnahme auf Valentin Groebner[51] das Haus im Sinne einer Wirtschaftseinheit zu einem Zentrum ihrer Studie erklärt – und dabei auch die reaktionären Schichten dieses Diskurses freigelegt (man denke etwa an Wilhelm Heinrich Riehl [1823–1897] oder Otto Brunner [1898–1982], deren Kritik in Anbetracht der „Großen Regression" noch zu aktualisieren ist).[52] Gleichzeitig gilt es, den Übercodierungen von Nation, Region und Lokalität eine „Architektur der Fluchtlinien" entgegenzustellen, die von Sehnsucht spricht, wo ansonsten Enge herrscht, die von Subversion berichtet, wo Heimatstile gepflegt werden, die von Unverfügbarem erzählt, wo ansonsten Kontrollzwang herrscht. Man denke etwa an den öffentlichen Weg, der mitten durch James Stirlings Neue Stuttgarter Staatsgalerie hindurchführt (Abb. 2.4); oder an Michel Foucaults Lob der berühmten Kammern in den großen Pachthöfen Brasiliens und allgemein

Südamerikas: „Die Eingangstür führte gerade nicht in die Wohnung der Familie. Jeder Passant, jeder Reisende durfte diese Tür öffnen, in die Kammer
eintreten und darin eine Nacht schlafen. Diese Kammern waren so, dass der
Ankömmling niemals mit der Familie zusammenkam. So ein Gast war kein
Eingeladener, sondern nur ein Vorbeigänger."[53] Oder man denke an die von
Gilles Deleuze und Félix Guattari beschriebene Rauminnovation, die sich
in Franz Kafkas Romanen vollzieht, wo plötzlich aus Baumstrukturen Netz-
strukturen werden. Einfacher ausgedrückt: Bei Kafka weisen die Zellen nicht
nur eine Tür zum Korridor auf, sondern auch eine Hintertür, die in überraschende Raumkontinua führt (Abb. 2.5). Jeder Segmentblock, so Deleuze und
Guattari, verfügt nicht nur über eine „Öffnung zur geraden Linie des Korridors, eine Haupttür, die im allgemeinen recht weit von der des nächsten Seg-
ments entfernt ist, sondern immer auch [über, S. T.] eine Hintertür, die gleich
neben der nächsten liegt."[54] Zudem, so die beiden Autoren, hält der Korridor
noch weitere Überraschungen bereit, denn er kann, obwohl fortlaufende Gerade, sich „in gewissem Masse sogar mit dem Prinzip des diskontinuierlichen
Kreises um einen Turm verbinden (vgl. z. B. das Landhaus in *Amerika* oder
das Schloss, das ja sowohl einen Turm als auch einen Haufen eng benachbar-
ter Häuser umfasst)".[55]

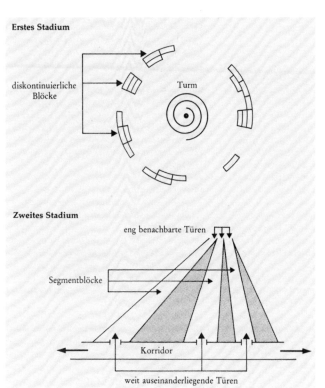

Erstes Stadium

diskontinuierliche Blöcke

Turm

Abb. 2.5: Durch die Hintertür in überraschende Raumkontinua: die von Gilles Deleuze und Félix Guattari beschriebene Rauminnovation, die in Franz Kafkas Romanen ("Zweites Stadium") erlebt werden kann.

Zweites Stadium

eng benachbarte Türen

Segmentblöcke

Korridor

weit auseinanderliegende Türen

Anmerkungen

1 Dieses Kapitel enthält Passagen des Textes „Rechte Räume: Einleitung", der in der *ARCH+ 235: „Rechte Räume. Bericht einer Europareise"* (Mai 2019) veröffentlicht wurde. Eine englische Kurzfassung wurde 2017 unter dem Titel „Positioning Architecture (Theory)" auf *e-flux* publiziert (https://www.e-flux.com/architecture/history-theory/159235/positioning-architecture-theory/; zuletzt abgerufen am 20. April 2020) und anschließend in dem von Nick Axel, Beatriz Colomina, Nikolaus Hirsch, Anton Vidokle und Mark Wigley herausgegebenen Buch *Superhumanity: Design of the Self* (Minneapolis: University of Minnesota Press, 2018) veröffentlicht.

2 Vgl. Hannelore Rausch: *Theoria. Von ihrer sakralen zur philosophischen Bedeutung.* München: Fink, 1982, S. 9.

3 Vgl. ebd.

4 Hans-Georg Gadamer: *Lob der Theorie: Reden und Aufsätze*, Frankfurt am Main: Suhrkamp, 1983.

5 Vgl. Christoph Bode: „Theorietheorie als Praxis: Überlegungen zu einer Figur der Unhintergehbarkeit, oder: Über eine Theorie-Praxis-Asymmetrie", in: Mario Grizelj, Oliver Jahraus (Hrsg.): *Theorietheorie. Wider die Theoriemüdigkeit in den Geisteswissenschaften*, München: Fink, 2011, S. 92.

6 Vgl. Jochen Hörisch: *Theorie-Apotheke. Eine Handreichung zu den humanwissenschaftlichen Theorien der letzten fünfzig Jahre, einschließlich ihrer Risiken und Nebenwirkungen*, Frankfurt am Main: Eichborn, 2004, S. 24.

7 Jean-François Lyotard: *Das postmoderne Wissen*: Wien: Passagen, 2012 [1979].

8 Peter Engelmann: „Langer Abschied von den großen Erzählungen. Durch ihn hat unsere Epoche ihren Namen bekommen: Jean-François Lyotard, der Vordenker der Postmoderne", in: *Die Welt*, 23. April 1998 (http://www.welt.de/print-welt/article-598731/Langer-Abschied-von-den-grossen-Erzaehlungen.html; zuletzt abgerufen am 20. April 2020).

9 Ebd.

10 Francis Fukuyama: *Das Ende der Geschichte*, München: Kindler, 1992.

11 Vgl. Benjamin Kunkel: *Utopie oder Untergang. Ein Wegweiser für die gegenwärtige Krise*, Berlin: Suhrkamp, 2014 [2013].

12 Vgl. Joseph Vogl: *Das Gespenst des Kapitals*, Zürich: diaphanes, 2010, S. 114.

13 Vogl, *Das Gespenst des Kapitals*, a. a. O. S. 125.

14 Katja Riedel, Sebastian Pittelkow: „Die Hayek-Gesellschaft – ‚Mistbeet der AfD'"?, in: *Süddeutsche Zeitung*, 14. Juli 2017 (http://www.sueddeutsche.de/wirtschaft/hayek-gesellschaft-mistbeet-der-afd-1.3589049; zuletzt abgerufen am 20. April 2020).

15 Vgl. S. 184 ff.

16 Vgl. Stephan Trüby: „Bau mir ein Haus aus den Knochen von Niklas Luhmann", in: *ARCH+ 205: „Servicearchitekturen"* (März 2012).

17 Vgl. S. 187.

18 Jochen Hörisch: *Theorie-Apotheke*. a. a. O., S. 183.

19 Bernd Stiegler: *Theorien der Literatur- und Kulturwissenschaften*, Paderborn: Schöningh, 2015, S. 133.

20 Stiegler, *Theorien der Literatur- und Kulturwissenschaften*, a. a. O., S. 141.

21 Vgl. ebd.

22 Norbert Bolz baut in seinem Buch *Theorie der neuen Medien* (1990) auf einigen Ideen Kittlers auf; Oliver Grau wurde bei Horst Bredekamp und Friedrich Kittler promoviert.

23 Philipp Goll: „Die Hardware des Geistes", in: *Die Zeit*, 1. Juli 2013 (https://www.zeit.de/kultur/literatur/2013-07/friedrich-kittler-flaschenpost-andie-zukunft/komplettansicht; zuletzt abgerufen am 20. April 2020).

24 Vgl. Sebastian Linke: *Darwins Erben in den Medien. Eine wissenschafts- und mediensoziologische Fallstudie zur Renaissance der Soziobiologie*, Bielefeld: Transcript, 2008.

25 Irenäus Eibl-Eibesfeldt (https://web.archive.org/web/20140819083330/http://www.estelmann.com/private/eibl1.htm; zuletzt abgerufen am 20. April 2020).

26 „Universität Kassel: Professor entsetzt mit Äußerungen zur Ehe für alle", in: *Focus*, 21. Juli 2017 (http://www.focus.de/politik/deutschland/hochschulen-ehe-fuer-alle-rhein-fordert-uni-kassel-zum-handeln-auf_id_7371119.html; zuletzt abgerufen am 20. April 2020).

27 Richard Friebe: „Geschlecht und Evolution: ‚Es wird versucht, alles gleichzumachen'. Axel Meyer im

Interview", in: *Stuttgarter Zeitung*, 15. September 2015 (http://www.stuttgarter-zeitung.de/inhalt. geschlecht-und-evolution-es-wird-versucht-alles-gleichzumachen.c88dc346-09b1-431d-a2dd-5f341e695f3c.html; zuletzt abgerufen am 20. April 2020).

28 Manfred Spreng, Harald Seubert: *Vergewaltigung der menschlichen Identität: Über die Irrtümer der Gender*-Ideologie, Ansbach: Logos Editions, 2011.

29 Axel Mecklinger, Olga Kriukova, Heiner Mühlmann, Thomas Grunwald: „Cross-cultural differences in processing of architectural ranking: Evidence from an event-related potential study", in: *Cognitive Neuroscience*, 2014;5(1), S. 45–53.

30 Norberto Bobbio: *Rechts und links. Gründe und Bedeutungen einer politischen Unterscheidung*, Berlin: Wagenbach, 1994, S. 7.

31 Armin Nassehi: „Email an Götz Kubitschek (3. März 2014)", in: Armin Nassehi: *Die letzte Stunde der Wahrheit. Warum rechts und links keine Alternativen mehr sind und Gesellschaft ganz anders beschrieben werden muss*, Hamburg: Murmann, 2015, S. 302.

32 Nassehi, *Die letzte Stunde der Wahrheit*, a. a. O., S. 12.

33 Nassehi, *Die letzte Stunde der Wahrheit*, a. a. O., S. 15.

34 Vgl. Karlheinz Weißmann: *Armin Mohler. Eine politische Biografie*, Schnellroda: Edition Antaios, 2011, S. 48.

35 Armin Mohler, zit. nach Weißmann, *Armin Mohler*, a. a. O., S. 41.

36 Vgl. ebd.

37 Alain de Benoist: *Kulturrevolution von rechts. Gramsci und die Nouvelle Droite*, Krefeld: Sinus, 1985, S. 14.

38 Armin Mohler: *Die Konservative Revolution in Deutschland 1918-1932. Ein Handbuch*, Dissertation, Basel: Universität Basel, 1949.

39 Nassehi, *Die letzte Stunde der Wahrheit*, a. a. O., S. 27.

40 Immanuel Wallerstein: *Die Barbarei der anderen. Europäischer Universalismus*, Köln: Wagenbach, ²2010 [2006], S. 83.

41 Wallerstein, *Die Barbarei der anderen*. a. a. O., S. 97.

42 Vgl. Chantal Mouffe: *Über das Politische. Wider die kosmopolitische Illusion*, Frankfurt am Main: Suhrkamp, 2007 [2005], S. 13.

43 Slavoj Žižek: „Die populistische Versuchung", in: Heinrich Geiselberger (Hrsg.): *Die große Regression. Ein internationale Debatte über die geistige Situation der Zeit*, Berlin: Suhrkamp, 2017, S. 295.

44 Ebd.

45 Nancy Fraser: „Vom Regen des progressiven Neoliberalismus in die Traufe des reaktionären Populismus", in: Heinrich Geiselberger (Hrsg.): *Die große Regression. Ein internationale Debatte über die geistige Situation der Zeit*, Berlin: Suhrkamp, 2017.

46 Vgl. S. 13 ff.

47 Christian Kühn: „Provvisorio", in: *UmBau 27*: „Plenum. Orte der Macht", 2014, S. 14.

48 Hans Sedlmayr: „Die Kugel als Gebäude, oder: Das Bodenlose" (1940), in: Klaus Jan Philipp (Hrsg.): *Revolutionsarchitektur. Klassische Beiträge zu einer unklassischen Architektur*, Bauwelt Fundamente 82, Braunschweig/Wiesbaden: Vieweg, 1990, S. 126.

49 Kenneth Frampton: „Kritischer Regionalismus – Thesen zu einer Architektur des Widerstands", in: Andreas Huyssen, Klaus R. Scherpe (Hrsg.): *Postmoderne. Zeichen eines kulturellen Wandels*, Reinbek bei Hamburg: Rowohlt, 1986, S. 164.

50 Frampton, „Kritischer Regionalismus – Thesen zu einer Architektur des Widerstands", a. a. O., S. 165.

51 Valentin Groebner: „Außer Haus. Otto Brunner und die „alteuropäische Ökonomik", in: *Geschichte in Wissenschaft und Unterricht*, Bd. 46, 1995, S. 69–80.

52 Vgl. S. 62 ff.

53 Michel Foucault: „Andere Räume" (1967), in: Karlheinz Barck, Peter Gente, Heidi Paris, Stefan Richter (Hrsg.): *Aisthesis. Wahrnehmung heute oder Perspektiven einer neuen Ästhetik*, Leipzig: Reclam, 1990, S. 44 f.

54 Gilles Deleuze, Félix Guattari: *Kafka. Für eine kleine Literatur*, Frankfurt am Main: Suhrkamp, 1976 [1975], S. 101.

55 Deleuze, Guattari, *Kafka*, a. a. O., S. 102.

3 Architektur oder (Konservative) Revolution?

1918 ff: Der Architekturdiskurs der „Räterepublik Baiern"[1]

„Architektur oder Revolution."[2] So formelhaft lautet der vorletzte Satz in Le Corbusiers 1922 zum Buch versammelten und 1923 dann zuerst in Paris erschienenem Manifest *Vers une architecture*. Darin schließt sich, begleitet vom Bild einer Pfeife, ein letzter Satz an, der die architektonischen wie politischen Hoffnungen des schweizerisch-französischen Architekten gleichsam *in a nutshell* verdichtet: „Die Revolution lässt sich vermeiden." (Abb. 3.1) Und zwar eben mit Architektur. Diese hatte nach Le Corbusiers politisch eher konservativ zu nennender Auffassung die Kraft, revolutionäre Gesellschaftsverhältnisse zu beruhigen, sie gleichsam in einer Raumkunst gewordenen Komfortzone zu sedieren. Le Corbusier schrieb dies einerseits vor dem Hintergrund der Gründung der Sowjetunion im Jahre der Vollendung des Buches, andererseits aber auch vor dem Hintergrund der Oktober- und Novemberrevolutionen, die rund fünf Jahre zuvor, also um 1918 herum, die Weltgeschichte insbesondere in Russland und im Deutschen Reich in Atem gehalten hatten.

Vor allem auch in Bayern, in München. Rekapitulieren wir: Der Erste Weltkrieg lag 1918 in den letzten Zügen, eine Million deutsche Arbeiter*innen forderten im Januarstreik ein Kriegsende, die Niederlage Deutschlands war unausweichlich, und da befahl die deutsche Seekriegsleitung im Oktober 1918, die Hochseeflotte in eine letzte Schlacht gegen die britische Royal Navy zu entsenden. Es folgten Matrosenaufstände und landesweite Proteste gegen den Militarismus Kaiser Wilhelms II. Gleichzeitig bildeten sich in vielen Städten zahllose Soldaten- und Arbeiterräte. Innerhalb weniger Tage eskalierten die Aufstände zu einer Revolution, die das ganze Reich erfasste. Am 8. November 1918, also einen Tag vor Philipp Scheidemanns Ausrufung der „Deutschen Republik" aus einem Fenster des Berliner Reichstags und Karl Liebknechts Proklamation der „Freien Sozialistischen Republik Deutschland" von einem Balkon des Berliner Stadtschlosses, stürzten in München revolutionäre Kräfte unter Führung von Kurt Eisner von der USPD die Monarchie. Nach einer Massenkundgebung vor zehntausenden Soldaten, Gewerkschafter*innen, Arbeiter*innen und Matrosen auf der Theresienwiese erklärte Eisner, der gebürtige Berliner Schriftsteller und Philosoph, im Mathäserbräu

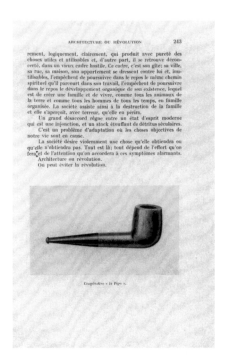

Abb. 3.1: „Architektur oder Revolution. / Die Revolution lässt sich vermeiden." Le Corbusiers letzte beiden Sätze seines Buches *Vers une architecture* (1923).

zwischen Stachus und Hauptbahnhof die über 700 Jahre alte Geschichte der Wittelsbacher-Herrschaft für beendet – und Bayern zum Freistaat. Wenig später, am 21. Februar 1919, wurde Eisner von einem rechtsradikalen Mitglied der Thule-Gesellschaft ermordet. Dennoch konnte zumindest für kurze Zeit ein höchst bemerkenswertes Experiment realisiert werden, in Bayern ein „Land der Solidarität und Menschenfreundlichkeit"[3] zu schaffen.

Der „Räterepublik Baiern"[4], die am 7. April 1919 ausgerufen wurde, blieben nur knapp vier Wochen, bevor sie am 2. Mai 1919 von Freikorps-Verbänden niedergeschlagen wurde – zu wenig Zeit, um gebaute Folgen zeigen zu können; aber genug, um konkretere Ideen zu produzieren, die mit guten Gründen als Teil eines „Architekturdiskurses der Räterepublik" bezeichnet werden könnten. Zusammenfassend könnte man hier von einer Doppelstrategie sozialstaatlicher Pflicht und monumentalisierender Kür sprechen. Ersteres wurde etwa von Ernst Toller angestoßen, der als Präsident des Zentralrats eine „Verordnung über Beschlagnahme und Rationierung der Wohnräume" lancierte, mit der er in Städten mit Wohnungsnot das knappe Gut Unterkunft nach einem bestimmten Verteilschlüssel bedürftigen Familien zuteilen wollte.[5] Des Weiteren folgte auch eine Verordnung über die „Zuteilung von Arbeitsräumen", mit der sich Toller nicht nur als Regierungschef der Arbeiter*innen, sondern auch der Künstler*innen empfehlen wollte, und die vorsah, „dass vorhandene Atelierräume ,nur solchen Personen zugewiesen werden, welche im Hauptberuf Künstler, Architekten, Fotografen oder sonstige Werktätige sind, die zur Ausübung ihrer Tätigkeit unbedingt eines Atelierraumes bedürfen'."[6] Die monumentalisierende Kür wurde insbesondere von Gustav Landauer abgedeckt, der als Beauftragter für Volksaufklärung „die völlige Umgestaltung aller dem Geiste dienenden Einrichtungen des Gemeinwesens"[7] anstrebte und so etwas wie eine Architekturpolitik der Räterepublik formulierte: „Die neue Ära der Menschheitsgeschichte hat in den Monumenten und öffentlichen Gebäuden, die von jetzt ab errichtet werden, ihren Ausdruck zu finden."[8] Landauer plante, die Malerei und Plastik der Architektur einzugliedern,[9] ebenso den „‚Neubau von Museen', ‚Staatsankäufe', ‚Nationaltheater: Freier Eintritt', ‚Kontrolle des Spielplans und der Spielart durch eine Akademie'. Schule: ,Einheitsschule 7.-13. Lebensjahr. Betonung von Zeichnen und Turnen', ,Keine Schulbank. Neue Lehrbücher'."[10]

Als wohl bekannteste indirekte architektonische Folge der Räterepublik Baiern können einige der Visionen Bruno Tauts angesehen werden, der 1919 zum Leiter des Bauwesens ernannt wurde, aber seine Stelle wegen der kurzen Lebensdauer der Räterepublik nie antreten konnte. Taut, seit Gründung des Berliner „Arbeitsrates für Kunst" im Jahre 1918 dessen erster Wortführer, fühlte sich dem politischen Projekt von Arbeiter- und Soldatenräten seit Langem eng verbunden und veröffentlichte 1919 die Vision einer *Alpinen Architektur*, mit der ganze Alpentäler von Konstruktionen aus Stahl, Beton und farbigem Glas überspannt werden sollten (Abb. 3.2). In fünf illustrierten Kapiteln entwickelte er ein Gedankenexperiment, das die Menschen durch Form, Farbe und Licht befreien sollte. Die gläserne Überformung der Alpen war ein Versuch des angewandten Pazifismus, ein radikaler Gegenentwurf

Abb. 3.2: Versuch des angewandten Pazifismus: ein Blatt aus Bruno Tauts *Alpine Architektur*, einer 1919 veröffentlichten Vision der Überbauung von Teilen der Alpen mit Konstruktionen aus Stahl, Beton und farbigem Glas.

zum Krieg auf Erden. Tauts *Alpine Architektur* dementiert darüber hinaus die Le Corbusier'sche Alternative zwischen Architektur und Revolution. Sie kann in ihrer Monumentalisierung des revolutionären Moments als Illustration von Gustav Landauers Konzept der „Raumverfälschung" angesehen werden. Landauer stellt 1903 die Ewigkeit in seiner Schrift *Skepsis und Mystik: Versuche im Anschluss an Mauthners Sprachkritik* nicht als ewig ausgedehnte Zeitspanne vor, sondern vielmehr als in jedem Augenblick der Zeit gegenwärtig. Die Ewigkeit umfasst die Zeit als Gesamtheit – und transzendiert sie damit gleichzeitig. Die Vorstellung von Vergangenheit und Zukunft sei eine „Raumverfälschung", weil erst durch die Übertragung der Raumvorstellungen suggeriert würde, wir befänden uns an einem Punkt, von wo man rückwärts und vorwärts sieht.

Rückblende: Der Weg zur Heimatschutzarchitektur und das Leiden an der Münchnerei

Die Oktober- bzw. Novemberrevolutionen hätten kaum stärker in ein bürgerliches Milieu einschlagen können, welches sich seit Jahrzehnten in den Illusionen einer kontrollierbaren Proletarisierung und Verstädterung eingerichtet hatte. Zwischen den beiden großstädtischen Fraktionen von Unternehmertum und Liberalismus auf der einen Seite und proletarischem Internationalismus auf der anderen Seite entstand eine dritte Kraft, die sich stark mit einem nationalistisch aufgeladenen Kulturbegriff identifizierte – und im späten 19. Jahrhundert zum Kampfbegriff die „Heimat" erkor: „Heimat", so fasste Friedrich Achleitner einmal zusammen, „war von vornherein ein brisanter kulturpolitischer Begriff, entstanden aus dem Bewusstsein eines Verlustes einer wie auch immer richtig oder falsch interpretierten heilen Welt. Heimat entstand also in der Polarität von national und international, rational und irrational, Handwerk und Industrie, Kleinstadt/Dorf und Großstadt, Natur und Dekadenz, gesund und krank, Tradition und Fortschritt, sozialer Geborgenheit und anonymer Massengesellschaft. Heimat war eine überschaubare, tradierte Welt. Dem Großstädter wurde sie rundweg abgesprochen. Heimat war von Anfang an ein romantischer Fluchtbegriff, entstanden aus dem Bewusstsein eines Verlustes."[11] Insbesondere in Bayern, einem Land, das sein Schicksal im Jahre 1871 in die Hände Preußens gelegt hatte,[12] könnte sich die „Heimat" zu einem von Verlusten getragenen resignativen bürgerlichen Begriff entwickeln, „so kraftstrotzend und kämpferisch er sich auch gebärden mochte".[13]

Wilhelm Heinrich Riehl (1823–1897)
Es war insbesondere Wilhelm Heinrich Riehl (Abb. 3.3), der als Volkskundler und Museumsmann diejenigen, die diesen dritten Weg einzuschlagen bereit waren, nachhaltig mit intellektuellem Stoff versorgte. In Hessen 1823 geboren, ging Riehl 1854 auf Geheiß von Maximilian II. nach München, wo er zunächst „Oberredakteur für Presseangelegenheiten des kgl. Hauses und des Äußeren" wurde und eine Honorarprofessur an der staatswirtschaftlichen

Fakultät erhielt, um dann 1885 zum Direktor des Bayerischen Nationalmuseums und zum Generalkonservator der Kunstdenkmäler und Altertümer Bayerns ernannt zu werden. Hier fand er den für ihn perfekten Ort vor, um seinem Antiliberalismus den nötigen Nachdruck zu verleihen, das ländliche Milieu der alteuropäischen Welt auf's Podest zu heben,[14] Kontinuitätshoffnungen „inmitten der Umbrüche einer revolutionären Gesellschaft"[15] zu verbreiten sowie eine „Alternative zum bürgerlichen Marktindividualismus"[16] auf Basis des Volksbegriffs anzudenken: „Für die Orientierung am sozialen Wandel, am Leben der schriftlosen unteren Schichten wurde die Tradition des romantischen, im deutschen Idealismus verwurzelten Volksbegriff wieder aktuell."[17] Das Volk wurde bei Riehl zum übergeordneten „Strukturprinzip, durch das sich alle Lebensbereiche verbinden":[18] die „Gemeinsamkeit von Stamm, Sprache, Sitte und Siedlung".[19] Als Riehls Hauptwerk kann *Die Naturgeschichte des Volkes als Grundlage einer deutschen Social-Politik* gelten, die in vier Bänden vom Stuttgarter Cotta-Verlag (1851–1869) publiziert wurde. Im ersten, 1851 erschienen Band mit dem Titel *Die bürgerliche Gesellschaft* entfaltete Riehl ein Porträt der bürgerlichen Gesellschaft inmitten divergierender traditioneller Beharrungsprozesse und sozialer Emanzipationsbewegungen. Riehls Sympathien galten dabei dem Bauerntum. In ihm sah er nichts weniger als eine Garantie für Sittlichkeit der bürgerlichen Gesellschaft. Entsprechend engagierte er sich für eine Renaissance eines „Ganzen Hauses" unter dem Regiment eines Familienpatriarchen. Im dritten Band seiner *Naturgeschichte*, der den Titel *Die Familie* (1855) trägt, wird – dies hat Iris Därmann präzise ausgeführt – besonders deutlich, wovor sich Riehl ganz offenkundig vor allem fürchtete: „Es ist die Emanzipation der Frauen, die aus dem männlichen Hausregiment ausbrechen und als selbständige, berufstätige, ‚eigenherrische Wesen' auf die Straße und in die Öffentlichkeit gehen und so das Haus nachhaltig zerstören: Eine Frau, welche das Haus nicht erbaut, reißt das Haus nieder. Eine Zwischenstellung gibt es nicht."[20] Gegen Ende seines Lebens, in seinen 1894 erschienen *Religiösen Studien eines Weltkindes*, bekannte er, durch die Erfahrung von 1848 erst „wahrhaft konservativ" geworden zu sein.[21]

Als Riehls populärstes Werk kann der erste Band der *Naturgeschichte* gelten, der 1854 unter dem Titel *Land und Leute* erschien (Abb. 3.4). Darin setzte er den vermeintlichen Nationalcharakter „europäischer Völker" in eine direkte Beziehung zu der sie umgebenden Umwelt: Während er die charakteristischen Landschaften der Engländer und Franzosen im gezähmten Park und dem gerodeten Feld sah, erblickte er in der Wildnis des Waldes ein spezifisch deutsches Charakteristikum. Riehl kann man insofern als Vorläufer eines Blut-und-Boden-Denkens betrachten, als er im „Volk" keineswegs nur eine Staffage der Landschaft sah, sondern, umgekehrt, die Landschaft als Hintergrund eines „Volkslebens" erachtete. Riehls Gedankenwelt spukt auch heute noch in vielen Köpfen herum; wohlgemerkt nicht nur in offen rechtsradikal gesinnten, wie das Beispiel des Journalisten Jasper von Altbockum (geb. 1962) zeigt, der seit 1989 Teil der Redaktion der *Frankfurter Allgemeinen Zeitung* ist und seit 2011 dort die innenpolitische Berichterstattung verantwortet. Von Altbockum widmete Riehl seine 1998 erschienene Dissertation. Darin distanziert er sich ausdrücklich von der „Riehl-Schelte der siebziger Jahre"[22] und wirbt für die Erforschung einer bis dato „wissenschaftlich vernachlässigten Völkervielfalt".[23] Dahinter darf man durchaus

Abb. 3.4: Landschaft als Hintergrund eines „Volkslebens": Wilhelm Heinrich Riehls Bestseller *Land und Leute*, erschienen erstmals 1854 als Band 1 seiner *Naturgeschichte des Volkes als Grundlage einer deutschen Social-Politik*.

ein verschlüsseltes ethnopluralistisches Denken in der rechten Manier eines Alain de Benoist vermuten. Vor diesem Hintergrund nimmt es denn kaum Wunder, dass von Altbockum in der *FAZ* das volle Programm reaktionärer Positionen verbreitet, darunter auch einen Kommentar zum Coming-out des ehemaligen deutschen Fußballnationalspielers Thomas Hitzlsperger, in dem der Journalist die „Schwulen- und Lesben-Lobby" für ihr angeblich diskriminierendes Verhalten von Heterosexuellen attackierte: „Es sollte nicht so weit kommen, dass Mut dazu gehört zu sagen: ,Ich bin heterosexuell, und das ist auch gut so.'"[24]

Ernst Rudorff (1840–1916)

An Riehls Schrifttum vermochte mit vergleichbarer Publikumswirksamkeit insbesondere Ernst Rudorff (Abb. 3.5) anzuknüpfen – der Berliner Komponist und Naturschützer, der 1897 mit seinem gleichnamigen bei Grunow (Leipzig) erschienenen Buch auch den Begriff *Heimatschutz* prägte (Abb. 3.6). Rudorff erkannte vor allem in der Industrie, der Spekulation und dem Verkehrswesens eine Gefahr für die Natur. Er wütete gegen „Mietskasernen", gegen „gedankenlose Sucht nach Neuerung und leerer Eleganz",[25] gegen die „Errichtung von modernen Phrasenbauten jedes Schlages und Stiles",[26] gegen das „gedankenlos[e] Nachmachen fremder Sitte",[27]

gegen das „Einsetzen unpassender großer Fensterscheiben", [28] gegen „Frei-
leitungen, elektrische Bahnen mit ihrem Stangen- und Drahtwerk" [29] und
gegen „Reklameschriften". [30] Mit neidvollem Blick nach Italien, einem Land,
das „weniger durch die Übergriffigkeit des modernen Materialismus ent-
stellt worden ist" [31] als Deutschland, warb Rudorff für eine Wertschätzung
deutscher Landschaften nach dem Vorbild der Verehrung deutscher Musik:
„Und dies Vaterland Bachs, Beethovens, Mozarts und Webers, Dürers und
Holbeins, Goethes und Schillers, die Heimat des Nibelungenlieds und der
Gotik – dies Land sollte nicht auch ein Land der Kunst sein?" [32] Ein „in Bildung abgeschliffenes, in Wohlstand gesättigtes Volk" sei „ein totes Volk", so
Rudorff; [33] „der armselige Moorbauer, der raue, zähe Waldbauer", das seien
„die Männer der Zukunft". [34]

Es versteht sich fast von selbst, dass hinter Rudorffs Aversion gegenüber
einer „Herrschaft des pekuniären Gesichtspunktes" [35] auch ein immer deutlicher zutage tretender Antisemitismus lauerte. So protestierte er gegen die
„Ideen eines heimatfremden Internationalismus", [36] die „unserer Gleichmacherei geradezu in die Hände" [37] arbeiten würden. Entsprechend wandte er sich
auch gegen die „Ausgeburten der Fremdenspekulation", von denen „keine

Ernst Rudorff

Heimatschutz

Reichl

schmählicher" sei als „die der Drahtseil- und Zahnradbahnen, die die faulen Vergnüglinge scharenweise auf die Höhe der Berge zu schleppen haben und so viel Großstadtluft, so viel Weltplunder mit hinausschleppen, dass von der Freiheit, die ‚auf den Bergen wohnt', von lichtem Äther der Hochlandpoesie nichts mehr zu spüren bleibt".[38] Rudorff: „Es ist bezeichnend, dass die Vater-landslosigkeit fast ausschließlich in den Fabrikbezirken großgezogen wird. Was gibt es auch an vaterländischen Gütern besonders zu schützen, wofür das Leben einzusetzen wäre, wenn jede Eigenart der Heimat in ihrem land-wirtschaftlichen und geschichtlich gewordenen Charakter, jede Volkstüm-lichkeit und Besonderheit in Wesen, Sitte und Erscheinung vertilgt wird?"[39] Mit seiner Schrift wollte Rudorff dazu beitragen, die „Hoheit des Vaterlan-des"[40] zu erhalten. Dem „Genius des deutschen Volkes" die Treue zu brechen sei „gleichbedeutend mit Entartung des Volksgeistes".[41] Rudorff wurde er zum „Wegbereiter des verbandsmäßig organisierten Naturschutzes in Deutsch-land",[42] sein Wirken führte 1904 zur Gründung des Bundes Heimatschutz (heute Bund Heimat und Umwelt in Deutschland e.V. [BHU] mit Sitz in Bonn). Dass auch Menschen jüdischer Herkunft und Frauen den Gründungsaufruf des Bundes unterzeichnen konnten, wusste Rudorff zu verhindern.

Mit „Heimatschutzarchitektur" gegen den „Heimatstil"

Aufbauend auf Rudorff entstand in Deutschland um 1900 eine sogenannte „Heimatschutzarchitektur". Sie wandte sich vehement gegen den „Heimatstil", also das, was zuweilen als „Laubsägestil" bezeichnet wird: die Einkleidung städtischer Typologien wie Grandhotels oder Villen mit dekorativen pseudoalpinen und pseudo-bäuerlichen Motiven (Abb. 3.7): „Die Heimatschutzbewegung (abgesehen von den politischen und kulturpolitischen Hintergründen) wehrte sich gegen die Landnahme der Großstadt, die Verstädterung der Landschaft, die Industrialisierung des Lebensraumes. Sie war also eine regressive und defensive Kulturbewegung. Sie suchte ihre baulichen Vorbilder in der vorindustriellen, handwerklichen Kultur und bemühte sich um das Verständnis regionaler Entwicklungen. Sie war Teil der Biedermeierrezeption der Jahrhundertwende, sie wandte sich gegen alle internationalen Tendenzen, vom Historismus bis zur Moderne. Die Heimatarchitektur ging einher mit der regionalen Sprachforschung, der Entdeckung der Dialekte, der Konservierung der Volksmusik, der Haus- und Siedlungsforschung und schließlich dem Studium der volkstümlichen Kunst und Architektur. Sie suchte die ‚heile Welt' in den Ausdrucksformen des bäuerlichen und bürgerlichen Lebens, der Hohepriester dieser Welt war der Handwerker."[43] Der Widerstand gegen den Heimatstil wurde am sprachmächtigsten wohl von Adolf Loos ausgedrückt. In zwei Aufsätzen kontrastiert er eine seiner Ansicht nach ziemlich verkorkste Münchner Architekturwelt gegenüber einer deutlich vorbildhafteren Situation in Wien, wenn er etwa in „Die englischen schulen im Österreichischen Museum" (1899) schreibt: „Den kontakt mit dem leben haben unsere schulen verloren. Fragt nur unsere industriellen, kunsthandwerker und geschäftsleute. Da herrscht nur eine stimme: Die jungen leute aus unseren schulen sind unbrauchbar. Sie können was, das ist wahr. Aber sie können gerade das, was am wenigsten bezahlt wird. Sie beherrschen den münchner bierkneipenstil, den stil jener leute, die um eine mark drei gänge und ein dessert beanspruchen."[44] Später, in „Regeln für den, der in den Bergen baut" (1913), nennt er tümelnde Architektur-Folklorismen aller Art kurz und passend „münchnerei – wienerisch ist anders".[45]

Reaktionäre gegen 1918 ff.

Die vehementesten und folgenträchtigsten architektonischen Reaktionen auf die Revolutionen von 1918/19 kamen aus dem nationalistisch-völkisch-antisemitischen Kontext dessen, was später als „Konservative Revolution" bezeichnet wurde. Unter diesem – überaus problematischen – Begriff hatte Armin Mohler (1920–2003) (Abb. 3.8), der rechtsradikale, bisweilen faschistische Schweizer Publizist und zeitweilige Redenschreiber von Franz Josef Strauß, in seiner 1949 als Doktorarbeit an der Universität Basel von den beiden („politisch wenig erfreuten"[46]) Prüfern Prof. Dr. Karl Jaspers und Prof. Dr. Werner Schmalenbach angenommen und ein Jahr später als Buch erschienenen Dissertation *Die Konservative Revolution in Deutschland 1918–1932* (Abb. 3.9) einen bunten Strauß rechter Autoren aus dem ersten Drittel des 20. Jahrhunderts zu würdigen versucht.[47] Mohler verbrachte einen Teil seiner Jugend im linken Basler Milieu von Georg und Hans Schmidt, geriet aber, wenn man der apologetischen Darstellung des Mohler-Biografen Karlheinz Weißmann folgen will, nach Lektüre des Aufsatzes „Das Sonderrecht des Nationalismus" (1927) von Ernst Jünger (einem späteren Arbeitgeber Mohlers) in den Bann eines „gegen jede Art von Universalismus gerichteten ‚Besonderen'", das sich in mythischen Abgründen verliert.[48] Dieser inhaltlichen Orientierung war Mohler auch zwischen 1964 bis 1985 als Leiter der Münchner

Carl-Friedrich-von-Siemens-Stiftung verpflichtet, die er zu einem intellektuellen rechten Raum in unmittelbarer Nähe zum Nymphenburger Schloss umbaute, und zwar mithilfe eines raffinierten Interieurs von Hans Hollein, das von 1970 bis 1972 errichtet wurde (Abb. 3.10).

Als problematisch kann der Begriff der „Konservativen Revolution" mit Stefan Breuer vor allem deswegen angesehen werden, weil Mohler nicht für einen Konservatismus im Sinne eines bewahrenden Gestus steht – er wandte sich stets gegen eine allzu „gärtnerische" Bestandspflege –, sondern für eine Umsturzbereitschaft, bei der kein Stein auf dem anderen bleiben sollte. Entsprechend betont Breuer auch die hohe „Gewaltbereitschaft" der Autoren der sogenannten „Konservativen Revolution",[49] ihren „Männlichkeitskult"[50] und ihren Rassismus: Die „Konservative Revolution", so Breuer, war „stärker mit rassistischen Denkfiguren kontaminiert, als es manche ihrer Verteidiger

Abb. 3.9: Bunter Strauß rechter Auto-
ren: Cover der Neuauflage von Armin
Mohlers erstmalig 1950 erschienenem
Buch *Die Konservative Revolution in
Deutschland 1918–1932. Ein Handbuch*
(Graz: Leopold Stocker, 2005).

Abb. 3.10: Intellektueller rechter Raum:
die von Hans Hollein 1970–1972 gestal-
tete Empfangshalle der Münchner
Carl-Friedrich-von-Siemens-Stiftung
am Südlichen Schlossrondell vor
Schloss Nymphenburg, die von 1964
bis 1985 von Armin Mohler geleitet
wurde.

(und sogar manche ihrer Gegner) wahrhaben sollen. Blut galt fast durchgängig als ganz besonderer Saft, Boden, Rasse und Volk waren ‚schwere' Kategorien, denen erhebliche Prägekraft zugemessen wurde."[51] Insbesondere vor diesem Hintergrund sind jegliche Sortierungsversuche zwischen „guten Konservativen Revolutionären" und „bösen Nationalsozialisten" – auf der Basis dieser Unterscheidung versuchen seit Mohler Rechtsradikale wie Götz Kubitschek ihre Arbeit in die Nähe des Bloß-Konservativen zu rücken – zum Scheitern verdammt, zumal *Die Konservative Revolution* viele Nationalsozialisten zu würdigen versucht.

Mohler hat sich selten direkt über Architektur geäußert, dafür aber indirekt. Dies macht die Lektüre seines theoretischen Hauptwerk *Die Konservative Revolution in Deutschland 1918–1932* deutlich, das eine ganze Reihe von Autoren protegiert, die man im weitesten Sinne als „Architekturtheoretiker" bezeichnen könnte: u. a. Paul Schultze-Naumburg (1869–1949), Arthur Moeller van den Bruck (1876–1925), Leopold Ziegler (1881–1958) sowie Alexander von Senger (1880–1968).[52] Auf sie wird im Folgenden einzugehen sein. Sie alle können der „Generation von 1914"[53] zugerechnet werden, die also in den siebziger, achtziger und neunziger Jahren des 19. Jahrhunderts geboren wurden und für die die Erfahrungen des Ersten Weltkriegs und der anschließenden Oktober- bzw. Novemberrevolutionen überaus prägend insofern waren, als sie daraus nationalistisch-völkische, proto-faschistische und faschistische Konsequenzen zogen. Zu den wenigen direkten Architektur-Einlassungen Mohlers gehört ein Kapitel im Buch *Die französische Rechte* (1958),[54] das den Titel „Der Gang in die Höhlen" trägt und in dem es um die französische Begeisterung für die eben entdeckten bzw. der Öffentlichkeit zugänglich gemachten vorgeschichtlichen Höhlen mit ihren eindrucksvollen Malereien geht (Abb. 3.11).[55] Mohler, so Weißmann, „betrachtete diesen Enthusiasmus für das Archaische als Beleg für eine Bewegung in der Tiefenschicht der französischen Mentalität".[56] In dieselbe Stoßrichtung wirkt auch Mohlers Faszination für alles Keltische – eine Germanenliebe wäre politisch allzu verdächtig gewesen – sowie seine Sympathie für die Autonomiebestrebungen der Bretonen.[57]

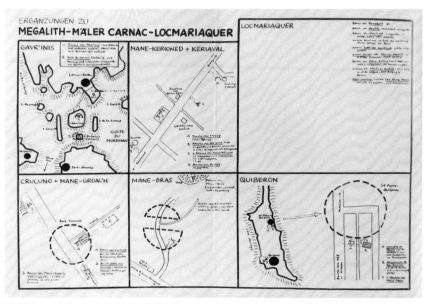

Abb. 3.11: „Enthusiasmus für das Archaische": Skizze Armin Mohlers zu einigen steinzeitlichen Megalithen und Großsteingräbern in der Bretagne.

Paul Schultze-Naumburg (1869–1949)

Als *die* zentrale Figur, an der man die sukzessive Radikalisierung weiter Kreise des Heimatschutzmilieus in Richtung Nationalsozialismus nachvollziehen kann, ist Paul Schultze-Naumburg (Abb. 3.12) anzusehen. Er studierte ab 1886 Architektur in Karlsruhe, zog 1893 nach München und 1901 auf sein Anwesen Saaleck in Sachsen-Anhalt (Abb. 3.13). In dieser Zeit lernte er auch Ernst Rudorff und dessen Gedanken zum *Heimatschutz* kennen, die er 1926, also zehn Jahre nach Rudorffs Tod, neu herausgeben und mit einem Vorwort versehen sollte. Darin schreibt er: „Den Herausgeber verband eine herzliche und auf beiden Seiten gleich fest verankerte Freundschaft mit dem Verfasser. Obgleich ein Menschenalter an Jahren sie trennte, fanden sie sich doch sogleich, als sie sich in ihren Schriften kennen lernten. Und wer je diesem gütigen Menschen mit den Kinderaugen unter dem weißen Haar, mit seiner

Abb. 3.13: Zentraler Vernetzungsort der nationalsozialistischen Bewegung vor 1933: Paul Schultze-Naumburgs Anwesen Saaleck in Sachsen-Anhalt.

Abb. 3.12: Sukzessive Radikalisierung: Paul Schultze-Naumburg (1869–1949) in einer Fotografie aus dem Jahre 1919.

sprühenden und kampffrohen Jugendlichkeit nahetreten durfte, wird dies als einen unverlierbaren Gewinn für sein ganzes Leben behalten."[58] Zu diesem Zeitpunkt war Schultze-Naumburg mit seinen *Kulturarbeiten*, die für eine zurückhaltend klassizistische Architektur der Goethezeit „um 1800" plädieren und als Aufsätze zunächst in der Callwey-Zeitschrift (von 1894 bis 1937) *Kunstwart* und dann, ebenfalls bei Callwey, zwischen 1901 und 1917 in insgesamt neun Bänden erschienen, zu einem der bekanntesten Architekturpublizisten im deutschsprachigen Raum geworden. Im Jahre 1930 trat er den NSDAP bei und wurde zu einem entscheidenden Vernetzer der nationalsozialistischen Bewegung vor 1933: Auf Saaleck trafen sich mehrmals Adolf Hitler, Joseph Goebbels und Heinrich Himmler sowie Walther Darré, der Begründer der Blut-und-Boden-Ideologie. Letzterer schrieb auf Saaleck auch sein Buch *Neuadel aus Blut und Boden* (1930), widmete es Schultze-Naumburg – und brachte sich damit in Stellung für seine spätere Rolle als NS-Reichsbauernführer und Reichsernährungsminister (von 1933 bis 1942). Auch Hans F. K. Günther, besser bekannt unter seinem Spitznamen „Rasse-Günther", war als Schultze-Naumburg-Freund häufig zu Gast auf Saaleck. Mit Schriften wie *Rasse und Stil* (1926), *Kleine Rassenkunde des deutschen*

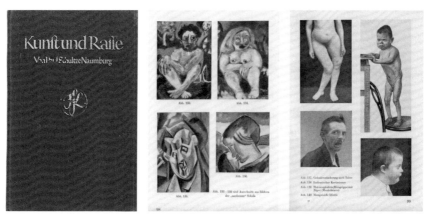

Abb. 3.14–15: Hetzerische Gut-und-Schlecht-Gegenüberstellungen: Paul Schultze-Naumburgs Buch *Kunst und Rasse* erfuhr im Nationalsozialismus mehrere Neuauflagen und nahm in seiner Bildrhetorik die berüchtigte Ausstellung *Entartete Kunst* in München 1937 vorweg (Erstausgabe: München: Lehmanns, 1928).

Volkes (1928) oder *Rassenkunde des jüdischen Volkes* (1930) wurde er zu einem der Begründer der nationalsozialistischen Rasseideologie.

Beeinflusst von „Rasse-Günther" erschien 1928 im Münchner Lehmanns-Verlag auch Schultze-Naumburgs Buch *Kunst und Rasse*, das im National-sozialismus mehrere Neuauflagen erfuhr (Abb. 3.14). Darin bemängelte der Lebensreformer den angeblichen Verfall baulicher Traditionen und der Kunst im Allgemeinen – und glaubt, dies mit Veränderungen in der Bevöl-kerungsstruktur des 19. Jahrhundert erklären zu können, wodurch seines Erachtens die „rassisch wertvollen" Schichten zugunsten der sogenannt „minderwertigen" ins Hintertreffen gerieten. Seine Argumentation versuchte er mit hetzerischen Gut-und-Schlecht-Gegenüberstellungen zu unterstützen (Abb. 3.15), die in ihrer Rhetorik die berüchtigte Ausstellung *Entartete Kunst* in München 1937 vorwegnahmen. In jüngerer Zeit gab es wiederholt Ver-suche, die Arbeit Schultze-Naumburgs zu aktualisieren – als sprachmäch-tigste Versuche gelten diejenigen von Rolf Peter Sieferle (1949–2016) und Norbert Borrmann (1953–2016). Beide Autoren endeten im Rechtsradikalis-mus. Auf Borrmann wird im folgenden Kapitel einzugehen sein, daher an dieser Stelle nur der kurze Verweis auf Sieferles Aufsatz „Heimatschutz und das Ende der Utopie", der 1985 in der *ARCH+ 81: „Vom landschaftsgebundenen zum ökologischen Bauen"*[59] veröffentlicht wurde und aus heutiger Perspektive sicherlich einen publizistischen Tiefpunkt in der stolzen, über 50-jährigen *ARCH+*-Geschichte darstellt. Darin finden sich neben einer Apologie von Ernst Rudorff auch Sätze wie „Die Heimat ist von der modernen Gleichschaltung bedroht."[60] Derlei kulminiert im Aufruf zur Wiederentdeckung der *Kulturarbeiten*: „Der Vorwurf ist absurd, solches habe ‚schon einmal' zum Nationalsozialismus geführt. Die Geschichte wiederholt sich nicht und schon gar nicht in gleichen Konstellationen. Nur weil Schultze-Naumburg für das ‚Deutsche Haus' plädiert hat, soll man für alle Zeiten so bauen wie in den fünfziger Jahren?"[61] Die Rechtswende des Karl-Marx-Experten und ehemaligen SDSlers Sieferle begann nicht erst, wie gemeinhin angenommen, nach der Wiedervereinigung mit dem Buch *Epochenwechsel. Die Deutschen an der Schwelle zum 21. Jahrhundert* (1994), sondern mindestens rund zehn Jahre früher, nicht zuletzt mit seiner Verteidigung des Heimatschutz-Gedankens in der *ARCH+*.

Arthur Moeller van den Bruck (1876–1925)

Neben Schultze-Naumburg wird in Mohlers Buch auch der nach 1945 fast vergessene Arthur Moeller van den Bruck gewürdigt (Abb. 3.16), der deutsche völkisch-nationalistische Publizist, der vor allem für sein 1923 erschienenes Hauptwerk *Das Dritte Reich* bekannt wurde und dessen Publizistik eine Generalattacke gegen Liberalismus, Demokratie und Parteienwesen darstellt. Deutschland sollte sich laut Moeller van den Bruck viel stärker in Richtung Sowjetunion als in Richtung USA orientieren – der Autor sah sich als Verfechter eines „deutschen Sozialismus", wobei die Macht auf eine kleine Elite konzentriert und nicht wie im Kommunismus vergesellschaftet werden sollte. Entsprechend fand Moeller van den Bruck Anklang bei Nationalbolschewisten wie Ernst Niekisch. Nach seinen Vorstellungen sollten Nichtdeutsche und Deutsche jüdischer Herkunft maximal geduldet werden, jedoch keinen gesellschaftlichen Einfluss ausüben können. Jegliche Post-1945-Versuche seines Nachlassverwalters Hans Schwarze, den Autor nachträglich dem Widerstand zuzuordnen, sind daher völlig an den Haaren herbeigezogen, war es doch

Abb. 3.16: Gegen Liberalismus, Demokratie und Parteienwesen: Arthur Moeller van den Bruck (1876–1925), fotografiert von Erich Retzlaff.

Abb. 3.17: „Zu Disziplinen gefroren": Arthur Moeller van den Brucks Buch *Der preußische Stil* (München: Piper, 1916).

derselbe Schwarze, der Moeller van den Bruck nach 1933 zum geistigen Ahnherren des Nationalsozialismus aufzubauen versucht hatte.[62] Das architektonischste Werk Moeller van den Brucks, *Der preußische Stil*, war 1916 während des Ersten Weltkriegs bei Piper erschienen (Abb. 3.17). Schwärmerisch stellt er darin Preußen als „kargen und harten Staat" vor, „in dem die Menschen zu Disziplinen gefroren scheinen"[63], aber auch – denkt man an David bzw. Friedrich Gilly oder Karl Friedrich Schinkel – „Problemen der künstlerischen Formung" auf eine Weise nachgegangen wurde, dass „eine letzte künstlerisch überdauernde Wahrheit" über ein „sittliches geistiges Ich hervorgebracht" worden sei.[64] Moeller van den Brucks Werk ergeht sich über weite Strecken in unfreiwillig komischer Zuordnungs-Athletik à la: „Schlüter selbst war ein Römer in Deutschland: sein deutsches Römertum war eine preußische Wahlverwandtschaft, die freilich zu einem preußischen Stil erst später führen sollte, als es gelang, das Römische wieder vom Barocken zurückzuführen und eine preußisch-antikische Kunst nicht aus dem dekorativen Ende, sondern aus dem monumentalen, tektonischen, statischen Anfange aller Kunst, die Kunst überhaupt aus Natur und die Form aus Gesetzlichkeit zu entwickeln."[65] Nächster Satz: „Davon wusste Schlüter nichts: der blieb ein Barocker, malte in Räumen, baute in der Luft, schuf Form aus Eingebungen: und war darin ganz Deutscher – nicht Preuße."[66] Und so weiter und so fort.

Wenig überraschend fiel derlei im Berlin nach dem Mauerfall auf durchaus fruchtbaren Boden, wie die sattsam bekannten Reden eines Hans Stimmann, Jürgen Sawade oder Hans Kollhoff von einer neupreußischen „Berlinischen Architektur"[67] deutlich machen. Die Biografie eines ehemaligen engen Mitarbeiters Kollhoffs, Eiko Behrens, kann vor diesem Hintergrund kaum verwundern: Behrens, Oberstleutnant der Reserve und u. a. Projektleiter von Kollhoffs Frankfurter Main-Plaza-Hochhauses (2000–2001), war ab 2007 nicht nur ETH-Doktorand bei Werner Oechslin mit dem Dissertationsthema *Friedrich Gilly, die Ästhetik des Sublimen. Zur Antikenrezeption des preußischen Klassizismus um 1800,*[68] sondern wirkte ab 2013 auch als AfD-Politiker und Vertreter des Rechtsaußen-Flügels der Partei. An Behrens' Rechtsradikalität dürfte spätestens seit 2018 kein Zweifel mehr bestehen, als er den „Stuttgarter Aufruf" von AfD-Extremist*innen unterzeichnete, die darin gegen angebliche „Sprech- und Denkverbote" innerhalb der AfD protestieren, welche die Parteiführung aus Angst vor einer Verfassungsschutzbeobachtung ihren Mitgliedern auferlegen wollte.

Leopold Ziegler (1881–1958)

Dass die „Konservativen Architekturrevolutionäre" nicht nur auf einen schlanken Klassizismus à la Schultze-Naumburg oder Moeller van den Bruck reduziert werden können, macht der Vergleich mit Leopold Ziegler (Abb. 3.18) deutlich, der ebenfalls in Mohlers Buch gewürdigt wird. Während Moeller van den Bruck, der mit seiner 1916 erschienenen Abhandlung *Der preußische Stil* für ein klassizistisch-strenges „Preußentum der Sachlichkeit"[69] warb und dabei das Gotische – auch dasjenige aus Schinkels Fertigung – als „Spielerei" abtat,[70] stellt sich die Sache bei Leopold Ziegler ganz anders dar. Der Karlsruher Philosoph machte sich in seiner 1912 erschienenen Schrift *Florentinische Introduktion. Zu einer Philosophie der Architektur und der bildenden Künste* (Abb. 3.19) für eine Art „ganzheitliche" Architektur der Körperlichkeit, der künstlerischen „Durchdringung von Grund- und Aufriss" stark:[71] Ziegler plädiert darin in einem geradezu expressionistisch zu nennenden Anti-Klassizismus für Häuser, die mehr sind als Summen ihrer Elemente: „Ich stelle mir das zur künstlerischen Wirklichkeit gewordene Haus vor wie einen idealen

Abb. 3.18: In deutschnationalen Kreisen ein „Wiederzuentdeckender": Leopold Ziegler (1881–1958); Porträtaufnahme um 1905.

Leopold Ziegler

Florentinische
Introduktion
zu einer Theorie
der Architektur
und der bildenden Künste
1911/1912

Abb. 3.19: Plädoyer für Häuser, die mehr sind als Summen ihrer Elemente: Cover der Neuauflage von Leopold Zieglers erstmalig 1912 erschienener Schrift *Florentinische Introduktion* in der Reihe *Bauwelt Fundamente* (Braunschweig: Vieweg, 1989).

Architekturtheorie/Kunstphilosophie

Kristall, dessen Struktur nirgends ein Hemmnis erfahren hat, sich vielmehr in allen Winkeln, Flächen und Kanten klar durchbilden durfte, wie es die Ordnung seiner Achsen, sein besonderes kristallografisches System heischt. Was dem Kristall das naturgesetzliche Schema seiner Struktur, das ist dem Hause die konstruktive Verfassung, der statische und stereometrische Leitgedanke seiner Errichtung."[72] Als die *Florentinische Introduktion* im Jahre 1989 in den *Bauwelt Fundamenten* neu aufgelegt (und mit dem leicht variierten Untertitel *Zu einer Theorie der Architektur und der bildenden Künste* versehen) wurde, erhoffte sich Reihenmitherausgeber Ulrich Conrads davon nichts weniger als eine Korrektur des postmodernen „flüchtige[n] Sehen[s], Hinsehen[s]".[73]

Leopold Zieglers Werk erfährt derzeit eine Renaissance, und zwar vor allem in rechten bzw. deutschnationalen Kreisen. So setzte Botho Strauß, der in seinem Essay „Anschwellender Bocksgesang" 1993 beklagte, dass wir „in unserer liberal-libertären Selbstbezogenheit" nicht mehr verstehen würden, „dass ein Volk sein Sittengesetz gegen andere behaupten will und dafür bereit ist, Blutopfer zu bringen", Ziegler einmal auf die Liste jener Autoren „die wiederzuentdecken seien";[74] so veröffentlichte der rechte Schriftsteller, Lyriker und Philosoph Timo Kölling 2009 sein Buch *Leopold Ziegler. Eine Schlüsselfigur im Umkreis des Denkens von Ernst Jünger und Friedrich Georg Jünger.*[75]

Und so publizierte Marc Jongen, der später als „AfD-Philosoph" zu gewisser Bekanntheit kommen sollte, im selben Jahr seine Dissertation *Nichtvergessenheit: Tradition und Wahrheit im transhistorischen Äon, Umrisse einer hermeneutischen Gegenwartsdeutung im Anschluss an zentrale Motive bei Leopold Ziegler und Peter Sloterdijk.*[76] Dort tritt einem Ziegler „als ‚ungebundener' Denker' entgegen, dessen Philosophie sich frei von akademischen Zwängen und fern aller philosophischen Selbstbezogenheit den großen Fragen der Zeit widmet".[77]

Alexander von Senger (1880–1968)
Der letzte hier zu nennende (und ebenfalls von Mohler gelistete) Protagonist einer „Konservativen Architekturrevolution" ist der Schweizer Architekt und Publizist Alexander von Senger (Abb. 3.20). Er gehörte in den 1920er-Jahren zur Schweizer Gruppe „Neues Bauen für kulturelle Ideale, für rassereinen Stil und Nationalität" und attackierte in verschiedenen Artikeln seinen Landsmann Le Corbusier als „Lenin der Architektur". Mit *Krisis der Architektur* veröffentlichte von Senger 1928 eine Schrift, die gratis an Schweizer Behörden verteilt wurde und später, in der Sowjetischen Besatzungszone, gemeinsam mit weiteren seiner Publikationen wie *Die Brandfackel Moskaus* (1931) oder *Rasse und Baukunst* (1935) auf die „Liste auszusondernder Literatur" kam. In *Krisis der Architektur* wird vor allem Le Corbusier angegriffen, etwa mit folgenden Worten: „Le Corbusier, dieser in die Irre geratene Theologe mit den Gesichtszügen eines Großinquisitors, spielt in der deutschen Schweiz die gewisse Rolle des Propheten. Das Mysterium seiner Erfolge ist der unsichere Hunger einer kopflosen Bevölkerungsschicht. Seine Vorträge in Zürich, Bern und Basel, welche er vor einem eleganten und belesenen Publikum hielt, wurden andächtig angehört, und beflissen beklatschten diese Leute, wie zur Zeit Beaumarchais', die Doktrinen, welche ihre Kultur vernichten."[78] Ab 1931 gründete von Senger gemeinsam mit Schultze-Naumburg und anderen den „Kampfbund Deutscher Architekten und Ingenieure (KDAI)" als Unterabteilung des nationalsozialistischen „Kampfbunds für deutsche Kultur". Dieser Bund ging mit diffamierenden Mitteln gegen moderne Architektur vor. Vor allem die Mitglieder des 1926 gegründeten progressiven „Ring" wurden attackiert; von Senger

Abb. 3.20: NS-Propagan-
dist und Gestapo-Denun-
ziant: Alexander von Senger
(1880–1968), hier links in
einem Bild aus dem Jahre
1942 (neben Sohn Hugo
Hermann von Senger, dem
an diesem Tag das Eiserne
Kreuz II. Klasse verliehen
wurde).

ALEXANDER
VON
SENGERMORD
AN
APOLLO

Abb. 3.21: Gegen „Dada-
Bauen" und „Rastas":
Cover von Alexander von
Sengers Buch *Mord an
Apollo* (Zürich: Thomas,
1964).

prägte hierbei nicht nur das NS-Schlagwort vom „Kulturbolschewismus", sondern auch den explizit gegen Walter Gropius und Ludwig Mies van der Rohe
gemünzten Begriff „Baubolschewismus". Durch Kontakte zu Alfred Rosenberg
und Paul Schultze-Naumburg wurde er 1934 auf den eingerichteten Lehrstuhl
für Bauforschung an der Technischen Hochschule München berufen, wo er,
wie Winfried Nerdinger einmal schrieb, zu einem der „übelsten rassistischen
NS-Propagandisten"[79] wurde – und vor allem durch seine Denunziantentätig-
keit für die Gestapo in Erinnerung blieb.

Tonfall und Stoßrichtung Alexander von Sengers haben sich auch in der Nachkriegszeit nicht geändert, wie das 1964 publizierte Buch *Mord an Apollo* zeigt
(Abb. 3.21), erschienen im Zürcher Thomas-Verlag, welcher sich im Besitz von
James Schwarzenbach (1911–1994) befand. Schwarzenbach war für seine teils
faschistischen, völkischen und antisemitischen Programm- und Politik-Prä-
ferenzen bekannt. Für von Senger stellt die zentrale Aufgabe der Architektur
wie der Kunst die „Verherrlichung der Nation"[80] dar: „Jede Kunst ist irgendwie
national geprägt. [...] Die Kräfte, die Tschechen, Serben und Polen zum Kampf
um ein eigenstaatliches Dasein anfeuerten, stammen nicht zuletzt aus der
Wiedergeburt der alten, verschütteten Volksdichtungen."[81] Aus dieser Über-
zeugung leitet von Senger auch seine Funktionalismuskritik ab: Wenn der

Architekt, so von Senger, „sein Schaffen auf das bloß physischen Bedürfnissen entsprechende Sachlich-Konstruktive" reduziert, „wirkt er seelen- und staatsauflösend".[82] Alles Moderne, das von Senger nicht goutiert wird, ordnet er einem „Dada-Bauen" zu.[83] In geradezu paranoid anmutender Diktion glaubt von Senger eine Unterwanderung europäischer Kultur durch „Rastas" ausmachen zu können: „Auffallend ist die sehr große Zahl von Rastas, die in der ‚modernen Kunst' eine führende Rolle spielen und die, wie es scheint, die gebürtigen Franzosen mit ihrer dreidimensionalen Kunst an die Wand gedrückt haben. Einige Namen drängen sich in diesem Zusammenhang auf: Picabia, Picasso, Tristan Tzara, Moholy-Nagy, Apollinaire, Chagall, Schönberg, Van Rees, Janko, Kandinsky, Cocteau, van Doesburg, Mies van der Rohe, Dalí, Dubuffet, Tàpies, Pollock, Foujika, Fini, Trémois, Zadkine, Miró und andere."[84] In der Tradition des Rassismus des 19. und frühen 20. Jahrhunderts schreibt er noch 1964, dass zwei Haupttypen der Bevölkerung in Frankreich zu finden seien: „1. Die eigentlichen Europäer (homo europäus-Linné) und 2. allerlei vorgeschichtliche Volkstrümmer (homo alpinus, Mongoloide, negroide)."[85] Sechs Jahre nach Veröffentlichung dieser Sätze lancierte Alexander von Sengers Verleger in der Schweiz die sogenannte „Schwarzenbach-Initiative" gegen „Überfremdung", die 1970 mit nur sehr knapper Mehrheit vom Schweizer Wahlvolk abgelehnt wurde. Wäre sie angenommen worden, hätten mindestens 300 000 ausländische Arbeitnehmer*innen die Schweiz sofort verlassen müssen, und zwar vor allem auf Baustellen tätige Italiener.

„Konservative Revolution": Eine Nachgeschichte im Nationalsozialismus

Die erwähnten sogenannten „Konservativen Revolutionären" der deutschsprachigen Architekturwelt schafften es im Nationalsozialismus nicht in die erste Garnitur der Bauenden bzw. der Chefideologen – dafür waren sie entweder bereits zu alt bzw. tot (Schultze-Naumburg, Moeller van den Bruck), zu skrupulös-unmilitärisch (Ziegler) oder sie gerieten, wie bei den ideologisch im Grunde vollnazifizierten Schultze-Naumburg und von Senger der Fall, in den komplexen Machtgefügen des Nationalsozialismus auf marginale

Abb. 3.22: Erste Parteizentrale der NSDAP: das 1931 von Paul Ludwig Troost zum „Braunen Haus" umgebaute Palais Barlow in der Brienner Straße Nr. 45; Aufnahme vom August 1935 mit provisorischem Hoheitszeichen und Richtkranz.

Abb. 3.23: Kassettendecke mit Hakenkreuzrelief: Paul Ludwig Troosts Interieur-Gestaltung des Konferenzsaals im „Braunen Haus" in München.

Pfade, weil sie entweder kein megaloman-urbanes Bild einer „neuen Zeit" bieten konnten bzw. wollten (Schultze-Naumburg) oder als Hochschullehrer nicht zum Bauen kamen (von Senger). Das Ruder übernahmen stattdessen Architekten mit direktem Draht zum „Führer" und einem erklärten Willen zu einer wie auch immer „staatstragenden" Architektur: Vor allem Paul Ludwig Troost sollte das gebaute Bild des Nationalsozialismus mit einem grobkörnigen, unterkomplexen Klassizismus prägen.

Und zwar zunächst in der „Hauptstadt der Bewegung", also in München. Hier baute Troost, der bis dahin vor allem für seine Innenraumgestaltungen von Luxusdampfern wie der *Columbus* bekannt war, 1931 das Münchner Palais Barlow an der Brienner Straße zum „Braunen Haus" um (Abb. 3.22), samt Kassettendecke mit Hakenkreuzrelief im Konferenzsaal (Abb. 3.23). Es folgten im selben Jahr bereits die Planungen für die Parteibauten am Königsplatz, also den Führer- und den Verwaltungsbau (Abb. 3.24), für die die NSDAP

Abb. 3.24: Bauwerk für ein „Tausendjähriges Reich": Paul Ludwig Troosts 1933 bis 1937 errichteter „Führerbau" am Münchner Königsplatz.

bereits vor 1933 Grundstücke an der Arcisstraße erworben hatte, um damit die erste monumentale Platzanlage des Nationalsozialismus zu schaffen und „um die Brienner Straße zu einer ‚Straße' der Bewegung, zu einer *nationale via triumphalis* umzugestalten".[86] Schließlich erhielt Troost kurz nach der Machtübernahme 1933 den Auftrag, das Haus der Deutschen Kunst als Ersatz des in der Nacht vom 6. auf den 7. Juni 1931 durch einen Brand zerstörten Glaspalastes zu errichten. Mit der Fertigstellung 1937 ist ein langgestreckter, klassizistischer Bau entstanden, der mit Bezügen zu Schinkels Neuem Museum in Berlin aufwartet, aber im Gegensatz dazu fast ausschließlich langgestreckte Horizontalen bietet.[87] Troosts Architektur, so urteilt Hartmut Mayer in seinem lesenswerten Troost-Buch, ist von Schinkels „organische[r] Gestaltung" weit entfernt:[88] „Die Säulen sind für ihre Höhe zu dünn und erreichen keine überzeugende plastische Form. [...] Troosts Bauwerk lässt mehr an

Abb. 3.25: Bauwerk in ständiger Bewegung: das 1920 von Wladimir Tatlin für Moskau entworfene „Monument der Dritten Internationale", genannt „Tatlinturm". Im Bild vom November 1920 ist rechts Tatlin sowie ein Assistent vor einem Modell des Turms im Studio für Material, Volumen und Konstruktion der Staatlichen Freien Kunststudios (heute Russische Kunstakademie) zu sehen.

eine aus großen Klötzen hergestellte Spielzeugarchitektur denken als an eine Weiterentwicklung klassizistischer Ideale."[89] Und: „Klassisch-antikes Empfinden, den Wunsch, das tote Material Stein zu vitalisieren, ihm seine statischen Eigenschaften visuell zu entlocken, gibt es beim ‚Haus der Deutschen Kunst' nicht."[90]

Was über Troosts Architektur gesagt werden kann, könnte so auch in ähnlicher Weise über Albert Speer und Hermann Giesler gesagt werden: Im Nationalsozialismus stellte nicht die (Schultze-Naumburg'sche) Heimatschutzarchitektur die wichtigste Architektur des Staates – die gab es auch, zweifellos, und zwar im Bereich des Wohnbaus und im suburbanen bzw. ländlichen Raum –, sondern der (Moeller van den Bruck'sche) „Preußische Stil" von klassizierenden Stütze-Balken-Wand-Bauten, die sich eigneten, Monumentalität mit einer modernen Haltung zu verbinden: „Es war die ‚Wahrheit' einer großen und einfachen Struktur, die in den Vordergrund trat und das kleinteilige, malerisch-erläuternde Ornament zurücktreten ließ."[91] Dieser Architekturstil – auch diese Erkenntnis ist Mayer zu verdanken – kann mit

Armin Mohler als Manifestation des zyklischen Denkens verstanden werden. Der Schweizer Publizist unterschied zwei verschiedene Denktraditionen in seinem Buch *Die Konservative Revolution in Deutschland*: eine Tradition des Denkens in wiederkehrenden Kreisläufen des Lebens und eine andere des Denkens im stetigen Fortschritt.[92] Mit Beginn des 20. Jahrhunderts, so fasst Mayer Mohler zusammen, gewann eine neue zyklische Deutung der Welt an Breitenwirkung: „Volk' und ‚Rasse' wurden als gleichbleibende Entitäten gedeutet, die das individuelle Leben absorbierten. Der ‚Volkskörper' besaß gleichsam den Nimbus der Unvergänglichkeit. In seiner Eröffnungsrede zur ‚Großen deutschen Kunstausstellung 1937' beschrieb Hitler die besondere Aufgabe der Kunst, die diese zu erfüllen habe, um dem ‚völkischen Ideal' zu genügen. Sie sollte nicht ‚modern' oder ‚international' oder auch nur das Produkt ihrer Zeit sein. Sie sollte stattdessen die Zeitlosigkeit des ‚völkischen Ideals' verkörpern. Die Kunst war damit nicht mehr frei, sondern an die normativen Vorstellungen dieses ‚neuen Ideals' gebunden: ‚Denn in der Zeit liegt keine Kunst begründet, sondern nur in den Völkern. Es hat daher auch der Künstler nicht so sehr einer Zeit ein Denkmal zu setzen, sondern einem Volke [...]. Solange [...] ein Volk besteht, ist es in der Flucht der Erscheinungen der ruhende Pol. Es ist das Seiende und Bleibende. Und damit auch die Kunst, als dieses Seienden Wesensausdruck, ein ewiges Denkmal, selbstseiend und bleibend."[93] Das zyklische Weltbild, das im Unveränderlichen sein Ideal besitzt, fand in der modernisierten Antike der nationalsozialistischen Staatsarchitektur eine zeitlos gültige Antwort.[94]

Die monumentale Staatsarchitektur des Nationalsozialismus hätte der russischen Staatsarchitektur nach der Oktoberrevolution kaum diametraler entgegengesetzt sein können, wie etwa der Blick auf den 1920 entworfenen „Monument der Dritten Internationale" in Moskau zeigt, den sogenannten Tatlinturm (Abb. 3.25). Der Turm wäre, wenn er denn gebaut worden wäre, ein Bauwerk in ständiger Bewegung gewesen: Innerhalb der schräg gestellten „Stahlschnecke" hätten drei Volumina Platz gefunden, die sich mit unterschiedlicher Geschwindigkeit um ihre eigene Achse drehen sollten. Ganz unten wäre ein gläserner Kubus für die Legislative und Kongresse errichtet worden, der sich einmal jährlich um die eigene Achse drehen sollte.[95] Die mittlere Pyramide, die eine monatliche Wendung um 180 Grad vollzogen hätte, hätte die Verwaltungs- und Ausführungskongresse der Komintern aufgenommen. Und ganz oben wäre ein gläserner Zylinder für Pressestelle und Propagandabüros täglich um seine Achse rotiert.[96] Mit dem geplanten Tatlinturm gab sich die sich neu formierende Sowjetunion ein bis heute beeindruckendes Bild einer radikal dynamisierten Gesellschaft, das mit einer extremen Negation des traditionellen Architekturbegriffs einhergeht. Die Darstellung von tektonischer Schwere, so Mayer, „verflüchtigte sich in einem dreidimensionalen Mobile. Der statische, in sich ruhende Raum war in eine endlose Bewegungsschlaufe geraten."[97] Bis heute stellt der Turmentwurf ein Dementi jener Le Corbusier'schen Alternative von „Architektur oder Revolution" dar.

Anmerkungen

1 Dieses Kapitel erschien in gekürzter Fassung zuerst im *Baumeister 04/2018* und dann in dem vom Verfasser gemeinsam mit Verena Hartbaum, der University of Looking Good und c/o now herausgegebenen Buch *Bayern, München. 100 Jahre Freistaat. Eine Raumverfälschung* (Paderborn: Fink, 2019).

2 In der von Eva Gärtner überarbeiteten Hans Hildebrandt'schen Übersetzung von 1963 lautet der Satz „Baukunst oder Revolution". – Vgl. Le Corbusier: *1922: Ausblick auf eine Architektur*, Bauwelt Fundamente 2, Basel / Boston / Berlin: Birkhäuser, 2008 [1922], S. 215.

3 Volker Weidermann: *Träumer. Als die Dichter die Macht übernahmen*, Köln: Kiepenheuer & Witsch, 2017, S. 7.

4 Die Verwendung des „i" statt des „y" war als antimonarchistische Spitze gegen die seinerzeit von Ludwig I. angeordnete und griechisch inspirierte Schreibweise gedacht.

5 Vgl. Weidermann, *Träumer*, a. a. O., S. 170.

6 Weidermann, *Träumer*, a. a. O., S. 171.

7 Weidermann, *Träumer*, a. a. O., S. 177.

8 Zit. nach Weidermann, *Träumer*, a. a. O., S. 176.

9 Ebd.

10 Ebd.

11 Friedrich Achleitner: „Gibt es einen mitteleuropäischen Heimatstil? (Oder: Entwurf einer peripheren Architekturlandschaft)" (1986), in: (ders.): *Region, Ein Konstrukt? Regionalismus, Eine Pleite?*, Basel: Birkhäuser, 1997, S. 7.

12 Vgl. Wilfried Scharnagl: *Bayern kann es auch allein. Plädoyer für einen eigenen Staat*, Berlin: Quadriga, 2012, S. 20.

13 Achleitner, „Gibt es einen mitteleuropäischen Heimatstil?", a. a. O., S. 7.

14 Jasper von Altbockum: *Wilhelm Heinrich Riehl 1823–1897: Sozialwissenschaft zwischen Kulturgeschichte und Ethnografie*, Köln / Weimar / Wien: Böhlau, 1994, S. 158.

15 Ebd.

16 Von Altbockum, *Wilhelm Heinrich Riehl 1823–1897*, a. a. O., S. 201.

17 Von Altbockum, *Wilhelm Heinrich Riehl 1823–1897*, a. a. O., S. 48.

18 Von Altbockum, *Wilhelm Heinrich Riehl 1823–1897*, a. a. O., S. 54.

19 Zit. nach Von Altbockum, *Wilhelm Heinrich Riehl 1823–1897*, a. a. O., S. 55.

20 Iris Därmann: *Kulturtheorien zur Einführung*, Hamburg: Junius, 2011, S. 131.

21 Wilhelm Heinrich Riehl, zit. nach von Altbockum, *Wilhelm Heinrich Riehl 1823–1897*, a. a. O., S. 26.

22 Von Altbockum, *Wilhelm Heinrich Riehl 1823–1897*, a. a. O., S. 1.

23 Von Altbockum, *Wilhelm Heinrich Riehl 1823–1897*, a. a. O., S. 52.

24 Jasper von Altbockum: „Die Rocky Horror Hitzlsperger Show", in: *Frankfurter Allgemeine Zeitung*, 9. Januar 2014 (https://www.faz.net/aktuell/politik/harte-bretter/harte-bretter-die-rocky-horror-hitzlsperger-show-12744517.html; zuletzt abgerufen am 20. April 2020).

25 Ernst Rudorff: *Heimatschutz*, St. Goar: Reichl, 1994 [1897], S. 23.

26 Rudorff, *Heimatschutz*, a. a. O., S. 26.

27 Rudorff, *Heimatschutz*, a. a. O., S. 27.

28 Rudorff, *Heimatschutz*, a. a. O., S. 30.

29 Rudorff, *Heimatschutz*, a. a. O., S. 31.

30 Ebd.

31 Rudorff, *Heimatschutz*, a. a. O., S. 18.

32 Rudorff, *Heimatschutz*, a. a. O., S. 19.

33 Rudorff, *Heimatschutz*, a. a. O., S. 48.

34 Ebd.

35 Rudorff, *Heimatschutz*, a. a. O., S. 36.

36 Rudorff, *Heimatschutz*, a. a. O., S. 77.

37 Ebd

38 Rudorff, *Heimatschutz*, a. a. O., S. 57.

39 Rudorff, *Heimatschutz*, a. a. O., S. 77.

40 Rudorff, *Heimatschutz*, a. a. O., S. 79.

41 Rudorff, *Heimatschutz*, a. a. O., S. 20.

42 Hans Tiedeken: „Vorwort" (1993), in: Rudorff, *Heimatschutz*, a. a. O., S. 6.

43 Achleitner, „Gibt es einen mitteleuropäischen Heimatstil?", a. a. O., S. 9.

44 Adolf Loos: „Die englischen schulen im Österreichischen Museum" (1899), in (ders.): *Ins Leere gesprochen. Gesammelte Schriften 1897–1900*, hrsg. von Adolf Opel, Wien: Georg Prachner Verlag, 1997 [1921], S. 47.

45 Adolf Loos: „Regeln für den, der in den Bergen baut" (1913), in (ders.): *Trotzdem. Gesammelte Schriften 1900–1930*, hrsg. von Adolf Opel, Wien: Prachner, 1997 [1931], S. 122–130.

46 Vgl. Karlheinz Weißmann: *Armin Mohler. Eine politische Biografie*, Schnellroda: Edition Antaios, 2011, S. 73.

47 Armin Mohler: *Die Konservative Revolution in Deutschland 1918–1932. Ein Handbuch*, Graz: Leopold Stocker, 2005 [1949].

48 Weißmann, *Armin Mohler*, a. a. O., S. 202.

49 Vgl. Breuer, *Anatomie der Konservativen Revolution*, a. a. O., S. 40.

50 Vgl. Breuer, *Anatomie der Konservativen Revolution*, a. a. O., S. 41.

51 Breuer, *Anatomie der Konservativen Revolution*, a. a. O., S. 93.

52 Mohlers Buch beinhaltet u. a. eine detaillierte Bibliografie hunderter Autoren, die nach Berufsgruppen und anderen Kategorien geordnet sind. Aus Platzgründen kann auf die Architektur-relevanten Schriften der in der Kategorie „Kunsthistoriker" rubrizierten Autoren Josef Strzygowski und Frederik Adama van Scheltema nicht eingegangen werden, ebensowenig auf Oswald Spengler, der unter „Herausragende, kategoriensprengende Autoren" gelistet ist, oder auf Hans F. K. Günther, der 1934 das Buch *Die Verstädterung. Ihre Gefahren für Volk und Staat vom Standpunkte der Lebensforschung und der Gesellschaftswissenschaft* publizierte.

53 Robert Wohl: *The Generation of 1914*, Cambridge, Mass., Harvard University Press, 1979.

54 Armin Mohler: *Die französische Rechte. Der Kampf um Frankreichs Ideologienpanzer*, München: Isar, 1958.

55 Vgl. Weißmann, *Armin Mohler*, a. a. O., S. 105.

56 Ebd.

57 Vgl. Weißmann, *Armin Mohler*, a. a. O., S. 106.

58 Paul Schultze-Naumburg: „Vorwort zur Auflage 1926", in: Rudorff, *Heimatschutz*, a. a. O., S. 11.

59 Rolf Peter Sieferle: „Heimatschutz und das Ende der Utopie", in: *ARCH+ 81: „Vom landschaftsgebundenen zum ökologischen Bauen"*, August 1985.

60 Sieferle, „Heimatschutz und das Ende der Utopie", a. a. O., S. 38.

61 Sieferle, „Heimatschutz und das Ende der Utopie", a. a. O., S. 42.

62 Vgl. Volker Weiß: „Die ‚Konservative Revolution'. Geistiger Erinnerungsort der ‚Neuen Rechten'", in: Martin Langebach, Michael Sturm (Hrsg.): *Erinnerungsorte der extremen Rechten*, Wiesbaden: Springer, 2015, S. 110.

63 Arthur Moeller van den Bruck: *Der preußische Stil*, München: Bergstadtverlag Wilhelm Gottlieb Korn, 1953 [1914], S. 18.

64 Moeller van den Bruck, *Der preußische Stil*, a. a. O., S. 18.

65 Moeller van den Bruck, *Der preußische Stil*, a. a. O., S. 67.

66 Ebd.

67 Vgl. Werner Sewing: „Berlinische Architektur", in: *ARCH+ 122: „Von Berlin nach Neuteutonia"*, Juni 1994.

68 Das Promotionsvorhaben, das von Prof. Dr. Fritz Neumeyer, TU Berlin, und Prof. Hans Kollhoff, ETH Zürich, mitbetreut wurde, fand nie einen Abschluss.

69 Moeller van den Bruck, *Der preußische Stil*, a. a. O., S. 77.

70 Moeller van den Bruck, *Der preußische Stil*, a. a. O., S. 193.

71 Leopold Ziegler: *Florentinische Introduktion. Zu einer Theorie der Architektur und der bildenden Künste*, Braunschweig: Vieweg, 1989 [1912], S. 58.

72 Ebd.

73 Ulrich Conrads: „Ein verlorenes Buch?", in: Leopold Ziegler: *Florentinische Introduktion zu einer Theorie der Architektur und der bildenden Künste*, Braunschweig: Vieweg, 1989, S. 3.

74 Jürgen Thaler: „Leopold Zieglers *Zur Metaphysik des Tragischen* (1902)", in: Manfred Bosch, Paulus Wall (Hrsg.): *Vom alten Wahren. Lebenswelt und Transäon. Neue Beiträge zu Leben und Werk Leopold Zieglers (1881–1958)*, Würzburg: Königshausen & Neumann, 2015, S. 65.

75 Timo Kölling: *Leopold Ziegler. Eine Schlüsselfigur im Umkreis des Denkens von Ernst Jünger und Friedrich Georg Jünger*, Würzburg: Königshausen & Neumann, 2009.

76 Marc Jongen: *Nichtvergessenheit: Tradition und Wahrheit im transhistorischen Äon, Umrisse einer hermeneutischen Gegenwartsdeutung im Anschluss an zentrale Motive bei Leopold Ziegler und Peter Sloterdijk*, Dissertation, Karlsruhe: HfG Karlsruhe, 2009.

77 Manfred Bosch, Paulus Wall: „Vorwort", in (dies.; Hrsg.): *Vom alten Wahren. Lebenswelt und Transäon. Neue Beiträge zu Leben und Werk Leopold Zieglers (1881–1958)*, Würzburg: Königshausen & Neumann, 2015, S. 8.

78 Alexander von Senger: „Die Krisis der Architektur"
(1928), im Anhang von (ders.): *Mord an Apollo*,
Zürich: Thomas, 1964, S. 218.

79 Winfried Nerdinger: „Architektenausbildung in
München: Von der Stil- zur Konstruktionsschule", in
(ders., Hrsg.): *Architekturschule München 1868–*
1993 – 125 Jahre Technische Universität München,
München 1993, S. 18.

80 Von Senger: *Mord an Apollo*, a. a. O., S. 14.

81 Von Senger: *Mord an Apollo*, a. a. O., S. 22.

82 Von Senger: *Mord an Apollo*, a. a. O., S. 17.

83 Von Senger: *Mord an Apollo*, a. a. O., S. 102.

84 Von Senger: *Mord an Apollo*, a. a. O., S. 34.

85 Von Senger: *Mord an Apollo*, a. a. O., S. 33.

86 Hartmut Mayer: *Paul Ludwig Troost. „Germanische*
Tektonik" für München, Tübingen / Berlin: Wasmuth, 2007, S. 11.

87 Vgl. Mayer, *Paul Ludwig Troost*, a. a. O., S. 89.

88 Mayer, *Paul Ludwig Troost*, a. a. O., S. 90.

89 Ebd.

90 Mayer, *Paul Ludwig Troost*, a. a. O., S. 85.

91 Mayer, *Paul Ludwig Troost*, a. a. O., S. 12.

92 Vgl. Mayer, *Paul Ludwig Troost*, a. a. O., S. 25.

93 Ebd.

94 Vgl. Mayer, *Paul Ludwig Troost*, a. a. O., S. 38.

95 Vgl. Mayer, *Paul Ludwig Troost*, a. a. O., S. 29.

96 Mayer, *Paul Ludwig Troost*, a. a. O., S. 30.

97 Ebd.

4 Alter Wein von neuen Flaschen oder Eine „Neue" Rechte gibt es nicht

Für die zeitgenössische Architekturtheorie, in Deutschland zumal, kann ein Wendepunkt diganostiziert werden; ein Wendepunkt, der einem Aufwachen aus einem kurzen Traum gleichkommt: dem Traum vom „Ende der großen Erzählungen", der bekanntlich in einer Tiefschlafphase namens „Ende der Geschichte" kulminierte.[1] In diesem Traum traten als Protagonist*innen in wechselnden Haupt- und Nebenrollen auf: der Glaube an die Unerschütterlichkeit eines liberalen Zeitalters westlicher Bauart; das frivole, aufmerksamkeitsökonomisch befeuerte intellektuelle Spiel mit gefährlichen Gütern; die kleinen Fluchten in Romantizismen oder in die Phänomenologie; und die großen Fluchten in die vermeintlich politikbefreiten Gefilde der Medientheorie („The medium is the ma/essage" etc.) oder der angewandten Techniktheorie (auto-)poietisch verfertigter Parametrizismen. Nun, da zumindest einige der Akteur*innen im weiten Feld der Architektur als Repolitisierte wiedererwacht sind, tritt deutlich vor Augen: Als ebenso umworbenster wie umkämpftester Begriff an diesem Wendepunkt darf die „Differenz" gelten, also jene Schlüsselvokabel, die im Zentrum der beiden wohl avanciertesten Theorieoptionen der letzten Jahrzehnte steht: der Dekonstruktion und der Systemtheorie.[2] In Abgrenzung zu marxistisch inspirierten Gleichheitstheorien stand (und steht) die „Differenz" etwa in der Systemtheorie Niklas Luhmanns für eine Schöpfungsgeschichte aus dem Geiste des Konstruktivismus: Die Welt ist alles, was unterscheidend beobachtet werden kann. Und die Jacques Derrida'sche „différance" lässt – absichtlich falsch mit „a" geschrieben – die beiden Bedeutungen des französischen Worts „différer", nämlich „unterscheiden" einerseits und „aufschieben" andererseits, in eins fallen, sodass deutlich werden konnte: Die Welt ist ein Konvolut von Texten, deren Signifikanten sich durch fortwährende Unterscheidungsakte in Aufschüben und Widersprüchen zerlegen. So weit, so relativ.

Im Windschatten dieser beiden Differenzauffassungen, als deren Horizont die Weltgesellschaft (nicht zuletzt im Sinne von Luhmann) bzw. die Infragestellung althergebrachter Hierachien gelten darf – und die damit durchaus „progressiv zu nennen sind –, wurde ein rechtes, reaktionäres Differenzverständnis reaktiviert, das Unterschiede zwischen Menschen und Menschengruppen absolut setzt, festzurrt, naturalisiert und in mythischen Urgründen zu erden versucht. Zu den folgenträchtigsten rechten Differenz-Denkern im deutschsprachigen Raum muss der bereits im letzten Kapitel vorgestellte Armin Mohler[3] gezählt werden. Mohlers 1949 angenommene und 1950 publizierte Dissertation *Die Konservative Revolution in Deutschland 1918–1932*[4] übte mit seinen vielen Folgeauflagen eine beispiellose Langzeitwirkung auf die (Re-)Formation der Rechten in Deutschland nach 1945 aus – und tut dies auch heute noch, nicht zuletzt im Bereich der Architekturpublizistik, wie ein Blick auf einige deutsche Architekturhistoriker und -theoretiker der jüngeren und jungen Generation zeigen wird. Hier sind vor allem Richard W. Eichler (1921–2014), Norbert Borrmann (1953–2016), Christian J. Grothaus (geb. 1969) und Claus M. Wolfschlag (geb. 1966) zu nennen. Deren Arbeit wäre weder ohne Mohler denkbar noch ohne jene (auch) von Mohler aus der Versenkung geholten „Konservativen Revolutionäre", die sich mit Architekturbeiträgen zu Wort meldeten, also Paul Schultze-Naumburg etwa, Arthur Moeller van den Bruck oder Alexander von Senger.[5] Es dürfte im Folgenden das, was Volker Weiß einmal allgemein festgehalten hat, nun auch für den Spezialbereich Architekturpublizistik deutlich werden: Die „Neue" Rechte gibt es nicht; sie ist ein „Plagiat der ‚Konservativen Revolution'".[6] Ihre Theoriebildung ist „weitgehend abgeschlossen und erschöpft sich letztlich in der Wiederaufbereitung des Vorhandenen".[7] Alter Wein von neuen Flaschen, könnte man sagen. Doch eine Entspannungshaltung wäre unangebracht, zeigt doch die deutsche Geschichte des 20. Jahrhunderts deutlich, dass intellektuelle Insuffizienz politischen Erfolg bisweilen nicht zu verhindern vermag.

Richard W. Eichler (1921–2014)

Der deutsche Kunsthistoriker Richard W. Eichler, der vor 1945 u. a. Bücher von Hans F. K. Günther, genannt „Rasse-Günther", und Paul Schultze-Naumburg lektorierte, ist zwar in der seriösen Kunstgeschichte weithin unbekannt, konnte aber mit Büchern wie *Könner, Künstler, Scharlatane* (1960), *Der gesteuerte Kunstverfall* (1965), *Viel Gunst für schlechte Kunst* (1968), die allesamt im Münchner Lehmanns-Verlag erschienen, oder mit *Die Wiederkehr des Schönen* (1984), das im rechtsextremen Tübinger Grabert-Verlag erschien, eine beachtliche Leserschaft erreichen. Dies war auch seiner breiten Verbandstätigkeit geschuldet. Eichler war Generalsekretär und Gründungsmitglied der Sudetendeutschen Akademie der Wissenschaften und Künste, Mitglied der Bundesversammlung der Sudetendeutschen Landsmannschaft, Mitglied des rechtsradikalen, fremdenfeindlichen und teils antisemitischen Witikobundes sowie Referent beim neonazistischen Verein Artgemeinschaft. Ebenso war er beim vom Verfassungsschutz beobachteten Deutschen Seminar e. V. aktiv. Dies alles hinderte Franz Josef II., der seinerzeit regierende Fürst von und zu Liechtenstein, nicht daran, Eichler 1979 zum „Professor" zu ernennen. Er verfasste auch Beiträge für das rechtsextreme und ebenfalls vom Verfassungsschutz beobachteten Thule-Seminar, aus dem Publikationen wie das ebenfalls im Grabert-Verlag erschienene Buch *Das unvergängliche Erbe. Alternativen zum Prinzip der Gleichheit* (1981) oder auch die Zeitschrift *Elemente* hervorgingen. Für Letztere steuerte Eichler den Artikel „Die Geburt der Kunst aus dem Mythos" bei und plädierte darin für eine Anti-Weltkunst, die im Bewusstsein regionaler Grenzen entstehen sollte. 1990 wurde er mit dem sogenannten „Dichtersteinschild" des österreichischen Vereins Dichterstein Offenhausen ausgezeichnet, einer rechtsextremen Gruppierung, die 1963 vom rassistischen und antisemitischen Schriftsteller Joseph Hieß gegründet und 1999 wegen „nationalsozialistischer Wiederbetätigung" verboten wurde.

Eichlers Architekturauffassung findet sich kondensiert in seinem Buch *Baukultur gegen Formzerstörung. Für eine menschenfreundliche Architektur*, das 1999 erschien, wieder bei Grabert (Abb. 4.1). Es entpuppt sich als Plädoyer für einen „Postmodernismus", der „mit seinem Kulissencharakter keinen Weg zurück in Dürftigkeit" gehen will, sondern „einen Wink" darstellen soll, „weiterzuschreiten zu einer verjüngten Baukunst".[8] Was das bedeuten soll, daran lässt Eichler unter Rekurs auf Wilhelm Heinrich Riehl und Ernst Rudorff keinen Zweifel: „Bauwerke sind herausragende Träger des Ausdrucks von Gemeinschaften, von Völkern, Stämmen, Religionen, zugleich spiegeln sie den Geist und das Lebensgefühl kultureller Regionen und Epochen in ihrem Stil wider. In der Gestalt von Bauten und Stadtansichten gewinnen Völker

Abb. 4.1: „Alliierte Generäle pinkelten gemeinschaftlich in den Rhein": Cover von Richard W. Eichlers Buch *Baukultur gegen Formzerstörung. Für eine menschenfreundliche Architektur* (Tübingen: Grabert, 1999).

ihr Profil."[9] Mit Moeller van den Bruck weiß sich Eichler einig, dass es vor allem in völkischer Hinsicht „gilt, Dinge zu schaffen, deren Erhaltung sich lohnt".[10] Und mit Alexander von Senger geht er insofern d'accord, als hierbei „Dada" unter allen Umständen zu verhindern ist: „Die frühen Jahre des zwanzigsten Jahrhunderts in Deutschland waren vielversprechend; ihre schöpferischen Ansätze gerieten nach dem Ersten Weltkrieg in kulturrevolutionäres Fahrwasser, für das Dada das Schlüsselwort ist: Umsturz wurde rasch kulturideologischer Dogmatismus."[11] Als wichtigster lebender Kronzeuge der Eichler'schen Architekturvorstellungen entpuppt sich Léon Krier. Mit Blick auf dessen Albert-Speer-Prachtband aus dem Jahre 1985 schreibt er: „Ist es nicht beschämend, dass man vorzugsweise Ausländer zitieren muss, sobald man es unternimmt, die voreingenommene Engstirnigkeit deutscher Zeitgenossen zu durchbrechen?"[12] Eichler wirbt für eine „gelassene *Sine-ira-et-studio*-Betrachtung des Bauens zwischen 1933 bis 1945", und zwar aus folgenden Gründen: „Weil die um politische Alibis besorgten Opportunisten bei uns die Darstellung verzerrten, wohingegen Fachleute im Ausland sachlich urteilen; weil das Baugeschehen nach Kriegsende nicht gerecht zu bewerten ist, wenn man jene manipulierenden Einflüsse nicht kennt, und vor allen Dingen, weil eine freie Entwicklung in die Zukunft verstellt und behindert wird."[13] Der Bundesrepublik wirft er „Nationalmasochismus",[14] „Totalverwestlichung"[15] und eine Herunterrechnung deutscher Opferzahlen bei der „Vernichtung Dresdens"[16] vor: Wie selten doch „die an Deutschen begangenen Untaten in den Medien Erwähnung finden", klagt Eichler.[17] Das Ganze kulminiert in einem Lamento über eine „vermeintlich siegreiche, in Wahrheit reaktionäre ‚Moderne'"[18] und in der Feststellung, dass die Barbarei in Deutschland im Grunde erst nach 1945 begann: „Verwunderlich viel Atavistisches wurde in den ersten Nachkriegsjahren ausgeübt, alliierte Generäle pinkelten gemeinschaftlich in den Rhein, Asche von Toten wurde in Flüsse verstreut, Namen wurden aus Ehrenbüchern gelöscht."[19] Schuld an der deutschen Misere hätte „die globale Finanzmacht", ein kaum verschlüsselter verschwörungstheoretischer Code für „Finanzjudentum": „Die globale Finanzmacht als letztlich bestimmende Kraft ‚betreibt' nationale Hauptstädte als ihre Filialen. So ist die Bank heute die höchste Instanz im Machtgefüge, gegen die es keinen Einspruch mehr zu geben scheint."[20]

Norbert Borrmann (1953–2016)

Der zentrale Aktualisierungsversuch von Paul Schultze-Naumburgs Gedankenwelt für die Bundespublik in der Zeit der Wiedervereinigung stammt von dem deutschen Kunstwissenschaftler und Publizisten Norbert Borrmann. 1953 in Bremen geboren, studierte er in Berlin neben Kunstgeschichte auch Architektur sowie Alte und Neuere Geschichte. Er promovierte 1987 an der FU Berlin mit der Arbeit *Paul Schultze-Naumburg. Maler – Publizist – Architekt*, die zwei Jahre später im Essener Verlag Richard Bacht veröffentlicht wurde (Abb. 4.2); Gutachter waren Prof. Dr. Peter Kurmann und Prof. Dr. Hellmut Lorenz.[21] Die Buchfassung wurde erstaunlicherweise von einem Vorwort

Abb. 4.2: „Entfremdung des Volkes von seiner eigenen Kunst": Cover von Norbert Borrmanns Buch *Paul Schultze-Naumburg 1869–1949. Maler, Publizist, Architekt. Vom Kulturreformer der Jahrhundertwende zum Kulturpolitiker im Dritten Reich* (Essen: Richard Bacht, 1989).

Julius Poseners eingeleitet. Dass Borrmann später in den Rechtsradikalismus abgleiten sollte, kündigte sich schon in seiner Dissertation an, wenn er etwa die „Entfremdung des Volkes von seiner eigenen Kunst" beklagt – und dies sogar der Heimatschutzbewegung vorwirft, die „volkhafte" Architektur und Kunst lediglich von oben verordne.[22] Borrmanns Arbeit erschöpft sich weitgehend in einer Schultze-Naumburg-Verehrung, die dessen *Kulturarbeiten*-Phase von späteren nationalsozialistischen Verirrungen trennscharf zu serparieren versucht – um quasi Ersteres vor Zweiterem zu retten: „Das was Schultze-Naumburg als Lebensreformer der Jahrhundertwende an Gedanken und Arbeiten einbrachte, hat sein Gewicht behalten."[23] Formulierungen wie „rassisch minderwertig[e] Schichten" werden von ihm nicht in distanzierende Anführungszeichen gesetzt.[24] Ebenso macht sich Borrmann immer wieder reaktionäre zeitgenössische Meinungen zu eigen, etwa wenn er zustimmend aus einer alten Ausgabe der *Deutschen Bauzeitung* zitiert, die sich

über die ihrer Ansicht nach unglückliche Bauhaus-Eröffnung im traditionsseligen Weimar ereifert: „Das Problematische dieser Standortwahl kommt auch in einer Ausstellungsbesprechung der *Deutschen Bauzeitung* zum Ausdruck: ‚Gott behüte Weimar vor einer solchen Bauhaus-Siedlung, die sich vielleicht ganz gut in den maurischen Landen, in Ägypten, Italien usw. einfügen mag, nicht aber in eine Gegend, die den Geist der Klassik ausstrahlt. Goethe und die alten Meister würden sonderbare Augen machen beim Anblick dieser Bauhaus-Siedlung, und mit Recht dürfte Altmeister Goethe ausrufen. ‚Habt ihr es noch nicht weiter gebracht?'"[25]

Was in Borrmanns Schultze-Naumburg-Buch nur an Details festzumachen ist, trat rund zwanzig Jahre später, in *„Kulturbolschewismus" oder „Ewige Ordnung"* (2009) [Abb. 4.3], offen zutage: eine rechtsradikale, naziverherrlichende Ideologie, passenderweise erschienen im einschlägig bekannten Grazer Ares-Verlag. Borrmann entfaltet in dieser Publikation die fixe Idee, dass jegliches Bauen vor der Industrialisierung eine Art „Blut und Boden"-Architektur *avant a lettre* gewesen sei – und ignoriert dabei jedes komplexere Transmissions-Geschehen kultureller Evolution: „Alles frühe Bauen des Menschen war aus dem Boden bzw. der Eigenheit der Landschaft erwachsen. Holz, Stein, Schilf oder Lehm bildeten die Materialien seiner Bauten. Natürliche Baustoffe und klimatische Besonderheiten trugen entscheidend zur Formgebung der Baukörper bei. Noch bis weit in das 19. Jahrhundert hinein war fast das ganze Bauen auf unserem Globus von diesen Faktoren geprägt. Mensch und Landschaft, ‚Blut und Boden', bedingten einander, so erwuchs Heimat, bildeten sich Verortung und Verwurzelung aus, und mit ihnen entstand die Vielfalt regionaler Kultur."[26] Vor diesem Hintergrund redet Borrmann einem „männlichen Klassizismus" das Wort, der in einem „‚weiblichen' Heimatstil"[27] eingebettet sein solle – und plädiert für eine neue Blut-und-Boden-Architektur mit ausgeprägtem Willen zur Differenz: „Steht im Mittelpunkt linker Ideologie das Prinzip Egalität, ist es im rechten Weltbild das der Differenz. Hält die Linke begierig nach Utopia Ausschau, so der Rechte nach den Fundamenten des Lebens, nach all dem, wovon er überzeugt ist, dass es überdauern muss, wenn das Leben überdauern soll."[28] Borrmanns Buch, dessen Kritik am Nationalsozialismus sich mehr oder weniger auf den Vorwurf „Vandalismus"[29] beschränkt, läuft auf eine offene Verherrlichung des NS-Staates hinaus, von dem die Bundesrepublik nicht zuletzt in puncto Optik viel zu lernen habe: „War das Dritte Reich bildmächtig bis zur Überwältigung, so ist die Bundesrepublik ein weitgehend bildloser Staat. War für das Dritte Reich der Wille zu einer umfassenden Gestaltung kennzeichnend, so ist es ein Merkmal der Bundesrepublik, möglichst ‚unsichtbar' bleiben zu wollen. Politik beschränkt sich hier vorrangig darauf, Wirtschafts- und Bündnispolitik zu sein. Die Bundesrepublik ist ein abstraktes Gebilde – daher gelten Understatement und Repräsentation auf Minimalstufe als politische Tugend. Dieser bildlose Staat ist – was wenig überrascht – zugleich der amusischste Staat, der jemals auf deutschem Boden existiert hat."[30]

Nach Veröffentlichungen wie *Warum rechts? Vom Wagnis, rechts zu sein* (Kiel: Regin, 2011) folgte 2013 Borrmanns Essay *Die große Gleichschaltung. Vom Verschwinden der Vielfalt*, der in Götz Kubitscheks rechtsradikalem Verlag

Antaios erschien (Abb. 4.4). Die in *„Kulturbolschewismus"* oder *„Ewige Ordnung"* dargebotene Klage über eine „lebensfeindliche Einheitszivilisation",[31] eine „Weltgesellschaft', die überall und nirgendwo ist und auf ethnische Begrenzungen und regionale und nationale Identitäten immer häufiger mit Hohn reagiert",[32] findet hier ihre Zuspitzung. Dem hofft Borrmann mit einem Denken in tradierten ethnischen und Gender-Differenzen entgegenzutreten: „Neger", empört sich Borrmann, „sind selbstverständlich schon lange keine Neger mehr, auch keine Schwarzen, sondern immer etwas mit ‚Afro-', etwa Afroamerikaner oder Afrodeutsche, bis vielleicht irgend jemand entdeckt, dass auch die Vorsilbe ‚Afro-, diskriminierend sein könnte."[33] Weiteres Beispiel: „Kennzeichnend für bisher alle Kulturen war, den Unterschied zwischen Mann und Frau zu betonen, um gerade dadurch die Lebensfreude und die geschlechtliche Anziehung zu erhöhen. Je höher die Kultur, je höher die gesellschaftliche Stellung, desto stärker fiel die Betonung der Prinzipien ‚Männlich' und ‚Weiblich' aus. Doch es geht den Gleichmachern nicht um Glück oder Lebenskunst, sondern um die Durchsetzung einer konsequenten Egalität und die Schaffung eines geschlechtsneutralen Einheitsmenschen – sehr wohl im Dienste des Kapitals; denn organisch aufgebaute Gemeinschaften sind dem Kapitalismus nur ein Hindernis."[34] Als Störelement dieser „organischen Gemeinschaften" entpuppen sich bei Borrmann einmal mehr Juden und Jüdinnen: „Das „deutsche

Anliegen verlief konträr zum jüdischen Universalismus".[35] Um aus „Esperantowesen" wieder deutsche „verwurzelte Individuen" zu machen, hofft er nicht zuletzt auf die „Rekonstruktionsbewegung, in der Bürger dafür kämpfen, dass durch den Neuaufbau im Krieg zerstörter Bausubstanz *ihre* Stadt wieder ein unverwechselbares Gesicht bekommt."[36]

Christian J. Grothaus (geb. 1969)

Christian J. Grothaus gehört zur jüngsten Generation von rechten Architekturtheoretikern mit vorzeigbarem publizistischen Werk. Der aktive Bundeswehrmajor der Reserve wurde 2014 mit der philosophisch anspruchsvollen Arbeit *Baukunst als unmögliche Möglichkeit* (Abb. 4.5). an der Universität Potsdam promoviert, deren reaktionäre Spurenelemente sich nur bei sehr genauer Lektüre identifizieren lassen; Begutachter waren Prof. Dr. Dieter Mersch und Prof. Dr. Steffen Dietzsch. Letzterer lehrt Philosophie an der Humboldt-Universität Berlin sowie an der Universität Leipzig und trat im Jahre 2017 gemeinsam mit dem NPD-nahen Rechtsextremisten Thor von Waldstein und Mitgliedern der vom Verfassungsschutz beobachteten Identitären Bewegung bei einer Veranstaltung des rechtsradikalen Instituts für Staatspolitik um Götz Kubitschek in Schnellroda auf. Grothaus begreift Architektur als Balance zwischen *arché* und *techné*, stößt sich aber an einer von ihm diagnostizierten „Dysbalance zulasten der *arché*".[37] Damit meint Grothaus, dass sich Architektur nur noch in dem erschöpfe, was *techné* in der deutschen Übersetzung bedeutet: in „sachgerechter Verfertigung", also in Rationalität, Planung, Standardisierung, kurzum: in erwartbarer Langeweile. So weit, so vielversprechend. Doch wer nun ein progressives Plädoyer für ein Ereignisdenken in der Architektur, für Überschreitung, Innovation, Anarchie und Revolution erwartet, geht fehl. Grothaus' Suche nach dem „Aufkommen alternativer Anfänge"[38] in der Architektur läuft auf eine kulturpessimistische Klage über moderne Architektur hinaus: „Waren ehedem die Entwicklung der Polis, die Konsolidierung des römischen Imperiums, der Monarchien oder Nationen die Zielrichtungen des Bauens, so treten im 20. Jahrhundert im Zuge

Abb. 4.5: Gegen „das gegenwärtige Globalisierungsparadigma" gerichtet: Cover von Christian J. Grothaus' Buch *Baukunst als unmögliche Möglichkeit. Plädoyer für eine unbestimmte Architektur* (Bielefeld: Transcript, 2014).

einer Lösung der sozialen Frage die Massengesellschaften der Diktaturen und die Erfordernisse der industriellen Produktionsweise in den Mittelpunkt. Das Wohl des Kollektivs gerät auf diese Weise zum Ziel und Zweck. Die Baukunst reduzierte sich dementsprechend zu einer egalisierenden, modular zusammengesetzten Maschine, und gleichzeitig löste sie sich aus den jeweiligen räumlichen wie symbolischen Situationen, die sie zuvor davor schützten, austauschbar zu sein. Sie hat sich damit auch zum reproduzierbaren Stückwerk gemacht, das beliebig über den Erdball geschoben werden kann und hilft, das gegenwärtige Globalisierungsparadigma von ortlosen Orten bzw. Nicht-Orten zu verkörpern."[39]

Grothaus' Dissertation, die sich in ihrem Untertitel als *Plädoyer für eine unbestimmte Architektur* zu erkennen gibt, markiert aus heutiger Perspektive den Anfang eines sich quer durch verschiedene Schriften entfaltendenden Plädoyers für *überbestimmte* Kulturen. Dies wird in einigen Folgepublikationen des Autors deutlich, so etwa in dem militärtheoretischen Essay *Der „hybride Krieg" vor dem Hintergrund der kollektiven Gedächtnisse Estlands, Lettlands und Litauens,* erschienen 2017 in dem auf sicherheitspolitische und Bundeswehr-Themen spezialisierten Berliner Carola-Hartmann-Miles-Verlag (Abb. 4.6). Dieses Buch kann man nicht anders als eine völkische Schrift

Abb. 4.6: Leiden an der „Identitäts-
zersetzung": Cover von Christian
J. Grothaus' Buch *Der „hybride Krieg"
vor dem Hintergrund der kollektiven
Gedächtnisse Estlands, Lettlands und
Litauens* (Berlin: Carola Hartmann
Miles-Verlag, 2017).

nennen, die sich gegen „Identitätszersetzung",[40] gegen „undifferenzierte[n]
Kosmopolitismus"[41] wendet: „Vergesst, wer ihr seid' mag bei Teilen globali-
sierter Gesellschaften mittlerweile verfangen, in Mittel- und Osteuropa ist
man mehrheitlich weit weg von dieser Art sozialem Experiment. Dort ist ein
durch die Ethnie getragener und damit weitgehend homogener Nationalstaat
die Referenzgröße und noch nicht ersetzt durch einen konsumgetrieben Kosmopolitismus."[42] Entsprechend warnt Grothaus vor der Politik der seit Oktober 2016 amtierenden pro-europäischen estnischen Staatspräsidentin Kersti
Kaljulaids, in der er einen Versuch erblickt, „durch die Hintertür die Ethnien
nebst kulturellen Gedächtnissen gleichsam ‚auf Eis zu legen'."[43] Nicht anders als skandalös ist Grothaus' geschichtsrevisionistischer Versuch zu werten, den Zweiten Weltkrieg zu einem von antisowjetischen und prodeutschen
Gefühlen getragenen baltischen Befreiungskrieg zu stilisieren: „Obwohl die
Balten in Teilen auch in der russischen Armee kämpften, zeigte der Einsatz
auf finnischer und vor allem deutscher Seite – in Wehrmacht, Polizei und
Waffen-SS – die Entschlossenheit, die Sowjets zu bekämpfen. Hinzu kam der
Widerstand kleiner Bürgerwehren. […] Die ‚Litauische Aktivistenfront', let-
tische ‚Selbstschutzkräfte' oder estnische ‚Waldbrüder', alle standen auf, um
die nationale Selbstbestimmung zu verteidigen."[44]

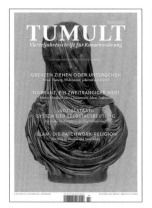

Wes Geistes Kind Grothaus ist, wird auch in zwei Texten deutlich, die der Autor für die seit einigen Jahren auf rechtsradikalem Kurs sich befindende Dresdner Kulturzeitschrift *Tumult* beigesteuert hat. Im ersten Text „Das Bauwerk Nicht-Ich. Strategien gegen die Utopie-Klinge", erschienen in der Herbstausgabe 2016 (Abb. 4.7), beklagt Grothaus, dass die „deutsche Identität" derzeit „nicht hoch im Kurs" stünde: „Ein Dasein als eine Art Bühne, auf der alle anderen ihre Stücke aufführen können, soll reichen – irgendwie vorhanden, aber ohne Gestalt, dienstfertig, dumm-freundlich, harmlos, weich, teigig, unauffällig, durchsichtig. Gleichzeitig findet der Widerwille Ausdruck, von ‚uns' oder ‚wir' zu sprechen. [...] Identität wird zur flexibel handhabbaren Privatsache erklärt."[45] Demgegenüber rät Grothaus zur „Alternative" für Deutschland, „Identität ernst zu nehmen und zum entwurflichen Ansatz zu machen", also endlich wieder „geschichtsbewusst, regional, erd- und ortsverbunden"[46] zu entwerfen. Dem „Deutschland des Jahres 2016" wünscht er, „in einer gesunden, selbstsicheren, versöhnten – eben souveränen – Beziehung zur Geschichte zu stehen".[47] In Grothaus' zweitem *Tumult*-Text „Die schlechte Unendlichkeit. Über einen Virus im deutschen Wesen", erschienen in der Frühjahrsausgabe 2017 (Abb. 4.8), wird er noch deutlicher: Mit Blick auf die „Frontverläufe im Streit um die Masseneinwanderung, wo Globalisten (Möglichkeitsfraktion) im Modus repressiver Toleranz gegen die autochthonen

Völker (Wirklichkeitsfraktion) stehen", sieht der Autor Deutschland im Zustand der „Autoaggression" und „Selbstverleugnung".[48] Mit Armin Mohler wendet er sich gegen eine „schlechte Unendlichkeit"[49] – und hofft auf eine „gute Unendlichkeit", die „(begrifflich paradox) ihre Endlichkeit" mit einschließt und „ungeerdete[n] Möglichkeitsregimes" Einhalt gebietet. Letztere glaubt er „in hypermoralischen politischen Theologien, in den virtuellen Welten des Fernsehens, in Computerspielen und im Internet"[50] zu erkennen.

Claus M. Wolfschlag (geb. 1966)

Das Panorama neualter rechter deutscher Architekturpublizisten der jüngeren und jüngsten Generation sei nun mit Claus M. Wolfschlag beendet, der seine ersten Aufsätze Ende der 1980er-Jahre in der NPD-nahen Zeitschrift *Europa* veröffentlichte und seitdem stramm rechte Blättern wie die *Junge Freiheit*, die *Burschenschaftlichen Blätter*, die *Preußische Allgemeine* Zeitung oder auch rechtsradikale Organe wie Götz Kubitscheks *Sezession*, *Zur Zeit*[51] oder *Wir selbst* bzw. *Volkslust* mit eigenen Beiträgen beliefert. Wolfschlags Architekturtheorie liegt zusammengefasst in dem Aufsatz „Heimat bauen. Für eine menschliche Architektur" aus dem Jahre 1995 vor. In dem Text, der in dem vom ehemaligen NPD- und DVU-Funktionär Andreas Molau herausgegebenen Sammelband *Opposition für Deutschland* (Abb. 4.9) erschienen ist (und in dem u. a. der Stuttgarter Rechtsextremist und Bauunternehmer Hans-Ulrich Kopp [Lautenschlager + Kopp], der Münchner NPD-Aktivist Karl Richter und der Holocaust-Leugner und Neonazi Germar Rudolf mit Einlassungen vertreten sind), plädiert Wolfschlag für eine Aufwertung des Architekturthemas in rechten und rechtsradikalen Kreisen: „[…] wer von Volk und Heimat reden will, kann von der Architektur (in und mit welcher das Volk ja schließlich lebt) wohl nicht schweigen."[52] Im Folgenden schimpft er über die „Asyllobby" und „die herbeigewünschten fremden Völker"[53] – und empfiehlt einen sofortigen Stopp von Neubauten: „Jede weitere Bautätigkeit versiegelt zusätzlich ökologisch wertvolles Grünland oder fördert zumindest die weitere Verstädterung des deutschen Siedlungsgebietes."[54] Moderne Architektur

ANDREAS MOLAU

OPPOSITION
für Deutschland

Widerspruch und Erneuerung

Abb. 4.9: In Gesellschaft von NPD-
Aktivisten und Holcaust-Leugnern:
Claus M. Wolfschlags Architektur-
theorie liegt zusammengefasst in dem
Aufsatz „Heimat bauen. Für eine
menschliche Architektur" aus dem
Jahre 1995 vor, der in dem von Andreas
Molau herausgegebenen Buch *Oppo-
sition für Deutschland. Widerspruch
und Erneuerung* erschienen ist (Berg
am See: VGB Verlagsgesellschaft
Berg, 1995).

lehnt Wolfschlag grundsätzlich ab, vor allem „weil sie sich der Erde" schäme:
„Eine menschliche Architektur möchte ihre Verwurzelung mit der Erde wieder sichtbar machen."[55] Wenngleich Wolfschlag mit historisierenden Modell-
städten wie dem von Léon Krier für Prince Charles erbauten Poundbury in
Dorset durchaus sympathisiert, sieht Wolfschlag die Zukunft des Bauens
nicht in einem Krier'schen Klassizismus – der ist ihm dann doch zu inter-
nationalistisch –, sondern in einer „national gesinnteren" Formensprache:
„Großdenkmale wie das Leipziger Völkerschlachtdenkmal von 1913, zahlreiche Bismarck-Türme, die am organischen Jugendstil ausgerichteten Tempel-
entwürfe des Malers Fidus oder die in der NS-Zeit fertiggestellte Ordensburg
Vogelsang von Clemens Klotz können als Anregungen dienen, wie eine sorgfältig platzierte, nicht antikisierende Monumentalität aussehen kann. Wuch-
tige Natursteinblöcke, die wie ein frühzeitliches Hünengrab in die Landschaft

herauszustrahlen scheinen. Rundungen und Höhlen passen eher in nordische Gefilde als glatte marmorne Pfeilerreihen."[56]

Zwölf Jahre nach „Heimat bauen", im Jahre 2007, veröffentlichte Wolfschlag sein Buch *Traumstadt und Armageddon. Zukunftsvisionen und Weltuntergang im Science-Fiction-Film* im rechten Grazer Ares-Verlag (Abb. 4.10), das ob seiner Architekturthemen auch hier von Relevanz ist. Wolfschlags Fokus liegt auf der „Auseinandersetzung mit der zukunftskritischen ‚Dark Future' und den darin enthaltenen Fragestellungen, die durchaus als ‚konservativ' interpretiert werden können".[57] Die hoffnungsfrohen multiethnischen Raumschiff-Besatzungen aus *Star Trek* etc. erzeugen bei Wolfschlag mehr als Skepsis: „Hoffen die radikalen Vertreter einer ‚multikulturellen Gesellschaft' auf die kulturelle Vermischung hin zu einem neuen ‚Cross Culture'-Menschen ohne eindeutige identitäre Bindungen an ein Kollektiv, so hoffen Feministen zudem, dass die ‚zu bestimmten politischen Zwecken genetisch begründeten essentialisierenden ‚Geschlechter-Stereotypen' sich im Zuge eines umfassenden Gender-Mainstreaming auflösen."[58] Auch die Verherrlichung des amerikanischen Wolkenkratzers, die in vielen Science-Fiction-Filmen betrieben wird, findet Wolfschlags Kritik: „Indifferenz, Abstumpfung, Anonymität und Vereinsamung sind nicht selten die Folgen dieser urbanen Fehlentwicklung eines materialistischen Systems. [...] [S]elten werden positive städtebauliche Alternativen zu der modernistischen Planung dargestellt. Und wenn dies geschieht, so lauert hinter der harmonischen Fassade zumeist ein verborgener Abgrund."[59] Dagegen haben es Wolfschlag die postapokalyptischen Endzeit-Filme à la *Mad Max* angetan, die unter dem Eindruck der Ölkrise und der atomaren Bedrohung ab Ende der 1960er-Jahre entstanden.[60] Derlei blutrünstige Gemetzel geben ihm Hoffnung, denn: Die Zukunft muss nicht „in einer Welt ohne Völker und Nationen enden. [...] Die Welt von morgen kann auch ein heute noch nicht erwartetes konservatives Gesicht zeigen: mächtige Reiche, freie Völker, preußisches Staatsethos, weise Monarchen, spirituell geschulte Adelskasten, die Renaturierung des Planeten [...]."[61]

Als Kehrseite der „Dark Future"-Armageddon-Filme kann bei Wolfschlag die durch innerstädtische Rekonstruktionen aufgehellte deutsche Geschichte betrachtet werden, genauer: die „Traumstadt" der Neuen Frankfurter Altstadt.

Denn es war Wolfschlag, der im September 2005, also parallel zu seiner Verfassung von *Traumstadt und Armageddon,* als Fraktionsmitarbeiter des Frankfurter Rechtsaußen-Lokalpolitikers Wolfgang Hübner (Bürger für Frankfurt / BFF) jenen Antrag Nr. 1988 der BFF formulierte, der die erste parlamentarische Initiative der teilrekonstruierten Neuen Frankfurter Altstadt darstellt. Darin wird – aus heutiger Sicht: erfolgreich – für eine „Stadtheilung" geworben, für die Rückgewinnung einer Frankfurter „Seele". Dieser Antrag wurde im Stadtparlament zwar mit breiter Mehrheit abgelehnt, jedoch beschreibt er genau das, was ab 2006 eine schwarz-grüne Koalition auf den parlamentarischen Weg brachte und heute nun – eingeweiht von einem SPD-Bürgermeister – gebaut ist. In der Folge des Antrags Nr. 1988 wurde 2006 der BFF-nahe Verein „Pro Altstadt e.V." gegründet (heute ein sogenannter „befreundeter Verein" des Stadtbild Deutschland e.V. unter dem Vorsitz

von BFF-Mitglied Cornelia Bensinger), sodann der kurz zuvor noch preisgekrönte Wettbewerbsentwurf für das Areal von KSP Jürgen Engel Architekten für das Areal gekippt – und nach und nach der Weg frei gemacht für die
Rekonstruktion von fünfzehn Altstadthäusern zwischen Dom und Römer, die
2018 fertiggestellt wurden. Wolfschlag ließ – und lässt – keinen Zweifel an der
(geschichts-)politischen Dimension dieses Projekts, wenn er in einem 2007
erschienenen Artikel in der Quartalszeitschrift *Neue Ordnung*, die das Dokumentationsarchiv des österreichischen Widerstandes im Rechtsextremismus
verortet, unter dem Titel „Rekonstruktion. Zur Wiedergewinnung architektonischer Identität" zum Ende des „Schuldkultes" mithilfe einer „Wiedergewinnung des historischen Bauerbes" aufruft.[62]

FAZIT

Die Kontinuitäten der deutschen und deutschsprachigen Rechten über das
ausgehende 19. Jahrhundert, die Weimarer Republik, den Nationalsozialismus, die Nachkriegszeit bis in die Gegenwart hinein dürften nun vor dem
Hintergrund des im letzten und diesem Kapitel schlaglichthaft Dargestellten
zumindest etwas deutlicher geworden sein. Sie vollzogen – und vollziehen –
sich entlang eines reaktionären Differenzverständnisses und übercodierten
Identitätsbegriffs; entlang des Heimatschutzgedankens, des völkischen Denkens und der Blut-und-Boden-Ideologie. Als gemeinsamer Zug der vorgestellten Autoren kann der mehr oder weniger ausgeprägte Wunsch nach Teilhabe
an etwas homogenem Großem à la „Volk" ausgemacht werden, verbunden mit
einer ebenfalls mehr oder weniger ausgeprägten Diskriminierungs-, wenn
nicht sogar Pogrombereitschaft. Die soldatisch konnotierten Reinheits- und
Klarheitsfantasien zeigen sich auch in der fast durchweg gemeinsamen Angst
vor der Aufweichung vermeintlich „natürlicher" Geschlechterordnungen.
Insbesondere bei Wolfschlag ist ein misogyner Grundbass zu vermerken.
Die Gefahr der genannten Publizisten ging und geht weniger vom explizit
Geschriebenen aus, welches zu Recht von der Meinungsfreiheit gedeckt ist,
sondern – führt man sich etwa den Aktivismus Wolfschlags vor Augen – von

deren trickreichen Über-Bande-Spielen mit revisionistischen, rassistischen und sexistischen Inhalten im kulturellen Feld, mit dem rechte Terraingewinne auch in der „Mitte der Gesellschaft" errungen werden sollen. Wenn es doch einen Unterschied zwischen der alten und der neualten Rechten gibt, dann die Fähigkeit der Letzteren, zuweilen aus taktischen Gründen Kreide zu fressen, punktgenau einen camouflierenden Jargon an den Tag zu legen, der – taktisch versierter als früher – auf scheinbar harmlose Begriffe und gratislautere Slogans wie „Schönheit", „Heimat", „Seele", „Bauen für die Menschen" etc. setzt. Umso wichtiger sind jetzt und werden in naher Zukunft sein: Kontextualisierungen dieser Slogans und derjenigen, die sie verwenden; idealerweise betrieben von möglichst vielen investigationsbereiten Akteur*innen im Feld der Journalistik bzw. der Architektur- und Kulturtheorie, die angesichts der jüngeren politischen Entwicklungen alarmiert erwacht sind aus einem Traum, der mal „Ende der Geschichte" hieß.

Anmerkungen

1 Dieses Kapitel erschien unter dem Titel „Eine ‚Neue' Rechte gibt es nicht" zuerst in der *ARCH+ 235:* „*Rechte Räume. Bericht einer Europareise*" (Mai 2019).

2 Vgl. Oliver Jahraus: „Theorietheorie", in: Mario Grizelj, Oliver Jahraus (Hrsg.): *Theorietheorie. Wider die Theoriemüdigkeit in den Geisteswissenschaften,* München: Fink, 2011, S. 25; siehe auch: Stephan Trüby: „Tausendundeine Theorie. Eine Einführung unter Berücksichtigung jüngerer (theorie-)theoretischer Publikationen", in: *ARCH+ 221:* „*Tausendundeine Theorie*", Dezember 2015, S. 4–9.

3 Vgl. S. 69 ff.

4 Armin Mohler: *Die Konservative Revolution in Deutschland 1918–1932. Ein Handbuch,* Graz: Leopold Stocker, 2005 [1949].

5 Vgl. S. 72 ff.

6 Volker Weiß: „Die ‚Konservative Revolution'. Geistiger Erinnerungsort der ‚Neuen Rechten'", in: Martin Langebach, Michael Sturm (Hrsg.): *Erinnerungsorte der extremen Rechten,* Wiesbaden: Springer, 2015, S. 113.

7 Weiß, „Die ‚Konservative Revolution'. Geistiger Erinnerungsort der ‚Neuen Rechten'", a. a. O., S. 116.

8 Richard W. Eichler: *Baukultur gegen Formzerstörung. Für eine menschenfreundliche Architektur,* Tübingen: Grabert, 1999, S. 453.

9 Eichler, *Baukultur gegen Formzerstörung,* a. a. O., S. 9.

10 Zit. nach Eichler, *Baukultur gegen Formzerstörung,* a. a. O., S. 12.

11 Eichler, *Baukultur gegen Formzerstörung,* a. a. O., S. 96.

12 Eichler, *Baukultur gegen Formzerstörung,* a. a. O., 132.

13 Eichler, *Baukultur gegen Formzerstörung,* a. a. O., S. 121.

14 Eichler, *Baukultur gegen Formzerstörung,* a. a. O., S. 436.

15 Eichler, *Baukultur gegen Formzerstörung,* a. a. O., S. 22.

16 Eichler, *Baukultur gegen Formzerstörung,* a. a. O., S. 147.

17 Ebd.

18 Eichler, *Baukultur gegen Formzerstörung,* a. a. O., S. 125.

19 Eichler, *Baukultur gegen Formzerstörung,* a. a. O., S. 38.

20 Eichler, *Baukultur gegen Formzerstörung,* a. a. O., S. 365.

21 Norbert Borrmann: *Paul Schultze-Naumburg 1869–1949. Maler, Publizist, Architekt. Vom Kulturreformer der Jahrhundertwende zum Kulturpolitiker im Dritten Reich,* Essen: Richard Bacht, 1989, S. 13.

22 Vgl. Borrmann, *Paul Schultze-Naumburg 1869–1949,* a. a. O., S. 65.

23 Borrmann, *Paul Schultze-Naumburg 1869–1949,* a. a. O., S. 226.

24 Vgl. Borrmann, *Paul Schultze-Naumburg 1869–1949,* a. a. O., S. 186.

25 Borrmann, *Paul Schultze-Naumburg 1869–1949,* a. a. O., S. 191.

26 Norbert Borrmann: „Kulturbolschewismus" oder „Ewige Ordnung". *Architektur und Ideologie im 20. Jahrhundert,* Graz: Ares, 2009, S. 19.

27 Borrmann, „Kulturbolschewismus" oder „Ewige Ordnung", a. a. O., S. 37.

28 Borrmann, „Kulturbolschewismus" oder „Ewige Ordnung", a. a. O., S. 12.

29 Borrmann, „Kulturbolschewismus" oder „Ewige Ordnung", a. a. O., S. 154.

30 Borrmann, „Kulturbolschewismus" oder „Ewige Ordnung", a. a. O., S. 155.

31 Norbert Borrmann: *Die große Gleichschaltung. Vom Verschwinden der Vielfalt,* Schnellroda: Antaios, 2016, S. 28.

32 Borrmann, *Die große Gleichschaltung,* a. a. O., S. 22.

33 Borrmann, *Die große Gleichschaltung,* a. a. O., S. 62.

34 Borrmann, *Die große Gleichschaltung,* a. a. O., S. 77.

35 Borrmann, *Die große Gleichschaltung,* a. a. O., S. 16.

36 Borrmann, *Die große Gleichschaltung,* a. a. O., S. 84.

37 Christian J. Grothaus: *Baukunst als unmögliche Möglichkeit. Plädoyer für eine unbestimmte Architektur,* Bielefeld: Transcript, 2014, S. 7.

38 Grothaus, *Baukunst als unmögliche Möglichkeit,* a. a. O., S. 211 f.

39 Grothaus, *Baukunst als unmögliche Möglichkeit,* a. a. O., S. 45 f.

40 Christian J. Grothaus: *Der „hybride Krieg" vor dem Hintergrund der kollektiven Gedächtnisse Estlands, Lettlands und Litauens,* Berlin: Carola Hartmann Miles-Verlag, 2017, S. 48.

41 Grothaus, *Der „hybride Krieg",* a. a. O., S. 9.

42 Grothaus, *Der „hybride Krieg"*, a. a. O., S. 48.

43 Grothaus, *Der „hybride Krieg"*, a. a. O., S. 50.

44 Grothaus, *Der „hybride Krieg"*, a. a. O., S. 31.

45 Christian J. Grothaus: „Das Bauwerk Nicht-Ich. Strategien gegen die Utopie-Klinge" (2016), in: *Tumult. Vierteljahresschrift für Konsensstörung*, Heft 3, Herbst 2016, S. 50.

46 Grothaus, „Das Bauwerk Nicht-Ich. Strategien gegen die Utopie-Klinge", a. a. O., S. 51.

47 Grothaus, „Das Bauwerk Nicht-Ich. Strategien gegen die Utopie-Klinge", a. a. O., S. 52.

48 Christian J. Grothaus: „Die schlechte Unendlichkeit. Über einen Virus im deutschen Wesen", in: *Tumult. Vierteljahresschrift für Konsensstörung*, Heft 1, Frühjahr 2017, S. 76.

49 Ebd.

50 Grothaus, „Die schlechte Unendlichkeit", a. a. O., S. 78.

51 Das Blatt schrieb 1999 von Adolf Hitler als *„großem Sozialrevolutionär"*, der am Ausbruch des Zweiten Weltkriegs keine Schuld hätte, Winston Churchill sei der Schuldige. Im Jahr 2000 wurde unter dem Pseudonym Norbert Niemann ein „Ende der Vergangenheitsbewältigung" gefordert; auch wurde der Eindruck vermittelt, dass Menschen jüdischer Herkunft selbst für den Antisemitismus verantwortlich seien. – Vgl. https://de.wikipedia.org/wiki/Zur_Zeit (zuletzt abgerufen am 20. April 2020).

52 Claus M. Wolfschlag: „Heimat bauen. Für eine menschliche Architektur", in: Andreas Molau (Hrsg.): *Opposition für Deutschland. Widerspruch und Erneuerung*, Berg am See: VGB Verlagsgesellschaft Berg, 1000, S. 114.

53 Wolfschlag, „Heimat bauen. Für eine menschliche Architektur", a. a. O., S. 115.

54 Ebd.

55 Wolfschlag, „Heimat bauen. Für eine menschliche Architektur", a. a. O., S. 127.

56 Wolfschlag, „Heimat bauen. Für eine menschliche Architektur", a. a. O., S. 134.

57 Claus M. Wolfschlag: *Traumstadt und Armageddon. Zukunftsvisionen und Weltuntergang im Science-Fiction-Film*, Graz: Ares, 2007, S. 15.

58 Wolfschlag, *Traumstadt und Armageddon*, a. a. O., S. 40 f.

59 Wolfschlag, *Traumstadt und Armageddon*, a. a. O., S. 153.

60 Vgl. Wolfschlag, *Traumstadt und Armageddon*, a. a. O., S. 183 f.

61 Wolfschlag, *Traumstadt und Armageddon*, a. a. O., S. 233.

62 Claus M. Wolfschlag: „Rekonstruktion. Zur Wiedergewinnung architektonischer Identität", in: *Neue Ordnung*, Nr. 1/2007, S. 25.

5 Architektonische Metapolitik. Von letzten und nicht ganz so letzten Deutschen und ihren Räumen

Mit dem Aufschwung rechtspopulistischer, antiliberaler und autoritärer Politikoptionen ist auch die Architektur ins Visier der (zumeist männlichen) Abendlandschützer und Geburtsratensteigerer, der patriotisch Gekränkten und traurigen Ritter der Souveränität, der rechtskatholischen Papst-Franziskus-ist-Attac-Mitglied-Rufer und sonstiger Wutisten geraten.[1] In Opposition zu Teilen der deutschen Architekt*innenschaft und Bauwirtschaft, für die die „Willkommenskultur" seit der sogenannten „europäischen Flüchtlingskrise" 2015 ff. nicht zuletzt eine Art ethisch wertvolle Abwrackprämie darstellt, betreiben auf breiter Front Apokalyptiker und Integrierte eine Verfertigung rechter Räume nach zunehmend gefestigten ideologischen Mustern. Zur Schlüsselvokabel ist dabei die eher harmlos klingende „Metapolitik" geworden. Darunter versteht etwa der deutsche Rechtsausleger Götz Kubitschek das weite Feld „des Worts, des Gedankens, des Stils, der Bücher, Zeitschriften, Veranstaltungen, des Habituellen, der Aura",[2] welches aus seiner Sicht fundamental zu verändern ist, und zwar im Sinne einer Kulturrevolution von rechts. Doch Kubitschek, ein Häuptling der langsamen Zunge, aus dessen Mund noch die fürchterlichsten Begriffe aus dem Wörterbuch des Unmenschen wie gesellig machende Bierspezialitäten aus regionaler Fertigung klingen ... – Kubitschek und seine Konsorten sollten sich nicht wundern, wenn ihnen ihr philosophisch recht eindimensionales Verständnis von „Metapolitik" auf die Füße fällt, nämlich dorthin, wo es am meisten wehtut: in die Privatsphäre. Darauf wird zurückzukommen sein.

Architekturmetapolitisch kann es kaum überraschen, dass die AfD und die NPD in Deutschland, aber auch die FPÖ in Österreich, der Front National (seit dem 1. Juni 2019: Rassemblement National) in Frankreich und die SVP in der Schweiz eine Koalition der Unwilligen der besonderen Art bilden, nämlich eine der unwilligen Moscheenbauer. Mit forcierter Ignoranz gegenüber jeder komplexeren Religions- und Geistesgeschichte Deutschlands und Europas wird von rechtspopulistischer Seite das Leitbild eines „christlich-jüdischen Europas", von rechtsradikaler Seite gerne auch das eines lediglich „christlichen Europas" befördert. Wenn eine eidgenössische Volksinitiative unter Führung von SVP-Politikern seit 2006 gegen den Bau von Minaretten agitiert und mithilfe eines (vom deutschen, in der Schweiz lebenden Grafiker Alexander Segert gestalten) Plakates, das Minarette als Raketen darstellt (Abb. 5.1),[3] den Islam als inkompatibel mit der Schweiz erklärt; wenn der Front National diese Schweizer Kampagne kopiert und damit suggeriert, dass der Islam mit Frankreich unvereinbar sei (Abb. 5.2);[4] wenn FPÖ-Politiker wiederholt den Bau von Moscheen zu verhindern versuchen (und in ihren Kampagnen ebenfalls mit Segert zusammenarbeiteten) und wenn die AfD, wie beim Bundesparteitag 2016 in Stuttgart geschehen, den Satz „Der Islam gehört nicht zu Deutschland" ins Grundsatzprogramm aufnimmt; wenn also, ginge es nach diesen Parteien, Europa de facto der Islam ausgetrieben werden soll, dann wird in stolzer Tumbheit nicht nur der Beitrag islamisch geprägter Kulturen zur Einspeisung antiker Schriften in das neuzeitliche Europa oder das Maurentum in Andalusien unterschlagen, wird nicht nur die zentrale Rolle des Islam bei der Konzeption aufklärerischer Toleranz negiert (wovon beispielsweise die Ende des 18. Jahrhunderts errichtete Schwetzinger Moschee [Abb. 5.3], der älteste Moscheebau Deutschlands, noch heute Kunde trägt), sondern auch eine angebliche „Unreformierbarkeit des Islam" halluziniert, die man nicht anders als rassistisch bezeichnen muss.

Doch die architektonische Metapolitik europäischer Rechtspopulisten erschöpft sich nicht im Moschee- bzw. Minarett-Ikonoklasmus; sie verfährt nicht nur im Ausschlussverfahren und im Geiste gruppenbezogener Menschenfeindlichkeit, sondern muss auch „positiv" beschrieben werden; positiv wohlgemerkt in dem Sinne, dass sie nicht nur benennt, *wogegen* sie ist, sondern eben explizit auch, *wofür* sie steht. Die andere Seite der Medaille, deren eine Seite die Anti-Moschee-Bewegung darstellt, bilden *bestimmte* solitäre, in die Landschaft eingebettete Wohnhäuser, sodann *bestimmte* Siedlungen, ebenso *bestimmte* Burgen bzw. Rittergute, und schließlich *bestimmte* innerstädtische Rekonstruktionsvorhaben.

Abb. 5.1: Minarette, so spitz wie Raketen: Mit diesem Plakat, das vom deutschen Grafiker Alexander Segert und seiner GOAL AG mit Sitz in Andelfingen (Kanton Zürich) gestaltet wurde, ging die rechte Schweizerische Volkspartei (SVP) Ende 2009 in der Schweiz in die Volksabstimmung zum Bauverbot für Minarette.

Abb. 5.2: Nochmal Minarette, so spitz wie Raketen: Mit diesem von der SVP-Kampagne inspirierten Plakat warb der rechtsradikale Front National im Regionalwahlkampf im März 2010 gegen die vermeintliche Islamisierung Frankreichs.

Wohnhäuser für letzte und nicht ganz so letzte Deutsche

Es gibt Wohnhäuser, die kaum mehr als eine komfortable Staffage des Alltags sein wollen – und andere, die einem politischen Programm gleichkommen. Zu Letzteren darf man sicherlich jenes von Botho Strauß in der Uckermark zählen. An Strauß' rechtslastiger Taktung dürfte spätestens seit Oktober 2015 kein Zweifel mehr bestehen, denn damals durfte er im *Spiegel*, dem sozialliberalen Leitmedium mit der aufmerksamkeitsökonomisch gut abgefederten Quartalslust an der Reaktion, seine Glosse „Der letzte Deutsche" veröffentlichen. Darin konstatiert Botho Strauß, ganz einsamer Dichter gewordenes Tourette-Syndrom des kulturbürgerlichen Ressentiments, Sätze wie: „Ich möchte lieber in einem aussterbenden Volk leben als in einem, das aus vorwiegend ökonomisch-demografischen Spekulationen mit fremden Völkern aufgemischt, verjüngt wird, einem vitalen."[5] Dazu passend fabuliert er von der „Flutung des Landes", um dann in zähneknirschendem Fatalismus zu resümieren: „Dank der Einwanderung der Entwurzelten wird endlich Schluss sein mit der Nation und einschließlich einer Nationalliteratur. Der sie liebt und ohne sie nicht leben kann, wird folglich seine Hoffnung allein auf ein wiedererstarktes, neu entstehendes ‚Geheimes Deutschland' richten."[6] Derlei fiel bei Strauß nicht gänzlich unerwartet vom Himmel, denn zwölf Jahre

zuvor, 1993, hatte er schon einmal in dieselbe *Spiegel*-Kerbe gestoßen, als er in seinem Essay „Anschwellender Bocksgesang" beklagte, dass wir „in unserer liberal-libertären Selbstbezogenheit" nicht mehr verstehen würden, „dass ein Volk sein Sittengesetz gegen andere behaupten will und dafür bereit ist, Blutopfer zu bringen". Entsprechend geriet der Text denn auch zum Impulsmoment des 1994 erschienenen Sammelbandes *Die selbstbewusste Nation*,[7] unter reger Beteiligung einschlägig bekannter rechter Schwerdenker.

Mitten in den Empörungswellen um seinen „Anschwellenden Bocksgesang" bezog Botho Strauß ein ca. 80 Kilometer nördlich von Berlin gelegenes Landhausrefugium in der Uckermark. Das Anwesen im Dörfchen Grünheide besteht aus zwei Häusern: einem Gäste- und einem großen Haupthaus, beide strahlend weiß gestrichen und bedeckt von Satteldächern aus roten Ziegeln. Es ist ebenso real existierendes Bauwerk wie imaginärer Ort; mehr noch: ein rurales Grand Guignol der gebildeten Stände. Seit Ernst Jüngers Residenz im Stauffenberg'schen Forsthaus zu Wilflingen hat kein zweites Dichterhaus in Deutschland derart viel journalistisches Futter für den kleinen Grusel zwischendurch geboten. So blickten 2003 Ingo Niermann und Joachim Bessing mit ihrer dichten Beschreibung „Hier wohnt Botho Strauß" das Alltägliche vor Ort so lange an, bis es monströs zurückblickte (Abb. 5.4).[8] 2007 folgte in der *Frankfurter Allgemeinen Zeitung* (*FAZ*) eine Reisereportage zum Haus, in der sich folgende Passage findet: „Ein Ort, an dem sich zum Beispiel ein Glück

finden ließe, eine Zufriedenheit im bloßen schönen Schauen. Oder aber eine Weltverachtung, eine Menschen-, Zivilisations- und Gesellschaftsverachtung, Endzeitprophetien, Freude auf den Weltensturz."[9] Und 2013 gab Hubert Spiegel den *embedded journalist*, als er in seinem ebenfalls in der *FAZ* unter dem Titel „Der alte Junge" erschienenen Bericht von einer Wanderung mit dem Dichter vermerkt: „Der Leviathan ist sein Nachbar."[10] Die Basis für derartige Engführungen von Wohnort und Weltbild-Exegese hatte 1997 der Dichter selbst geliefert, und zwar mit seinem Buch *Die Fehler des Kopisten*, das über weite Strecken aus schwer erträglichem Räsonieren besteht, das ums eigene Haus in der Landschaft kreist, durch die Strauß mit Sohn Simon stiefelt. Im Tonfall eines NPDlers steht dort tatsächlich geschrieben: „Die Deutschen waren fünf oder sechs Jahre von ihrer Gemeinschaft berauscht. Zur Strafe mussten sie tausend Jahre lang untersuchen, wie es dazu kommen konnte."[11] Zu Recht warf ihm Thomas Assheuer in *Die Zeit* ein „Raunen [...] in Runenschrift" vor.[12]

Die Strauß'sche Engführung von Landhaus-Elegie und deutschnationalem Gedankengut findet ihr Echo in der metapolitischen Fusion von Landhaus und völkischem Gedankengut, wie sie der AfD-Politiker Björn Höcke betreibt – mit dem Unterschied allerdings, dass der Fatalismus des traurigen Dichters Strauß durch kämpferische Aggression ersetzt wird. Im typisch alarmistischen Jargon seines Milieus fürchtet Höcke (nicht nur) seit 2015 ein

„Aussterben des deutschen Volkes", in seiner Partei sieht er auch die „letzt[e] evolutionär[e] Chance für unser Land".[13] Seit 2008 lebt Höcke im Dreihundert-seelen-Dorf Bornhagen im Landkreis Eichsfeld an der Grenze zwischen Thüringen und Hessen. Folgt man den detektivischen Recherchen des Publizisten und Soziologen Andreas Kemper, dann spielt dieser Ort eine zentrale Rolle im schriftstellerischen Frühwerk des Politikers, das er unter dem Pseudonym „Landolf Ladig" im NPD-Magazin *Eichsfeld-Stimme* publiziert hat. Im Jahre 2012 erschien dort ein Ladig-Text mit dem Titel „Ein Dorf in Thüringen", in dem zu lesen steht: „Kennen Sie Bornhagen? [...] Auf dem Berg über dem Dorf thront die weitbekannte Burg Hanstein. Sie gilt als eine der romantischsten Burgruinen Mitteldeutschlands. Nach der Besteigung des Burgbergs lockt die historische Herberge ‚Klausenhof', 2007 & 2008 zum besten Gasthaus Thüringens gekürt, zur Einkehr. [...] Der dem Gasthaus gegenüber gelegene Hang ist mit einer kleinen protestantischen Kirche, einem alten Pfarrhaus und einer alten Schule bebaut."[14] Dieses Pfarrhaus befindet sich seit 2008 im Besitz von Björn Höcke; er bewohnt es gemeinsam mit seiner Frau Monika und vier Kindern (Abb. 5.5). Das schindelbewehrte Haus lässt sich mit Ladig/Höcke als Ankerpunkt von radikalen nationalistischen Ambitionen lesen, von heimatlicher Scholle aus den Deutschen in höchster Dringlichkeit das Kinderkriegen mittels finaler Rettungsejakulate einzubläuen – und die so entstandene Volksgemeinschaft durch eine nationalsozialistisch inspirierte „organische Marktwirtschaft" zu versorgen.

Siedlungen gegen den „Volkstod"

Was unter „organischer Marktwirtschaft" zu verstehen ist, mag am Beispiel einiger jüngerer sogenannter „völkischer Siedlungen" deutlich werden, die in den letzten Jahren vornehmlich im ostdeutschen ländlichen Raum und in geringerer Dichte auch in Bayern, Hessen, Niedersachsen sowie Schleswig-Holstein entstanden sind. Von Abscheu gegenüber jeglicher großstädtischer Multikulti-Lebensweise erfüllt, suchen viele NPD-Kader, aber auch AfD-Affine ihr Heil auf dem Land. Fernab von Menschen mit imaginierten

Abb. 5.6: Raumgreifungsversuche der Rechten: Im Dörfchen Klaber in der Mecklenburgischen Schweiz präsentieren sich „nordisch-heidnisch" gesinnte völkische Siedler*innen u. a. mit einer „Irminsul" genannten Weltenbaum-Stele.

oder realen Migrationshintergründen siedeln sie sich vor allem in Mecklenburg-Vorpommern an. Dort proben rechte Siedler besonders gerne den „Erhalt des deutschen Volkes" – in extrem billig zu erwerbenden Immobilien. Zunächst als freundliche Nachbarn getarnt, unterwandern sie Vereine, Kindergärten und Schulen – und lassen bisweilen ganze Landstriche ins latent Rechtsextreme kippen. Ihr Programm lautet vertraut und schien überwunden: „Blut und Boden". Unter diesem Motto wollen „völkische Siedler" als irgendwie blutsmäßig verbundene „Volksgemeinschaft" entschlossen gegen einen befürchteten „Volkstod" anleben. Viele der Siedler – darunter finden sich einige ganz harmlos scheinende Biobauern – greifen damit auf Denkfiguren zurück, die, bevor sie im Nationalsozialismus und seiner Tötungsmaschine scharf gemacht wurden, in die ausgehende Kaiserzeit und die Zeit nach dem Ersten Weltkrieg zurückdatieren. So erfreut sich gerade bei rechtsradikalen Biobauern das sogenannte „Artamanentum" einer gewissen Beliebtheit. Darunter wird eine völkisch-agrarromantische Jugendbewegung verstanden, die, 1925 in München im Bund Artam e. V. begründet, eine bäuerliche Besiedelung des „Lebensraums im Osten" im Schilde führte. 1934 ging sie in der Hitlerjugend auf.

Als größte Artamanen-Siedlung wurde in den 1930er-Jahren bei Güstrow das Dörfchen Koppelow gebaut, und eben dort siedelten sich kurz nach der

Wiedervereinigung auch einige Neo-Artamanen an. Wie Anna Schmidt von der Amadeu-Antonio-Stiftung in ihrer überaus lesenswerten Forschungsarbeit über *Völkische SiedlerInnen im ländlichen Raum*[15] darlegt, proklamierten Neo-Artamanen bereits 1992 in ihrer eigenen Hauspostille, den *Artam-Blättern*, die Absicht, ein „artgemäßes Leben nicht nur als Freizeitbeschäftigung zu pflegen. Wir wollen die politische Lage in unserem Land (der Welt!), sowie die Umweltsituation als Herausforderung" betrachten.[16] Ein paar Dörfer weiter Richtung Osten, in Klaber in der Mecklenburgischen Schweiz, werden die Raumgreifungsversuche der Rechten besonders deutlich. In einer konzertierten Aktion zogen ein Steinmetz, eine Buchbinderin, eine Hebamme, ein Kunstschmied und weitere Personen – darunter viele Rechtsradikale – in einige leerstehende Häuser und übernahmen nach und nach fast das gesamte Dorfleben (Abb. 5.6). Geübteren Beobachtern dürfte die Entzifferung der politischen Einstellung dieser Gruppe leichtfallen, wenn der Blick auf eine Stele im Vorgarten des Steinmetzes fällt, die einen „Irminsul" genannten Weltenbaum darstellt. Derlei Symbolik diente auch den Artamanen der 1920er- und 1930er-Jahre als Ausweis ihrer gegen das Christentum gerichteten nordisch-heidnischen Gesinnung. Auch beim Schmied finden sich Bezüge zur derlei Mythologien, etwa wenn auf einem Messergriff der nordische Gott Odin mit seinen Raben Hugin und Munin zu finden ist.[17] Schmidt ist zuzustimmen, wenn sie schreibt, dass die Siedlungsprojekte in Koppelow, Klaber und anderswo keineswegs als Kurzzeitphänomene zu unterschätzen, sondern als Versuche zu werten sind, „eine langfristige Beeinflussung der Alltagskultur" zu bewirken.[18] Ebenso zuzustimmen ist der Politologin und Rechtsextremismus-Forscherin Andrea Röpke, wenn sie in der bäuerlich-handwerklichen Orientierung der Gruppe sattsam bekannte antisemitische Statements von sich selbst als „schaffend" wahrnehmenden Tatmenschen wiedererkennt, die sich gegen das Bild vom „raffenden, internationalen jüdischen Finanzkapital" abzugrenzen versuchen.[19]

Nicht nur verstrahlte Rechtsesoteriker und rechtsextreme Handwerker mit Hang zum Hinterwäldlerischen arbeiten an einer neu-völkischem Siedlungspolitik, sondern auch eloquente Großstadt-Erfahrene, wie das Beispiel Udo Pastörs zu zeigen vermag. Pastörs, ein zu Wohlstand gekommener ehemaliger

Kaufmann, Uhrmacher und Zeitsoldat – und von Januar bis November 2014 Bundesvorsitzender der NPD –, lebt seit 1999 gemeinsam mit seiner Frau Marianne Pastörs im mecklenburgischen Lübtheen. Dort besitzt die Familie einige Immobilien, so auch Häuser am zentralen Thälmannplatz. Zunächst wohnte die Familie im Ortsteil Benz-Briest in einem Haus in der Hauptstraße, das Teil eines NS-„Reichsmusterdorfes" war; an einem der Dorfhäuser war sogar bis 2007 ein Hakenkreuz im Giebel zu finden, dann wurde es überfliest. Fast zur gleichen Zeit zogen die Pastörs ein paar Kilometer nach Süden, in eine Villa im Naturpark Mecklenburgisches Elbetal, die nur unter der Auflage hätte errichtet werden dürfen, dass dort eine Baumschule entsteht (Abb. 5.7).[20] Doch zu der ist es nie gekommen. Errichtet wurde auf einem 25 Hektar großen Grundstück ein herrschaftliches Haus, auf dessen Eingangstür eine schnurgerade, 65 Meter lange, von deutschen Eichen flankierte Zufahrtsstraße führt. Doch das Anwesen an einer Landstraße mit dem sprechenden Namen Zum Reizen, das vom mehrfach wegen neonazistischer Umtriebe vorbestraften Lüneburger Bauunternehmer Manfred Börm nach dem Vorbild eines Wehrhofes aus dem Memelland geplant und gebaut wurde – Paul Schultze-Naumburg hätte an dem ländlichen Klassizismus wohl seine helle Freude gehabt[21] –, soll nur ein Anfang sein. Denn Pastörs plant sein persönliches deutsches Musterdorf. Von rechten Jugendlichen ließ er bereits neben dem Haupthaus ein Zweifamilienhaus aus rotem Backstein errichten; weitere sollen folgen. Innerhalb eines Jahrzehnts ist es also den Pastörs und weiteren NPD-Gleichgesinnten gelungen, in der Region Wurzeln zu schlagen. Bei der Dreifachwahl am 26. Mai 2019 kam die NPD bei der Europawahl auf 5,4 Prozent, bei der Kreistagswahl auf 8,6 Prozent und bei der Stadtvertretungswahl auf 11 Prozent; Udo und Marianne Pastörs sind mit je einem Mandat im Stadtparlament von Lübtheen vertreten.

Völkische Gemeinschaftserfahrungen auf Schlösser, Burgen und Rittergüten

Ladigs (und damit höchstwahrscheinlich: Höckes) Ode an die über dem Pfarrhaus thronende Burg Hanstein ließ es bereits anklingen: Die Wohnorte

der Letztdeutschen benötigen, um politische Brisanz zu entfalten, Orte der Sammlung und der Einübung von völkischen Gemeinschaftserfahrungen, für die sich neben sogenannten „Thinghäusern" (in Grevesmühlen in Nordwestmecklenburg zum Beispiel steht eines), die oftmals kaum mehr als umgenutzte Schuppen darstellen (Abb. 5.8), vor allem Rittergute und eben Burgen anbieten. Diese warten mit dem unschätzbaren Vorteil auf, sich nicht nur als monumentale Wegmarken über Jahrhunderte hinweg ins kollektive Gedächtnis eingeschrieben zu haben, sondern auch anschlussfähig an nationalromantische Traditionen und Vorstellungen ständisch-autoritärer Gesellschaftsordnungen zu sein. Entsprechend tummelt sich auch der eine oder andere Burgenfreak im rechtspopulistischen bis rechtsextremen Milieu; Peter Feist etwa.[22] Der 1960 in Ost-Berlin als Sohn von Manfred Feist, dem Bruder Margot Honeckers, geborene Autor hat zahlreiche Bücher und Broschüren zu Burgen verfasst, so *Burg Eisenhardt in Belzig* (1995), *Burg Rabenstein* (1995), *Schloss Wiesenburg* (1995), *Die Schönburg* (1997), *Burg Ziesar* (1997), *Burg Anhalt* (1997), *Wasserburg zu Gommern* (1998) oder *Burgen in Fläming* (1998), allesamt im Kai-Homilius-Verlag aus Werder an der Havel erschienen, welcher sich mit dem von Jürgen Elsässer herausgegebenen Querfront-Magazin *Compact* recht gut über Wasser hält. Im Oktober 2014, so berichtete die *taz*, war Feist damit aufgefallen, bei einer der montäglichen Berliner „Mahnwachen für den Frieden" umstandslos „Nationalen Sozialismus" und „Knast für Journalisten" gefordert zu haben.[23] Im Juni 2016 trat er

gemeinsam mit Höcke und dem Wiener Identitären-Führer Martin Sellner auf dem rechten „Alternativen Kulturkongress" in Bielefeld auf – und sprach zum Thema „Außenpolitische Souveränität am Beispiel deutsch-russischer Beziehungen".

Als inoffizielles Mekka dieser rechten Burgenromantik kann das Rittergut Schnellroda in Sachsen-Anhalt betrachtet werden, das sich seit 2002 im Besitz des bereits erwähnten Publizisten Götz Kubitschek und seiner Frau Ellen Kositza befindet (Abb. 5.9).[24] Das Anwesen, 1208 erstmalig urkundlich erwähnt, dient nicht nur als Lebensmittelpunkt des Paares, seiner diversen Tiere und seiner sieben Kinder, ist nicht nur Sitz des Kubitschek'schen Rechtsaußen-Verlages Antaios und der Zeitschrift *Sezession*, sondern fungiert auch als Zentrale des ebenso staatsfeindlich wie staatstragend sich gebenden Instituts für Staatspolitik (IfS), bei dem Elsässer, Feist, Höcke, Sellner und viele weitere Protagonist*innen der neuvölkischen Bewegung des Öfteren zu Gast sind. Innen dominiert das Mobiliar von Andreas Paul Weber (1893–1980), einem völkisch-antisemitischen Illustrator, Mitstreiter von Ernst Niekisch und Teilzeit-Möbeldesigner (Abb. 5.10). Außen gemahnt die heilige Heruntergekommenheit des Anwesens an ranzige Vereinsgaststätten mit Draußen-nur-Kännchen-Tristesse – was der Chuzpe von Kubitschek und seinen Mitstreiter*innen, sich als Ordnungsverteidiger zu gerieren, eine unfreiwillige Komik verleiht. Dennoch stellen sich immer wieder Nachahmungseffekte ein, so bei dem Kubitschek-Kumpel André Poggenburg, dem

Abb. 5.9: Rechtsradikale Ordnungszelle: das Rittergut Schnellroda in Sachsen-Anhalt, seit 2002 Wohnhaus des rechtsradikalen Publizisten Götz Kubitschek und seiner Frau Ellen Kositza sowie Sitz des Kubitschek'schen Rechtsaußen-Verlages Antaios und des sogenannten „Instituts für Staatspolitik"

Abb. 5.10: Klare Rollenverteilung hilft der Distanzwahrung: Rittergut-Besitzerpaar Götz Kubitschek und Ellen Kositza mit Mobiliar von Andreas Paul Weber (1893–1980), besser bekannt für seine völkisch-antisemitischen Illustrationen

sachsen-anhaltinischen Rechtsaußen-Politiker und zeitweiligen AfD-Landesvorsitzenden, der sich seit 2007 ebenfalls als Rittergut-Besitzer wähnen darf, und zwar des Rittergutes Nöbeditz in Stößen, welches seit 1266 urkundlich verbürgt ist. Nachdem sich Poggenburg, Besitzer einer kleinen Firma, die sich auf die Reparatur von Autokühlern spezialisiert hat, mit dem Kauf des Gutes heillos übernommen hatte, drohte der Bankrott des Politikers. Erst sein Einzug als Abgeordneter in den Magdeburger Landtag 2016 dürfte ihn bis auf Weiteres finanziell gerettet haben. Nun könnte eintreten, was er einer Lokalzeitung kurz nach Kauf des Hauses prophezeit hatte: „Hier soll richtig Leben auf dem Hof einkehren. Mit vielen Tieren, damit unser Hängebauchschwein Rudi, das schon mehrfach ausgebüchst ist, nicht mehr so allein ist."[25]
Der Kubitschek-Poggenburg'sche Weg zum Schloss als Weg zum Tier respektive Schwein findet seine Blaupause im Werdegang von Karl-Heinz Hoffmann.

Abb. 5.11: Treffpunkt von Rechtsextremist*innen verschiedener Generationen: das Schloss Ermreuth in Oberfranken – nach dem Ersten Weltkrieg Versammlungszentrum des Stahlhelm-Bundes, ab 1926 Ludendorff-Heim, ab 1935 Gauführerschule der NSDAP, ab 1978 Stützpunkt der Wehrsportgruppe Hoffmann und bis heute Wohnsitz des Neonazis Karl-Heinz Hoffmann

Der nunmehr 78-jährige Neonazi mit Hang zur Operettenhaftigkeit – von ihm zirkulieren Fotos von Spaziergängen mit einem Puma –, bewohnte mit der „Wehrsportgruppe Hoffmann", seiner Privatarmee, die zeitweise mehr als 400 Mann umfasste, ab 1974 zunächst das Nürnberger Schloss Almoshof und ab 1978 das Schloss Ermreuth östlich von Erlangen, welches im „Dritten Reich" als NSDAP-Gauführerschule genutzt wurde (Abb. 5.11). Nach dem Fall der Mauer zog es auch ihn in die ostdeutsche Provinz; 2004 kaufte er mit seiner Lebensgefährtin Franziska Birkmann das 1551 erstmalig urkundlich erwähnte Schloss Kohren-Sahlis in Frohburg, Sachsen, zu dessen ehemaligen Bewohnern auch der antisemitische Dichter Börries Baron von Münchhausen gehört hatte, der 1944 von Adolf Hitler in die „Gottbegnadeten-Liste der wichtigsten Schriftsteller" aufgenommen wurde. Für den Unterhalt des stark sanierungsbedürftigen Anwesens, dessen Bausubstanz zum Großteil aus dem 18. Jahrhundert stammt und zu dem neben einem Haupthaus auch ein Torgebäude, Ställe, Lagerhäuser, eine Kegelbahn, eine Brennerei und ein Rokokopark gehören, gründete Hoffmann die „Fiduziarische Kulturstiftung Schloss Sahlis", als deren „Kurator" er fungierte. In dieser Funktion etablierte er, der gelernte Porzellan- und Schildermaler, eine Biozucht von Wollschweinen mit über 100 Tieren. Stefan Schirmer zitierte den Rechtsextremisten in der *Zeit* mit der Beteuerung, keinesfalls ein Nazi zu sein, sondern „ein sozialistischer Öko-Faschist".[26] Für seine als „gemeinnützig" deklarierte, nicht nur von Schweinen, sondern auch von rechten Kameradschaften bevölkerte „Kulturstiftung" erhielt er vom Freistaat Sachsen sogar 130 000 Euro Fördergeld. Doch es half alles nichts: Im Jahre 2012 fand Hoffmanns Wille zum Leben auf großem Fuß ein vorläufiges Ende; Kohren-Sahlis wurde zwangsversteigert; seither lebt Hoffmann wieder auf Schloss Ermreuth.

Innenstädte und Denkmäler für eine andere deutsche Geschichte

Wenngleich die architektonische Metapolitik der Letztdeutschen sich primär im Ruralen abspielt – in einsamen Domizilen, auf Dörfern, in entlegenen Rittergutern, Burgen und Schlössern –, so gilt es festzuhalten, dass rechte Räume sich keineswegs nur auf Landpartien beschränken. Im Gegenteil: Die völkischen Interventionen in der Pampa sollten als Komplement von Architekturanstrengungen betrachtet werden, die in deutlich urbaneren Gefilden verortet sind. Diese vielgestaltigen Anstrengungen sind allesamt in der Schnittmenge von Architektur und Erinnerungskultur zu verorten. Sie sollen einem neuen Deutschland zuarbeiten, über das der Architekturtheoretiker Philipp Oswalt einmal ebenso kritisch wie mit guten Gründen geschrieben hat, dass es „nicht von einer anderen Zukunft, sondern von einer anderen Geschichte"[27] träumen würde.

Dieser „anderen Geschichte" ist man auf innerstädtischem Terrain vor allem mithilfe von Rekonstruktionen auf der Spur. Wenngleich die allermeisten Rekonstruktionsvorhaben in Deutschland von einer recht breiten Parteienlandschaft mitgetragen werden – nicht nur rechtspopulistische und rechtsextreme Parteien wollen rekonstruieren –, so fällt doch auf, dass in der Architekturberichterstattung deutscher neurechter Zeitschriften fast ausschließlich Rekonstruktionsthemen zu Wort kommen. Im Chemnitzer Magazin *Blaue Narzisse* etwa, dem ausländerfeindlichen Leib- und Magenblatt rechter Jugendmilieus, plädiert Maximilian Zech für mehr „Schönheit und

Traditionsbewusstsein in der Baukunst",[28] glaubt diese im wiederaufgebauten Berliner Hotel Adlon erkennen zu können – und führt die Kritik an derlei Bauvorhaben auf die angeblich nach wie vor „unantastbaren Autoritäten" Walter Gropius und Ludwig Mies van der Rohe zurück; offenkundig scheint der Autor bis dato weder etwas von der Selbstkritik der Architekturmoderne, die sich spätestens seit den 1950er-Jahren Bahn gebrochen hat, noch von der Postmoderne vernommen zu haben. Auch der Architekturgeschichtsprofessor Peter Stephan von der FH Potsdam versucht Rekonstruktionsthemen mit rechten Gesellschaftskreisen zu vermählen. Er gehört zu den wichtigsten Fürsprechern eines Wiederaufbaus etwa der Potsdamer Garnisonkirche. Mit öffentlichen Veranstaltungen und einem Forschungsprojekt an seiner Hochschule versucht er die Geschichte dieses 1968 gesprengten Bauwerks vom „Tag von Potsdam" zu entkoppeln, also dem 21. März 1933, als Hitler und Reichspräsident Paul von Hindenburg sich vor der Garnisonkirche die Hand gaben – und damit die verheerende Allianz nationalsozialistischer und deutschnationaler Kräfte besiegelten. Wer die (mittlerweile unter dem Namen „Frank Stephan" firmierende) Facebook-Seite von Stephan besucht, weiß, woher der mitunter ultrakonservative bis rechtspopulistische Wind weht, der den Wiederaufbau der Garnisonkirche als Symbolbau eines zu allem bereiten deutschen „Christentums" zu beflügeln versucht: Bei Stephans Betätigung in den sozialen Medien kann man auf Wutspuren gegen eine „linke Gesinnungsdiktatur", gegen die „Scheiße" einer frauenfreundlichen Sprache, auf Pegida-Verstehertum, Kreuzzüge-Verharmlosung und Islamhass stoßen.[29]

Die Rekonstruktion einer „anderen Geschichte" korrespondiert bei vielen Rechtspopulist*innen und Rechtsextremist*innen mit der Marginalisierung der „einen" Geschichte. Entsprechend äußert sich Björn Höcke in einem Interview mit dem amerikanischen Sender CBN am 10. März 2016: „Die Deutschen sind einseitig fixiert auf ihre dunklen Seiten. Wir haben einen Schuldkult entsprechend ausgeprägt, der es uns unmöglich macht, ein gesundes Nationalbewusstsein, einen lebendigen Patriotismus zu entwickeln."[30] Beim sogenannten „Kyffhäusertreffen" am Fuße des Kyffhäuserdenkmals in Thüringen (Abb. 5.12), zu dem der völkisch-nationalistische „Flügel" der AfD eingeladen hatte, deklamierte Höcke am 4. Juni 2016: „Ein Volk, das keine

Abb. 5.12: Magnet von deutschen Rechtsradikalen in Vergangenheit und Gegenwart: das 1892–1896 nach Plänen von Bruno Schmitz gegen den „inneren Feind" der Sozialdemokratie errichtete Kyffhäuserdenkmal in Thüringen, bei dem das Kupferstandbild Kaiser Wilhelm I. über der Steinfigur eines erwachenden Kaiser Barbarossa gen Reichszukunft reitet (Postkarte um 1900).

Abb. 5.13: Bei Rechtsradikalen verhasst: das nach einem Entwurf von Peter Eisenman 2003–2005 errichtete Denkmal für die ermordeten Juden Europas in Berlin; Blick von Süden im Jahre 2016.

Denkmäler mehr errichtet, sondern nur noch Mahnmale, hat keine Zukunft."[31] Was dies architektonisch und erinnerungspolitisch konkret bedeutet, macht Höcke-Freund André Poggenburg deutlich, wenn er sich in monumentaler Verkommenheit über die „unschöne Ästhetik" des Berliner Holocaust-Mahnmals (Abb. 5.13) ereifert: „Das finde ich ästhetisch völlig daneben und der Sache auch nicht zuträglich."[32] Hemmungslos empfiehlt er den Abriss des

Eisenman-Werkes: „Man könnte etwas anderes hinstellen, auf weniger Platz, mit viel mehr Atmosphäre."[33] Der baden-württembergische Landtagsabgeordnete Wolfgang Gedeon, der wegen Antisemitismus-Vorwürfen auf Druck des AfD-Co-Bundessprechers Jörg Meuthen und gegen den Widerstand vieler AfD-Mitglieder seine Fraktion verlassen musste, äußerte sich in ganz ähnlicher Weise über das Holocaust-Mahnmal, als er gegenüber dem SWR am 2. Juni 2016, also rund 75 Jahre nach dem beispiellosen nationalsozialistischen Völkermord an sechs Millionen europäischen Juden und Jüdinnen, bekundete: „[…] im Zentrum des Gedenkens sollte was Positives stehen. Wenn das [Holocaust-Mahnmal, S.T.] irgendwo an der Peripherie ist, [...] habe ich nichts dagegen."[34]

Metapolitik: ein Bumerang

Rechte Räume in Gestalt neuer Denkmäler, die keine Mahnmale mehr sein sollen, in Gestalt von Rekonstruktionen einer „anderen Geschichte", von neu belebten Burgen, von „völkisch reinen" Siedlungen und einsamen Landhäusern für den „letzten" bzw. nicht ganz so letzten Deutschen – sie machen eines deutlich: Gut gemeinte Gegenüberstellungen von „politikferner Privatsphäre" und „öffentlichem Raum der Politik" erscheinen im Kontext der Architektur- und Raumpolitik deutscher Rechtspopulist*innen und Rechtsextremist*innen als zutiefst fragwürdig. Diese wollen ihrem Publikum glauben machen: Metapolitik sei eine „Besetzung von Feldern im vorpolitischen Raum". Derlei schrieb beispielsweise der mittlerweile von Schnellroda vertriebene Kubitschek-Einflüsterer Karlheinz Weißmann in der zwischenzeitlich eingestellten neurechten Zeitschrift *Criticón*. Doch „meta" heißt nicht nur „jenseits", sondern auch „inmitten". Und was Weißmann und Kubitschek als „vorpolitisch" verharmlosen, ist bereits Politik. Während Politik neben den üblichen Verdächtigen von Parlamentarismus und Etatismus eben auch die Handlungen des aktivistischen Subjekts umfasst, meint „Metapolitik", folgt man etwa Alain Badiou,[35] nur das Denken, das eine handelnde Politik anleitet. Auf die beschriebenen rechten Räume übertragen heißt das: Wer eine völkische Ideologie im Wohnen, Leben und Arbeiten in die Tat umsetzt, hält sich nicht mehr im vorpolitischen Raum einer „Metapolitik" auf, sondern pflegt eindeutig eine politische Praxis.

Nicht nur unter Rechtspopulist*innen war die Empörung mit guten Gründen groß, als das antifaschistische Webportal *Indymedia* am 1. Mai 2016 die Namen, Privatadressen und Handynummern von rund 2 000 Teilnehmer*innen des Stuttgarter AfD-Parteitages veröffentlicht hat. Die Einschüchterungsfreunde von *Indymedia* können sich dabei ironischerweise direkt auf Kubitschek, Weißmann und andere Rechte berufen, sind sie es doch, die mit ihrem reduktionistischen Verständnis von „Metapolitik" zwar eine ästhetisch-stilistisch-kulturelle Welt des Alltäglich-Privaten zum Noch-nicht-Politischen zu erklären versuchen, de facto jedoch eine politische Praxis unter Einsatz eben dieser vermeintlich nur ästhetisch-stilistisch-kulturellen Mittel führen. So könnte sich die rechte Rede von der „Metapolitik" als Bumerang erweisen: Sie riskiert eine zivilgesellschaftliche Gegenwehr gegen Rechtspopulismus und Rechtsextremismus genau an den Orten, die als ideologische Zentren dieser Politik gelten dürfen, also den nur mit viel *good will* noch als rein privat einzustufenden Wohnhäusern zündelnder Rechtsradikaler. Eine zivilgesellschaftliche Gegenwehr, wie sie etwa mit dem *Holocaust Mahnmal Bornhagen* vom Zentrum für Politische Schönheit realisiert wurde (Abb. 5.14). Mit dieser

Arbeit enthüllte die Künstlerguppe im Februar 2017 auf einem heimlich ange-
mieteten Grundstück in direkter Nachbarschaft zu Björn Höckes Wohnhaus
eines Morgens 24 Betonstelen im Stil des Berliner Holocaust-Mahnmals – als
gebauter Protest gegen eine Rede des Politikers, in der dieser im Januar 2017
in Dresden „eine erinnerungspolitische Wende um 180 Grad" gefordert hatte,
und zwar mit den Worten: „Wir Deutschen, also unser Volk, sind das einzige
Volk der Welt, das sich ein ‚Denkmal der Schande' in das Herz seiner Hauptstadt gepflanzt hat." Die gute Nachricht ist: Das Kunstwerk steht und steht
und steht noch immer vor Ort, trotz juristischer Gegenwehr und tätlicher
Angriffe von Rechtsradikalen vor Ort.[36]

Anmerkungen

1   Dieses Kapitel ist die leicht aktualisierte Fassung eines Artikels, der in der *ARCH+ 228: „Stadtland – Der neue Rurbanismus"* (April 2017) erschien. Eine Kurzfassung war zuvor am 1. September 2016 in *DIE ZEIT* erschienen. Eine englische Fassung erschien 2017 unter dem Titel „Right-wing Spaces" auf *e-flux* (https://www.e-flux.com/architecture/superhumanity/68711/right-wing-spaces/; zuletzt abgerufen am 20. April 2020) und in dem von Markus Miessen und Zoë Ritts herausgegebenen Buch *Para-Platforms: On the Spatial Politics of Right-Wing Populism* (Berlin: Sternberg, 2019).

2   Götz Kubitschek, zit. nach Liane Bednarz und Christoph Giesa: *Gefährliche Bürger. Die Neue Rechte greift nach der Mitte*, München: Hanser, 2015, S. 69.

3   Vgl. https://www.spiegel.de/fotostrecke/front-national-anti-minarett-kampagne-fotostrecke-52334.html; zuletzt abgerufen am 20. April 2020.

4   Vgl. ebd.

5   Botho Strauß: „Der letzte Deutsche", in: *Der Spiegel* 41/2015, 2. Oktober 2015.

6   Ebd.

7   Heimo Schwilk, Ulrich Schacht (Hrsg.): *Die selbstbewusste Nation. „Anschwellender Bocksgesang" und weitere Beiträge zu einer deutschen Debatte*, Frankfurt am Main / Berlin: Ullstein, ²1994.

8   Ingo Niermann, Joachim Bessing: „Hier wohnt Botho Strauß", in: *Fiction Nr. 3*, 2003 (http://www.waahr.de/texte/hier-wohnt-botho-strauß; zuletzt abgerufen am 20. April 2020).

9   „Botho Strauß: Die Fehler des Kopisten", in: *Frankfurter Allgemeine Zeitung*, 5. April 2007 (https://www.faz.net/aktuell/feuilleton/buecher/romanatlas/deutschland-uckermark-botho-strauss-die-fehler-des-kopisten-1436609.html; zuletzt abgerufen am 20. April 2020).

10 Hubert Spiegel: „Der alte Junge. Zu Besuch bei Botho Strauß", in: *Frankfurter Allgemeine Zeitung*, 21. Februar 2013 (https://www.faz.net/aktuell/feuilleton/zu-besuch-bei-botho-strauss-der-alte-junge-12089395.html; zuletzt abgerufen am 20. April 2020).

11 Botho Strauß: *Die Fehler des Kopisten*, München: Hanser, 1997, S. 107.

12 Thomas Assheuer: „Botho Strauß verlässt die Stadt, geht aufs Land und bestellt das Feld der Wahrheit: *Die Fehler des Kopisten*", in: *Die Zeit*, 25. April 1997 (http://www.zeit.de/1997/18/strauss.txt.19970425.xml; zuletzt abgerufen am 20. April 2020).

13 Liane Bednarz: „Wenn Lucke geht, bleibt Höcke. Björn Höcke lehnt einen gemäßigten AfD-Kurs ab, er ist Teil der ,Neuen Rechten'. Eine Replik und Warnung", in: *The European*, 26. Mai 2015 (http://www.theeuropean.de/liane-bednarz/10174-eine-warnung-vor-bjoern-hoecke; zuletzt abgerufen am 20. April 2020).

14 Andreas Kemper: „Landolf Ladig, NS-Verherrlicher", 9. Januar 2016 (https://andreaskemper.org/2016/01/09/landolf-ladig-ns-verherrlicher/; zuletzt abgerufen am 20. April 2020).

15 Anna Schmidt / Amadeu-Antonio-Stiftung: *Völkische SiedlerInnen im ländlichen Raum. Basiswissen und Handlungsstrategien*, Berlin: Amadeu-Antonio-Stiftung, 2014.

16 Zit. nach Anna Schmidt / Amadeu-Antonio-Stiftung: *Völkische SiedlerInnen im ländlichen Raum*, a. a. O., S. 9.

17 Vgl. Anna Schmidt / Amadeu-Antonio-Stiftung: *Völkische SiedlerInnen im ländlichen Raum*, a. a. O., S. 22.

18 Anna Schmidt / Amadeu-Antonio-Stiftung: *Völkische SiedlerInnen im ländlichen Raum*, a. a. O., S. 8.

19 Andrea Röpke, zit. nach Anna Schmidt / Amadeu-Antonio-Stiftung: *Völkische SiedlerInnen im ländlichen Raum*, a. a. O., S. 9.

20 Vgl. Mathias Brodkorb: „Udo Pastörs (NPD) droht Strafzahlung für ,gediegenes Wohneigentum'" (https://www.endstation-rechts.de/news/udo-pastoers-npd-droht-strafzahlung-fuer-gediegenes-wohneigentum.html; zuletzt abgerufen am 20. April 2020).

21 Vgl. S. 73 ff.

22 Nicht zu verwechseln mit dem renommierten Kunsthistoriker Peter H. Feist.

23 Christian Jakob: „Tausend Mal berührt. Seit vier Monaten läuft der Friedenswinter, Schulter an Schulter mit der Querfront", in: *taz*, 13. März 2015 (http://taz.de/Neurechte-Friedensbewegung/!5016893/; zuletzt abgerufen am 20. April 2020).

24 Vgl. Justus Bender, Reinhard Bingener: „Die rechten Fäden in der Hand", in: *Frankfurter Allgemeine Zeitung*, 16. April 2016 (https://www.faz.net/aktuell/politik/inland/zu-besuch-bei-goetz-kubitschek-14180792.html; zuletzt abgerufen am 20. April 2020).

25 Zit. nach Uwe Müller, Lars-Marten Nagel, Marcel Pauly: „AfD-Wahlsieg als Weg aus dem privaten Finanzdesaster", in: *Die Welt*, 31. Januar 2016.

26 Stefan Schirmer: „Nicht totzukriegen. Karl-Heinz Hoffmann kämpfte einst als Neonazi-Anführer gegen den Staat. Nun kämpft er als Schlossherr in Sachsen gegen einen Abwasserzweckverband", in: *Die Zeit*, 28. Januar 2016 (http://www.zeit.de/2016/05/karl-heinz-hoffmann-sachsen-neonazi-abwasserverband-gericht; zuletzt abgerufen am 20. April 2020).

27 Philipp Oswalt: *Stadt ohne Form, Strategien einer anderen Architektur*, München / London / New York: Prestel, 2000, S. 56.

28 Maximilian Zech: „Architektur der Tradition", in: *Blaue Narzisse*, 24. Februar 2014 (http://www.blauenarzisse.de/index.php/gesichtet/item/4458-architektur-der-tradition; zuletzt abgerufen am 20. April 2020).

29 Wenige Tage nach Erscheinen des Artikels „Rechte Räume – Über die architektonische ‚Metapolitik' von Rechtspopulisten und -extremisten in Deutschland" des Verfassers in der *ARCH+ 228*: „*Stadtland – Der neue Rurbanismus*" (April 2017) löschte Peter Stephan seinen Facebook-Account. Sein Account läuft heute unter dem Namen „Frank Stephan".

30 https://www.youtube.com/watch?v=DGZLUcRHXbk; zuletzt abgerufen am 20. April 2020.

31 http://www.derfluegel.de/2016/05/24/kyffhaeusertreffen-2016-ausgebucht/; zuletzt abgerufen am 20. April 2020.

32 Hagen Eichler: „Der doppelte Poggenburg", in: *Volksstimme*, 9. Januar 2016 (http://www.volksstimme.de/sachsen-anhalt/20160109/wahl-2016-der-doppelte-poggenburg; zuletzt abgerufen am 20. April 2020).

33 Ebd.

34 https://www.youtube.com/watch?v=5jw2DNzrZ1E; zuletzt abgerufen am 20. April 2020.

35 Alain Badiou: *Über Metapolitik*, Zürich / Berlin: diaphanes, 2003.

36 Matthias Meisner: „Zentrum für politische Schönheit: Ermittlungen gegen Aktionskünstler eingestellt", in: *Tagesspiegel*, 9. April 2019 (https://www.tagesspiegel.de/politik/zentrum-fuer-politische-schoenheit-ermittlungen-gegen-aktionskuenstler-eingestellt/24194936.html; zuletzt abgerufen am 20. April 2020).

6 Die Einstecktuchisierung verrohter Bürgerlichkeit. Über die Neue Frankfurter Altstadt als politische Initiative von Rechtsradikalen

Ein Bild von ebenso hohem Symbolwert wie unklarer Provenienz flottiert seit geraumer Zeit durchs Internet: Irgendein Dresdner – es darf wohl aus optischen Gründen angenommen werden: ein Dresdner Neonazi – hat sich originellerweise kein Hakenkreuz, keine SS-Runen oder Ähnliches auf den Rücken tätowieren lassen, sondern: ein Bild der 1726 bis 1743 nach einem Entwurf von Georg Bähr erbauten, im Feuersturm des 13. und 14. Februar 1945 ruinierten und schließlich 1994 bis 2005 wiederaufgebauten Frauenkirche zu Dresden.[1] Darüber steht kein erwartbarer Nazi-Spruch wie „Meine Ehre heißt Treue", sondern jener Beiname Dresdens, der sich ab Anfang des 19. Jahrhunderts einbürgerte und bis heute dem Citymarketing der sächsischen Landeshauptstadt international voraneilt: „Elbflorenz" (Abb. 6.1). Das Bild bringt eine bis vor Kurzem nur wenig beachtete, aber umso bedrohlichere Entwicklung der letzten Jahre auf den Punkt: Architektur – genauer: rekonstruierte Architektur – scheint zu einem Schlüsselmedium der autoritären, völkischen, geschichtsrevisionistischen Rechten geworden zu sein. Und das nicht nur in Dresden. Auch in anderen deutschen Städten verbergen sich hinter der einen oder anderen glänzenden Architekturoberfläche neu errichteter oder noch neu zu errichtender Geschichtsbilder ausgebuffte Machenschaften von Rechtsradikalen, die mithilfe eines scheinbar nur-ästhetischen Diskurses zunehmend politische Terraingewinne im lokalstolzen, aber teils eben auch politisch naiven Kulturbürgertum verbuchen können. Konkret: Im Anfang mindestens zweier zentraler Rekonstruktionsprojekte in Deutschland – nämlich der Garnisonkirche in Potsdam und der Neuen Altstadt in Frankfurt am Main – stehen die Worte von pseudo-konservativen Revolutionären, die mithilfe vermeintlich populärer Retrobauten versuchen, ihrem politischen Umsturzprojekt einen harmlosen, konservativ-bewahrenden Anstrich zu verleihen.

Nicht nur scheint Rekonstruktionsarchitektur zu einem Schlüsselmedium der Rechten geworden zu sein, auch hat sich in den letzten Jahren die Berichterstattung über Architektur in neurechten Medien deutlich intensiviert – was nicht zuletzt daran liegen mag, dass es heute insgesamt mehr Publikationsorgane aus diesem politischen Spektrum gibt als etwa noch vor zwanzig Jahren. Damals konnten rechtsradikale Kunsthistoriker wie beispielsweise der bereits vorgestellte Richard W. Eichler[2] (1984) Bücher wie *Die Wiederkehr des*

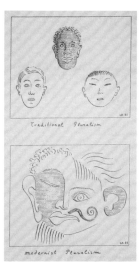

Abb. 6.2: Plädoyer für ethnopluralistische Entmischung: eine Zeichnung Léon Kriers aus dem Jahren 1985, die „modernistischen Pluralismus" als quasi „entartet" diffamiert und „traditionellen Pluralismus" als „Rassereinheit" idealisiert.

Abb. 6.1: Rechte lieben Rekonstruktionen: Ein Dresdner Neonazi hat sich ein Bild der Frauenkirche zu Dresden auf den Rücken tätowieren lassen, versehen mit dem Wort „Elbflorenz".

Schönen (1984) oder *Baukultur gegen Formzerstörung* (1999) nur im Schmuddelmilieu des vom Bundesamt für Verfassungsschutz beobachteten Tübinger Grabert-Verlages veröffentlichen. Heutzutage verfügen geistesverwandte Autoren über Publikationsmöglichkeiten mit wesentlich gepflegter daherkommender Optik, völlig unbeobachtet von Verfassungsschützern. Vor allem die ebenfalls bereits erwähnte Berliner Zeitschrift *Cato*,[3] die dem *Junge-Freiheit*-Umfeld entstammt, hat sich mit den bis dato erschienenen Ausgaben zum feintuerischsten unter den neuen gegenmodernen Magazinen entwickelt. So darf der in diesem Magazin häufig vertretene luxemburgische Architekt Léon Krier in Ausgabe 3 unter dem Titel „Berufen oder arbeitslos" nicht nur entschlossen Geniekult in eigener Sache betreiben, sondern auch noch eine rassistische Zeichnung aus eigener Fertigung veröffentlichen, welche „modernistischen Pluralismus" als quasi „entartet" diffamiert und „traditionellen Pluralismus" als „Rassereinheit" idealisiert (Abb. 6.2). Die Einstecktuchisierung verrohter Bürgerlichkeit schreitet voran.

David Irving und die Folgen

Die rekonstruktionsaffinen Programme der Traditionsseligkeit, die sowohl auf den Seiten von *Cato* wie auf dem tätowierten Rücken des Dresdners zu finden sind, arbeiten einem Deutschland zu, über das Philipp Oswalt – wie im letzten Kapitel bereits erwähnt – einmal geschrieben hat, dass es „nicht von einer anderen Zukunft, sondern von einer anderen Geschichte"[4] träumen würde. Man könnte auch sagen: von einem Geschichtsrevisionismus, in dem Deutschland endlich nicht mehr Täter, sondern Opfer sein soll. Als historisch folgenträchtigster Stichwortgeber dieser Umwertungsbewegung darf der Brite David Irving gelten, der in Deutschland erstmalig 1963 mit seinem Publikumserfolg *Der Untergang Dresdens* bekannt geworden ist, auf den ein Jahr später dann *Und Deutschlands Städte starben nicht* folgte. Beide Bücher dokumentieren die zentrale Idee der „kulturellen Vernichtung" im Zweiten Weltkrieg – und versuchen fälschlicherweise Großbritannien die Schurkenrolle zuzuweisen. Bei Lichte betrachtet war es aber der deutsche Bombenangriff auf Coventry vom 14. November 1940 (der den zynischen Operationsnamen „Mondscheinsonate" trug), der zum Wendepunkt des Zweiten Weltkrieges insofern wurde, als hier erstmals nicht Rüstungs- und Industrieanlagen zerstört werden sollten, sondern Kulturgüter. Spätestens im April 1942 eskalierte dann die Situation, und Gustaf Braun von Stumm, Legationsrat im Auswärtigen Amt, gab bekannt, dass die deutsche Luftwaffe fortan jedes Gebäude in Großbritannien mit drei Sternen im *Baedeker* bombardieren werde.[5] Schon bald warnten britische Medien vor den sogenannten *Baedeker raids*, also den „Baedeker-Angriffen", die die Moral der Zivilbevölkerung brechen sollten – aber genau den gegenteiligen Effekt hatten. Denn damit wurde endgültig eine Dynamik totaler Kollektive entfesselt, die schließlich im Herbst 1944 in der Zerstörung Dresdens ihren traurigen Höhepunkt finden würde. Vor diesem Hintergrund läuft die Propagierung eines deutschen Opfermythos von vornherein Gefahr, auf eine schiefe Bahn zu geraten. Wohin diese führen kann, zeigt die weitere „Karriere" Irvings, der zum Holocaust-Leugner wurde und in mehreren Ländern, darunter Deutschland, mit Einreiseverboten belegt ist.

Auf der von Irving und anderen zusammenmontierten Klaviatur aus Geschichtsrevisionismus, Bombardement-Viktimisierung, Täter-Opfer-Umkehr und Identitätsüberschuss spielen derzeit vor allem die zahllosen rekonstruktionsaffinen Stadtbildvereine ihr Lied der architektonischen Harmonie. Ohne historische Kontextualisierung wird etwa auf der Website des Dachverbands „Stadtbild Deutschland e.V." beklagt: „Als innerhalb weniger Jahre die aberwitzige Menge von 1,3 Millionen Tonnen Spreng- und Brandbomben auf die jahrhundertealten Kerne deutscher Städte herabregnete, als sich mit den resultierenden flächenhaften Feuern bauliche Zeugnisse aus bis zu 30 Generationen in Asche und Staub verwandelten und so insgesamt 97 mitteleuropäische Stadtbilder aufhörten zu existieren, war noch kein einziges der Gründungsmitglieder von Stadtbild Deutschland geboren."[6] Letzteres mag sein. Aber sollte es nicht gerade in den Verantwortungsbereich jüngerer Generationen gehören, nach den historischen Voraussetzungen zu fragen, die zu den Zerstörungen führten, statt einen Opfermythos zu perpetuieren? Es verwundert nicht, dass die geschichtsrevisionistische Großwetterlage, die sich auf der Website von Stadtbild Deutschland als vergangenheitsseliger Architekturpopulismus entlädt, auch Rechtspopulisten ein Podium bietet. So hat Harald Streck, Vorstandsmitglied des Vereins und bis Ende April 2018 auch dessen Bundesvorsitzender, die „Erklärung 2018" mitunterzeichnet, in der Andreas Lombard und Karlheinz Weißmann gemeinsam mit Michael Klonovsky (dem persönlichen Referenten des AfD-Politikers Alexander Gauland), Dieter Stein (Gründer, Chefredakteur und Geschäftsführer der *Jungen Freiheit*) und anderen Rechten gegen „illegale Masseneinwanderung" wettern. So postet auch „Stadtbild Deutschland"-Vorstandsmitglied Markus Rothhaar (im Hauptberuf Inhaber der Stiftungsprofessur für Bioethik an der Katholischen Universität Eichstätt) in sozialen Medien bevorzugt Artikel aus *Tichys Einblick*, kritisiert Diversitätskonzepte in Unternehmen, beklagt den kritischen Umgang mit Rolf Peter Sieferles rechtsradikalem Spätwerk und schimpft über den „Mehltau von Gesinnungsschnüffelei, Denunziation und Pseudomoralismus", den Angela Merkel und ihre „Handlanger aus Presse, Kirchen und Politik über das Land gelegt" hätten. Und das „Stadtbild Deutschland"-Vorstandsmitglied Manuel Reiprich beschimpft auf Facebook den CDU-Politiker

Ruprecht Polenz als „senil", weil dieser die Pegida-Nähe des AfD-Politikers Tino Chrupalla kritisierte.

Der Nexus von rechtem Gedankengut, Geschichtsrevisionismus und Rekon-struktionsengagement kann besonders gut bei dem vom „Stadtbild Deutsch-land e. V." vehement unterstützten Wiederaufbauprojekt der Garnisonkirche in Potsdam nachvollzogen werden. Das 1735 durch Johann Philipp Gerlach erbaute, im Zweiten Weltkrieg stark zerstörte und im Jahre 1968 dann abge-rissene Gotteshaus war in der DDR zum „Symbol des deutschen Militarismus" avanciert – auch weil die Kirche in der Weimarer Republik in nationalis-tischen, antidemokratischen und rechtsradikalen Kreisen äußerst beliebt war[7] – und sie entsprechend am 21. März 1933 zum Ort des berüchtigten Hit-ler-Hindenburg-Handschlags, also zur Allianzstätte von Nationalsozialisten und konservativen Deutschnationalen auserkoren wurde. Das Rekonstruk-tionsvorhaben geht auf Aktivitäten der Iserlohner Traditionsgemeinschaft Potsdamer Glockenspiel e. V. und ihres ehemaligen Vorsitzenden Max Klaar zurück, einem Oberstleutnant a. D., der ab Mitte der 1980er-Jahre nicht nur

Abb. 6.4: Historische Allianzstätte von Nationalsozialisten und konservativen Deutschnationalen: Das Projekt einer Rekonstruktion der Potsdamer Garnisonkirche wird seit 2017 realisiert, gestützt von einer breiten Koalition aus Kirchen, Wirtschaft, öffentlichem Leben und Politik – und vor allem auch der AfD, wie dieses Statement des AfD-Rechtsaußen Andreas Kalbitz vom 26. Oktober 2016 zeigt.

das Glockenspiel der Garnisonkirche nachbauen ließ (Abb. 6.3), um es 1991 dann offiziell der Stadt Potsdam in einem Festakt zu überreichen, sondern auch sechs Millionen Euro für die Komplettrekonstruktion der Garnisonkirche sammelte – aber bitte „nicht für eine, in der Schwule getraut oder Kriegsdienstverweigerer beraten werden".[8] Klaar, der wiederholt die Schuld Deutschlands am Ausbruch des Zweiten Weltkriegs infrage stellte und mit seinem „Verband deutscher Soldaten" und der Zeitschrift *Soldat im Volk* vom Bundesverteidigungsminister als rechtsextrem eingestuft wurde, zog sich zwar 2005 aus dem Rekonstruktionsprojekt zurück, aber erfolgreich war er dennoch: Seit 2017 ist die Kirche im Bau – gestützt von einer breiten Koalition aus Kirchen, Wirtschaft, öffentlichem Leben und Politik, vor allem auch der AfD (Abb. 6.4). Wissenschaftlich begleitet wurde das Rekonstruktionsvorhaben u. a. vom Kunsthistoriker Peter Stephan, der 2015 als Professor für Architekturtheorie und Geschichte der Architekturtheorie der Fachhochschule Potsdam ein Symposium zur Garnisonkirche durchführte – in Kooperation mit der Stiftung Garnisonkirche Potsdam und der Fördergesellschaft für den Wiederaufbau. Stephans politische Positionen sind durch dessen Facebook-Publizistik deutlich geworden, die von Pegida-Verstehertum, Kreuzzüge-Verharmlosung sowie Islamhass geprägt ist.[9]

Während in Potsdam mit der Garnisonkirche die Initiative eines Rechtsradikalen einen (wenngleich höchst symbolischen) Einzelbau zur Folge hatte, führte sie in Frankfurt am Main mit der Neuen Altstadt zum zentralen Stadtteil der wichtigsten kontinentaleuropäischen Finanzmetropole (Abb. 6.5). Denn es war der bereits in Kapitel 4 vorgestellte rechtsradikale Autor Claus M. Wolfschlag,[10] der im September 2005 als Fraktionsmitarbeiter des Stadtverordneten Wolfgang Hübner von den „Freien Wähler BFF (Bürgerbündnis für Frankfurt)" den ersten parlamentarischen Rekonstruktionsantrag mit der Nummer 1988 formulierte. Der wurde im Stadtparlament zwar mit breiter Mehrheit abgelehnt, jedoch ist darin genau das beschrieben, was später die schwarz-grüne Koalition ab 2006 auf den Weg brachte. In der Folge wurde noch im selben Jahr der BFF-nahe Verein „Pro Altstadt e. V." gegründet (heute ein sogenannter „befreundeter Verein" des Stadtbild Deutschland e. V. unter dem Vorsitz von BFF-Mitglied Cornelia Bensinger), sodann der kurz zuvor noch preisgekrönte Wettbewerbsentwurf von KSP Jürgen Engel Architekten für das Areal gekippt – und nach und nach der Weg freigemacht für die Rekonstruktion von fünfzehn Altstadthäusern zwischen Dom und Römer (Abb. 6.6). Die Website des Pro Altstadt e. V. benennt noch heute Wolfschlag und Hübner als „Väter der Wiederaufbau-Initiative". Zu Recht. Auf die Frage, ob er sich als „Vater der Neuen Altstadt" sieht, antwortete Wolfschlag einmal: „Das Ganze lag ja wie eine Gaswolke in der Luft. Es brauchte nur noch einen, der das Streichholz anzündet. Und das war ich."[11]

Wolfschlags zündende Idee hatte leichtes Spiel in einer Metropole, in der Musealisierungs- und Historisierungstendenzen in der Altstadt schon um 1900 einsetzten.[12] Nach 1945 war es vor allem die 1951 abgeschlossene Rekonstruktion des Goethehauses im Großen Hirschgraben durch Theo Kellner, die als „Schlüsselbau lokaler und nationaler Selbstverortung nach der ‚Stunde Null'"[13] gelten darf. Walter Dirks, Mitherausgeber der *Frankfurter Hefte*, gehörte zu den artikuliertesten Gegnern dieser Rekonstruktion. Er begründete seine ablehnende Haltung damit, dass nur die Schicksalsannahme Goethe-würdig sei; dass es entscheidend sei, „die Kraft zum Abschied [zu] haben, zum

Abb. 6.5: Die politische Initiative von Rechtsradikalen: Der erste parlamentarische Antrag für die Rekonstruktion der Neuen Frankfurter Altstadt – hier ein Blick vom Dom auf das Dom-Römer-Areal von Mitte April 2018 – stammte vom Lokalpolitiker Wolfgang Hübner (Bürger Für Frankfurt – BFF) und dem Autor Claus M. Wolfschlag.

Abb. 6.6: Unheilige Allianz von rechten und „mittigen" Politakteuren am Beispiel Frankfurt am Main: Rechts im Bild – dort, wo einst, zwischen 1562 und 1792, zehn römisch-deutsche Könige und Kaiser sich auf ihren Krönungsweg machten – geben der Planungsdezernent Mike Josef (SPD) sowie Michael Guntersdorf, der Geschäftsführer der städtischen DomRömer GmbH, stolz Interviews zur Fertigstellung „ihrer" Neuen Frankfurter Altstadt; und links im Bild – vor dem Friedrich-Stoltze-Brunnen stehend – freut sich still der BFF-Rechtsaußen Wolfgang Hübner über die Vollendung „seiner" parlamentarischen Rekonstruktionsinitiative; die denkwürdige Szene trug sich 9. Mai 2018 zu, als eben die Bauzäune der Neuen Altstadt gefallen waren.

unwiderruflichen Abschied"; dass man „sich selbst und niemanden in frommer Täuschung vorschwindeln" sollte, das Haus sei „eigentlich doch da".[14] Hinter Dirks Haltung stand – aus heutiger Sicht völlig zu Recht – die Sorge, dass man mit einer Rekonstruktion die Spuren des Nationalsozialismus und damit auch der eigenen Schuld löschen wollte.[15] Wenig später ging Frankfurt erst so richtig in die geschichtsrevisionistischen Vollen, und zwar mit der Rekonstruktion der Ostzeile des Römerbergs, die von 1981 bis 1983 erfolgte. Unter größtem Protest vieler Architekt*innen und Denkmalpfleger*innen und auf dünnster bauhistorischer Informationsgrundlage entstand ein Quartier teils frei erfundener Geschichtssimulation. Das Frankfurt unter Oberbürgermeister Walter Wallmann zwischen 1977 und 1986, in das die Komplettierung der Ostzeile fällt, stellt den ersten Versuch einer westeuropäischen Stadt dar, das Lokale mittels historisierender Referenzen in den Dienst einer globalen Standortpositionierung zu stellen.[16]

Einer neoliberalen Standortpositionierung, die derzeit Gefahr läuft, gleichsam durchzudrehen. Denn mit ihr könnten illiberale Ideologeme in den Mainstream vermeintlich kultursinniger Stadtbürgerlichkeit eingespeist werden. Für nichts anderes steht Wolfschlags Architekturtheorie, die zusammengefasst in dem ebenfalls bereits in Kapitel 4 vorgestellten Aufsatz „Heimat bauen" von 1995 vorliegt. Sie ist von xenophoben und misogynen Auffassungen geprägt und hebt vor allem auf die zentrale Rolle von Architektur und Städtebau bei den Konstruktionen von „Volk" und „Heimat" ab.[17] Exakt zehn Jahre nach diesem im Umfeld von NPD-Aktivisten, Neonazis und Holocaust-Leugnern veröffentlichten Aufsatz schluckte der Autor Kreide, warb mit seinem Altstadt-Rekonstruktionsantrag der BFF-Fraktion erfolgreich für eine „Stadtheilung", für die Rückgewinnung einer Frankfurter „Seele" – um dann in einem 2007 erschienenen Artikel in der Quartalszeitschrift *Neue Ordnung*, die das Dokumentationsarchiv des österreichischen Widerstandes im Rechtsextremismus verortet, wieder ideologisch die Katze aus dem Sack zu lassen: Unter dem Titel „Rekonstruktion. Zur Wiedergewinnung architektonischer Identität" ruft Wolfschlag zum Ende des „Schuldkultes" mithilfe einer „Wiedergewinnung des historischen Bauerbes" auf.[18]

Eindimensionales Heile-Welt-Gebaue

Um Missverständnissen vorzubeugen: Es geht hier weder um einen Aufruf zum Abriss von Fachwerkhäusern[19] noch darum, allen Unterstützer*innen

Abb. 6.7: Monumentalität, betont schlicht gehalten: die nach den Zerstörungen des Zweiten Weltkriegs 1947/48 wiederaufgebaute Paulskirche in Frankfurt am Main, entworfen von einem Team um Rudolf Schwarz.

Abb. 6.8: Edle Armut: Hans Döllgasts Wiederaubau der Alten Pinakothek in München (1952–1957); im Zentrum die sogenannte „Plombe", mit der die Fassade nach den Schäden des Zweiten Weltkriegs restauriert wurde; Blick von der Arcistraße im Jahre 2012.

von Rekonstruktionen rechtes Gedankengut zu unterstellen. Ebensowenig geht es darum, Rekonstruktionen als solche zu skandalisieren. Rekonstruktionen im Sinne von Wiederherstellungen nach Katastrophen und Kriegen sind eine historische Selbstverständlichkeit. So brachte der Wiederaufbau nach dem Zweiten Weltkrieg eine beachtliche Bandbreite verschiedenster kulturell überzeugender Architekturpositionen hervor,[20] von denen gerade die „Kompromissformen"[21] zwischen den beiden Extrempositionen „idealisierende Rekonstruktion" und „Abriss von Kriegsruinen und moderner Neubau" – denkt man etwa an Rudolf Schwarz' Paulskirche in Frankfurt am Main (1947–1948) oder an Hans Döllgasts Alte Pinakothek in München (1946–1957) – zu

Meisterwerken von bleibendem Wert führten (Abb. 6.7–8). Nicht zuletzt auf diese Vorbilder berief sich denn auch das Team um David Chipperfield bei der Rekonstruktion des Neuen Museums in Berlin (1996–2009), mit der der gänzlich zerstörte Nordwestflügel und der Südostrisalit in enger Anlehnung an die ursprünglichen Volumina und Raumfolgen neu errichtet und die erhaltenen Bauteile restauriert und ergänzt wurden. Entstanden ist ein virtuoses Amalgam von Vergangenheit und Gegenwart, das die Brüche der Geschichte sichtbar hält und auch künftigen Generationen komplexes Anschauungsmaterial für die Diskontinuitäten der Zeitläufte bietet (Abb. 6.9). Ganz anders die Neue Frankfurter Altstadt: Zu skandalisieren ist hier, dass die Initiative eines Rechtsradikalen ohne nennenswerte zivilgesellschaftliche Gegenwehr zu einem aalglatten Stadtviertel mit scheinbar bruchlosen Wiederholungsarchitekturen führte; historisch informiertes Entwerfen verkommt damit zum unterkomplexen Heile-Welt-Gebaue, das der Verblendung seiner Liebhaber zuarbeitet, indem es Geschichte auf ein eindimensionales Wunschkonzert reduziert. Vergangenheit soll für dieses Publikum wie geschmiert laufen, und zwar in Richtung einer alternativen Historie für Deutschland. Einer Historie, in der der Nationalsozialismus, die deutschen Angriffskriege und der Holocaust maximal Anekdoten zu werden drohen.

Anmerkungen

1 Dieses Kapitel erschien zuerst in dem von Peter Cachola Schmal und Philipp Sturm herausgegebenen Buch *Die immer neue Altstadt: Bauen zwischen Dom und Römer* (Berlin: Jovis, 2018). Eine Kurzfassung war zuvor am 8. April 2018 unter dem Titel „Wir haben das Haus am rechten Fleck gebaut" in der *Frankfurter Allgemeinen Sonntagszeitung* erschienen (https://www.faz.net/aktuell/feuilleton/neue-frankfurter-altstadt-durch-rechtsradikalen-initiiert-15531133.html; zuletzt abgerufen am 20. April 2020). Auf diese Veröffentlichung folgte ein Shitstorm des Rekonstruktionsmilieus, der u. a. auf dem rechtsradikalen Blog *PI-News / Politically Incorrect* entfesselt wurde. – Vgl. Wolfgang Hübner: „Neue Altstadt in Frankfurt: Sind schönere Städte ‚rechtsradikal'? Zum Denunziationsversuch eines Modernisten", in: *PI-News*, 9. April 2014 (http://www.pi-news.net/2018/04/neue-altstadt-in-frankfurt-sind-schoenere-staedte-rechtsradikal/; zuletzt abgerufen am 20. April 2020).

2 Vgl. S. 93 ff.

3 Vgl. S. 21 f.

4 Philipp Oswalt: *Stadt ohne Form, Strategien einer anderen Architektur*, München / London / New York: Prestel, 2000, S. 56.

5 Vgl. A. C. Grayling: *Among the Dead Cities,* London: Bloomsbury Publishing PLC, 2006.

6 Vgl. https://stadtbild-deutschland.org/anliegen-und-leitbild/; zuletzt abgerufen am 20. April 2020.

7 Vgl. Matthias Grünzig: *Für Deutschtum und Vaterland. Die Potsdamer Garnisonkirche im 20. Jahrhundert*, Berlin: Metropol, 2017.

8 Zit. nach Anselm Weidner: „Kirchlicher Glanz für militärisches Gloria", In: *taz*, 13. Oktober 2012 (http://www.taz.de/!550903/; zuletzt abgerufen am 20. April 2020).

9 Vgl. S. 129.

10 Vgl. S. 105 ff.

11 So Claus M. Wolfschlag in einem Gespräch mit Philipp Sturm und Moritz Röger. – Für die Hinweise zum BFF-Antrag, seinem Verfasser Claus M. Wolfschlag und der Gründung des Pro Altstadt e. V. danke ich Philipp Sturm. Er führte gemeinsam mit Moritz Röger ein Gespräch mit Wolfschlag am 31. Januar 2018 und eines mit Wolfgang Hübner am 15. Januar 2018.

12 In den 1920er-Jahren etwa wurde die Frankfurter Altstadt zum kompensatorischen Pendant des „Neuen Frankfurts" vor den Toren der Stadt. – Vgl. Christian Welzbacher: *Durchs wilde Rekonstruktistan. Über gebaute Geschichtsbilder*, Berlin: Parthas, 2010, S. 49.

13 Welzbacher, *Durchs wilde Rekonstruktistan*, a. a. O., S. 63.

14 Zit. nach Marianne Rodenstein: „Goethehaus, Frankfurt am Main", in: Winfried Nerdinger (Hrsg.): *Geschichte der Rekonstruktion. Konstruktion der Geschichte*, München: Prestel, 2010, S. 434.

15 Vgl. ebd.

16 Vgl. André Bideau: *Architektur und symbolisches Kapital. Bilderzählungen und Identitätsproduktion bei O. M. Ungers*, Bauwelt Fundamente 147, Basel: Birkhäuser, 2011, S. 90.

17 Vgl. S. 108 f.

18 Claus M. Wolfschlag: „Rekonstruktion. Zur Wiedergewinnung architektonischer Identität", in: *Neue Ordnung*, Nr. 1/2007, S. 25.

19 Dem Verfasser wurde dies in einer bewusst desinformierenden Replik auf „Wir haben das Haus am rechten Fleck gebaut" von Roland Tichy unterstellt. – Vgl. Roland Tichy: „Jagd auf Rechte. Jetzt sind die Fachwerkhäuser dran!", in: *Tichys Einblick*, 12. April 2018 (https://www.tichyseinblick.de/tichys-einblick/jagd-auf-rechte-jetzt-sind-die-fachwerkhaeuser-dran/; zuletzt abgerufen am 20. April 2020).

20 Vgl. Michael S. Falser: „Trauerarbeit in Ruinen. Kategorien des Wiederaufbaus nach 1945", in: Michael Braum, Ursula Baus (Hrsg.): *Rekonstruktion in Deutschland. Positionen zu einem umstrittenen Thema*, Basel: Birkhäuser, 2009, S. 60.

21 Vgl. ebd.

7 In Verlautbarungs- gewittern. Kritik des Deutschen Instituts für Stadtbaukunst

Seit geraumer Zeit schwelt in Deutschland ein Konflikt unter Architekt*innen und Stadtplaner*innen, der an Schärfe alles in den Schatten stellt, was in den letzten Jahrzehnten in der Branche diskutiert wurde. Erklärungen jagen Gegenerklärungen, die ihrerseits wiederum Gegen-Gegenerklärungen provozieren. Fronten tun sich oftmals aus heiterem Himmel auf: in Stadtplanungsämtern, Fachkongressen und Fakultäten. Im Zentrum der Debatte steht der bekannte Architekt Christoph Mäckler. Der umtriebige Frankfurter hat viel vor: An die Stelle der Stadtplanung soll nichts weniger als „Stadtbaukunst" treten.[1] Das mag für manche Architekt*innen, vor allem aber für die breitere Öffentlichkeit erst mal ganz verführerisch klingen. Doch mithilfe seines 2008 an der TU Dortmund gegründeten selbst ernannten „Deutschen Instituts für Stadtbaukunst", das ursprünglich nur „Dortmunder Institut für Stadtbaukunst" heißen sollte (was aber an der Kritik von Kolleg*innen an der TU Dortmund scheiterte), hat es Mäckler innerhalb von nur zehn Jahren geschafft, in der deutschen Architektur und Stadtplanung eine ultrakonservative Wende herbeizuführen. Diese Wende kulminierte in der im Mai 2019 veröffentlichten und seit April 2020 in Buchform[2] vorliegenden „Düsseldorfer Erklärung" (Abb. 7.1) – gegen die sich im Juli lautstark Protest regte, und zwar von 50 bekannten Professor*innen, die an Entscheidungsträger*innen von Bund, Ländern und Kommunen appellierten, die „Düsseldorfer Erklärung" kritisch zu hinterfragen. Nun dürfte der nächste Eskalationsschritt anstehen. Denn trotz der scharfen Kritik an der „Düsseldorfer Erklärung" sollen deren Inhalte laut Bundesarchitektenkammer (BAK) „zeitnah an das Bundesministerium des Innern, für Bau und Heimat (BMI) übergeben werden".[3] Das Ganze wird als „Stuttgarter Konsens" verkauft – was insofern irritiert, als dass keiner der Kritiker*innen der Erklärung an der angeblichen Konsensbildung überhaupt beteiligt war. Durch den beispiellosen Vorgang gerät auch immer mehr die seit 2013 amtierende Präsidentin der Bundesarchitektenkammer, Barbara Ettinger-Brinckmann, in die Kritik, deren Name nicht nur für das Debakel um die Personalie Florian Pronolds als Gründungsdirektor der Berliner Bauakademie steht, sondern in deren Amtszeit auch die einseitige Übernahme reaktionärer Standpunkte des Mäckler-Instituts durch eine berufständische Organisation fällt, die auf nationaler und internationaler Ebene die Interessen

Abb. 7.1: Ein konservatives Buch, von einem Motto Klaus Staecks geschmückt: Cover des von Christoph Mäckler und Wolfgang Sonne herausgegebenen Buches *Nichts ist erledigt! Reform des Städtebaurechts* (Berlin: Dom Publishers, 2020).

von über 135 000 Architekt*innen in Deutschland gegenüber Politik und Öffentlichkeit vertritt.[4]

„Leipzig-Charta" (2007), „Kölner Erklärung" (2014), „100 % Stadt" (2014), „Düsseldorfer Erklärung" (2019) und „Gegen die Düsseldorfer Deregulierung" (2019)

Doch um was geht es inhaltlich überhaupt? Zentraler Streitpunkt bei der Debatte um die „Düsseldorfer Erklärung" ist die Frage, wie die „Leipzig-Charta zur nachhaltigen europäischen Stadt" zu deuten und umzusetzen ist. Diese Charta wurde im Jahre 2007 – also kurz vor Gründung des Instituts – von jenen 27 Minister*innen verabschiedet, die seinerzeit in Europa für Stadtentwicklung zuständig waren. Mit dieser Charta wurden erstmalig gemeinsame Grundsätze und Strategien für eine europäische Stadtentwicklungspolitik beschlossen: so eine „integrierte Stadtentwicklung" unter Einbeziehung nicht

153

nur der Wirtschaft, sondern auch von Interessengruppen und der Öffentlichkeit im Allgemeinen; so eine aktive Innovations- und Bildungspolitik; so die Modernisierung der Infrastrukturnetze und die Steigerung der Energieeffizienz; so die Herstellung und Sicherung qualitätvoller öffentlicher Räume einschließlich der Pflege historischer Bausubstanz, und zwar mit dem Ziel, nicht nur die Lebensqualität von Bewohner*innen zu steigern, sondern auch den Tourismus zu fördern. Die Zukunft der europäischen Stadt wird im „Konzept der Mischung von Wohnen, Arbeiten, Bildung, Versorgung und Freizeitgestaltung in den Stadtquartieren" gesucht, verbunden mit einem partizipativen Ansatz, der „die beteiligten Akteure zusammenführt", „Netzwerke unterstützt und Standortstrukturen optimiert". Denn: „Integrierte Stadtentwicklung fördert den sozialen und interkulturellen Dialog."[5]

Einige Jahre später setzte das „Deutsche Institut für Stadtbaukunst" zum großen konservativen Hijacking der Leipzig-Charta an, und zwar zunächst mit der „Kölner Erklärung" (2014). In dem von Mäckler, dessen einstigen TU-Dortmund-Kollegen Wolfgang Sonne und weiteren Autor*innen verfassten Text heißt es u. a.: „Deutschland war noch nie so wohlhabend, seine Stadträume aber noch nie so armselig. Die Planungssysteme waren noch nie so ausgefeilt, die Bürger aber erhielten noch nie so wenig städtebauliche Qualität."[6] So weit, so sicherlich nicht falsch. Doch auf die zutreffende Diagnose folgt ein umstrittener Therapievorschlag, mit dem auf die Komplexitätsanforderungen der Gegenwart mit einem kleinen „Einmaleins des Städtebaus" reagiert werden soll: der Klippschulgeometrie von „Straße, Block und Haus" und Gebäuden mit „anschauliche[r] Straßenfassade".[7] Bereits das Logo des Instituts mit seinen giebelständigen Häuschen auf schmalen Parzellen spielt auf diese Geschmackspräferenz an (Abb. 7.2). Es passt, dass von Mäckler auch die architekturhistorische Grobschlächtigkeit „Flachdach ist spießig"[8] überliefert ist. Gegen derlei rein ästhetische Angebote stellten sich kurz nach Veröffentlichung der „Kölner Erklärung" 26 bekannte Städtebauprofessor*innen, darunter Uwe Altrock (Universität Kassel), Christina Simon-Philipp (Hochschule für Technik, Stuttgart) und Jörg Stollmann (TU Berlin). Mit dem Positionspapier „100% Stadt" entlarvten sie das von Mäckler, Sonne und anderen verfasste Dokument als neoliberale Kosmetik, die von den eigentlichen

**DEUTSCHES
INSTITUT FÜR
STADT
BAU
KUNST**

Problemen der Städte und Deutschland und darüber hinaus ablenke: „Die finanzielle und die Planungshoheit über die Grundstücke und die Gebäude liegen in der Regel nicht bei den Stadtplanern. Der Boden und die Stadt sind ein wohlfeiles Gut geworden, und das sieht man unseren Städten an. [...] Privatisierung von Daseinsvorsorge ist eine Sackgasse, und Städte stellen keine Produkte her."[9] Die Autor*innen von „100% Stadt" rufen dazu auf, zeitgenössische Leitbilder zu entwickeln, bei denen städtische Atmosphären nicht allein mithilfe eines simplistischen „Zurück in die gute alte Zeit"-Denkens erzeugt werden: „Jede lebendige Stadt besteht vor allem aus den Erzählungen der Vergangenheit und den gegenwärtigen Erwartungen an die Zukunft. Beides muss im Nebeneinander seinen Ausdruck in Städtebau und Architektur finden, damit die Bewohner und Bewohnerinnen einer Stadt ihre Geschichte weiter schreiben können."[10]

Regelrechte Verlautbarungsgewitter entluden sich dann ab dem 7. Mai 2019, als Mäckler, Sonne und weitere Autor*innen ihre „Düsseldorfer Erklärung zum Städtebaurecht" veröffentlichten, die unter dem Klaus Staeck entliehenen Motto „Nichts ist erledigt!" zu einer Reform der städtebaulichen Gesetzgebung aufruft.[11] Um eine massive Erhöhung städtischer Dichte zu erreichen, plädieren die Verfasser*innen gemeinsam mit aktuell[12] 102 Verantwortlichen aus 85 Städten sowie 97 Verbänden, Wissenschaftler*innen und Planer*innen für eine Lockerung entsprechender gesetzlicher Bestimmungen zum Städtebau wie der Baunutzungsverordnung (BAuNVO) mit ihren Nutzungskatalogen und Dichteobergrenzen sowie der Bestimmungen der Technischen

Anleitung zum Schutz gegen Lärm (TA-Lärm). Auch wenn die Covid-19-Pandemie aktuell das Paradigma der Verdichtung fundamental infrage stellt, so muss daran nicht alles falsch sein; nur: Mit der „Düsseldorfer Erklärung" wird die Leipzig-Charta, die ausdrücklich keine ästhetischen Empfehlungen gibt, mutwillig in Richtung eines architektonischen Konservatismus verzerrt – und zwar in Richtung einer unterkomplexen Ideologie einer vermeintlich „Europäischen" Stadt (mit großem „E").

Diese sehen die Verfasser*innen etwa durch einen „privaten Blockinnenraum" gewährleistet – was eine pseudowissenschaftliche Konstruktion ist, die nicht nur den gesamten mittelalterlichen und vorbarocken Städtebau sowie weite Teile der Architektur- und Städtebaugeschichte des ausgehenden 19. und des 20. Jahrhunderts aus „Europa" hinauszukatapultieren meint, sondern auch herausragende Beispiele der zeitgenössischen Urbanistik wie z. b. das Zürcher Hunziker-Areal übergeht: Dort hat die Baugenossenschaft „mehr als wohnen" zwischen 2010 und 2015 ein gefeiertes Wohn- und Gewerbequartier für rund 1200 Personen und etwa 150 Arbeitsplätze realisiert, und zwar ohne Innenhöfe, die oftmals nur schlecht belichtet und belüftet sind.

Die „Düsseldorfer Erklärung" von Mäckler, Sonne und Co. provozierte massiven Gegenwind, und zwar aus den Bereichen Architektur, Stadt- und Regionalplanung, Stadt- und Architekturtheorie, Freiraumplanung, Architektursoziologie, Planungsrecht und Städtebau. Diesen Disziplinen entstammen die 50 Professor*innen, die widersprachen – darunter Nina Gribat (TU Darmstadt), Christine Hannemann (Universität Stuttgart) und Philipp Misselwitz (TU Berlin). Unter dem Titel „Gegen die Düsseldorfer Deregulierung!" monieren sie, dass die Forderungen von Mäckler, Sonne und Co. zur Reform der Baunutzungsverordnung nur die Probleme einiger weniger Großstädte tangierten, die sich unter Wachstumsdruck befinden. Doch das Planungsrecht, so die Unterzeichner*innen der Gegenerklärung, gilt „für alle Städte, also auch für Städte mit stagnierender oder zurückgehender Bevölkerung, wie auch für ländliche Räume in ganz Deutschland".[13] Vor allem stellten die Forderungen nach Abschaffung von Dichteobergrenzen „ein[en] Aufruf zu Deregulierung" dar. Dieser befeuere die aktuelle Bodenspekulation – und „dies in einer Situation, in der wir mehr denn je Steuerungsinstrumente benötigen, um die aus den Fugen geratenen Boden- und Wohnungsmärkte zu beruhigen".[14] Die Unterzeichner*innen von „Gegen die Düsseldorfer Deregulierung!" warnen: „Die Aufhebung städtebaulicher Dichtegrenzen – ohne Anpassung des bodenpolitischen Instrumentariums – käme damit einer weitgehenden Deregulierung des Bodenmarktes und dem Verlust kommunaler Steuerung gleich."[15] Für Christa Reicher, die sowohl „100 % Stadt" als auch „Gegen die Düsseldorfer Deregulierung!" unterzeichnet hat sowie das Institut für Städtebau und europäische Urbanistik an der RWTH Aachen leitet, ist die „Düsseldorfer Erklärung" eine „reaktionäre Erklärung, die Tür und Tor für eine rein renditeorientierte Stadtentwicklung öffnet".[16]

Der Wissenschaftliche Beirat des „Deutschen Instituts für Stadtbaukunst" als Hort der deutschen Architekturreaktion

Das Reaktionäre der Düsseldorfer Erklärung und ihrer Verfasser*innen vom „Deutschen Institut für Stadtbaukunst" beschränkt sich freilich nicht nur auf die ökonomische Dimension einer radikalen Marktorientierung, sondern weist auch gesellschaftliche und (geschichts-)politische Dimensionen auf. Dies wird insbesondere deutlich, wenn man die Rolle einiger Akteure des Instituts im Kontext der Errichtung der Neuen Frankfurter Altstadt und der damit verknüpften Diskussionen um die rechtsradikalen politischen Ursprünge des „Dom-Römer-Projekts" genauer untersucht. Mäckler hatte bei diesem Projekt den Vorsitz des Gestaltungsbeirates. Wenn er im *Südwestrundfunk* Sätze sagt wie: „Das ist nicht so, dass da die Chinesen diese Häuser gekauft hätten, sondern das sind alles Frankfurter, die diese Häuser gekauft haben; übrigens zum Teil sogar Frankfurter, deren Familien vor zwei Generationen diese Häuser besessen haben"[17] – dann kann man sich des Eindrucks nicht erwehren, dass es manchen deutschen Propagandist*innen der „Europäischen Stadt" vor allem um eines geht: die „deutsche" Stadt. Das gesellschaftliche und politisch Reaktionäre des Deutschen Instituts für Stadtbaukunst wird freilich besonders deutlich beim Blick auf den „Wissenschaftlichen Beirat" des Instituts. Etwa bei Arnold Bartetzky, der seit 1995 am Leibniz-Institut für Geschichte und Kultur des östlichen Europa forscht und seit 2016 eine Honorarprofessur für Kunstgeschichte an der Universität Leipzig innehat. Der konservative Publizist entpuppte sich – wie bereits in Kapitel 1 ausführlicher dargelegt[18] – im Rahmen der 2019/20 geführten Diskussionen um Hans Kollhoffs antisemitisch konnotierte Ezra-Pound-Zitat auf dem Berliner Walter-Benjamin-Platz als vehementer Verteidiger Kollhoffs[19] – was zu einigen irritierten Kommentaren von Wissenschaftler*innen wie etwa der Kunsthistorikerin Annika Wienert vom Deutschen Historischen Institut Warschau führte,[20] zumal Bartetzly nicht davor zurückscheute, die Kritikerin Kollhoffs, Verena Hartbaum von der Universität Stuttgart, zu diffamieren und Unwahrheiten zu verbreiten.

Ein weiteres Beiratsmitglied des Mäckler'schen „Deutschen Instituts für Stadtbaukunst" ist der *Welt*-Architekturkritiker Dankwart Guratzsch, der im September 2018 bei der von Rechtspopulist*innen veranstalteten Tagung „Altstadt 2.0. Städte brauchen Schönheit & Seele" im Frankfurter Historischen Museum als Redner auftrat.[21] Wenige Monate zuvor hatte er in der *Welt* das Pamphlet „Ist Fachwerk faschistisch?"[22] veröffentlicht, bei dem er sich beim rechten Publizisten Roland Tichy inspirieren ließ, der Tage zuvor in *Tichys Einblick* unter dem Titel „Jetzt sind die Fachwerkhäuser dran"[23] Skeptiker*innen der Neuen Frankfurter Altstadt absurderweise unterstellt hatte, sie wollten Fachwerkhäuser dem Erdboden gleichmachen. Guratzschs *Welt*-Text wurde zur Initialzündung einer Social-Media-Hass-Kampagne aus dem Umfeld der rechtsextremistischen, vom Verfassungsschutz beobachteten Identitären Bewegung, bei der mit dem Hashtag „#Fachwerk" u.a. gegen „linke Abschaumjournalisten" gehetzt wurde. Es passt voll ins Bild, dass Guratzsch – ein gebürtiger Dresdner – seiner Geburtsstadt ein „Bombenkriegsmuseum" wünscht, mit dem der Opfermythos der Stadt vertieft werden soll: „Alle Versuche einer Relativierung, Entmythologisierung und/oder moralischen Kategorisierung dieses Geschehens" seien fehlgeschlagen, schreibt Guratzsch im Dezember 2018 in einem Gastbeitrag der *Dresdner Neuesten Nachrichten*.[24] Und weiter: „Eine solche Institution würde den ,Markenkern' Dresdens stärken, ihm aber bei näherer Befassung zugleich eine positive Auslegung zuweisen."[25] Über derlei Stadtmarketing eines Journalisten, der sich 1970 über *Die*

Grundlegung des Hugenbergschen Presseimperiums promovieren ließ, dürften sich insbesondere die Neonazis der Stadt freuen.

Im „Wissenschaftlichen Beirat" des „Deutschen Instituts für Stadtbaukunst" sitzt auch Matthias Alexander, langjähriger Ressortleiter des Regionalteils der *FAZ* und seit Sommer 2020 Redakteur im Feuilleton dieser Zeitung. Wie Guratzsch, so tat sich auch Alexander in der Debatte um die Neue Frankfurter Altstadt als vehementer Dom-Römer-Propagandist hervor (und damit auch als interner Gegenspieler des *FAZ*-Architekturkritikers Niklas Maak, der sich offen gegen die Neue Altstadt wandte). Alexander positionierte sich im Laufe der Debatte als Verteidiger des einst linksradikalen und seit geraumer Zeit rechtsradikalen Frankfurter Lokalpolitikers Wolfgang Hübner, der sich nicht nur als Autor von islamfeindlichen und verschwörungstheoretischen Online-Zeitungen wie *PI-News / Politically Incorrect* und als Björn-Höcke-Verteidiger[26] betätigt, sondern auch im Jahre 2005 die erste parlamentarische Initiative für eine Rekonstruktion der Neuen Frankfurter Altstadt startete.[27] Der *FAZ*-Redakteur lobte Hübner gar ausdrücklich als „einen sehr gebildeten und rhetorisch gewandten Stadtverordneten mit einem Hang zum Populismus".[28] Mehr noch: Er vertrete nur Positionen, die „wenige Jahrzehnte zuvor noch CDU-Mainstream gewesen" wären. Die Rede ist wohlgemerkt von einem Kommunalpolitiker, der in der „Causa Özil" einen „Sieg all der Kräfte in Deutschland" vollzogen sieht, „die sich nicht länger der Entnationalisierung und Entwurzelung der globalistischen Profiteure und ihrer Medienpropagandisten beugen wollen".[29] Es ist vor diesem Hintergrund nicht überraschend, wenn sich Alexander in der Debatte um eine künftige Nutzung und Umgestaltung der Frankfurter Paulskirche vor allem darüber Gedanken macht, ob der Raum zum Ort der „Selbstvergewisserung eines bestimmten Milieus" werden könnte: „Wird auch die AfD Zutritt haben, ebenso wie Attac?"[30] Alexander ist auch als Autor des Buches wie *Ungebautes Frankfurt* hervorgetreten, in dem er geschichtsvergessen Friedrich Krebs, den Frankfurter Oberbürgermeister zwischen 1933 und 1945, zu einer Art „gemäßigten Nationalsozialisten" fern jeglicher Brutalität stilisiert.[31] Bei Lichte betrachtet wirkte Krebs jedoch bereits ab 1924 als Frankfurter Ortsgruppenleiter der Nationalsozialistischen Freiheitspartei – einer Ersatzorganisation der damals verbotenen NSDAP –, und trat 1929 in die NSDAP ein. 1933 verfügte

Krebs die Entfernung aller jüdischen Angestellten und Beamt*innen der Stadt aus dem Amt. 1941 hielt er anlässlich der Eröffnung von Alfred Rosenbergs „Frankfurter Institut zur Erforschung der Judenfrage" eine der Festreden.

Auch einer der einflussreichsten Stadtsoziologen und Stadtplanungshistoriker Deutschlands engagiert sich im Wissenschaftlichen Beirat des „Deutschen Instituts für Stadtbaukunst": Harald Bodenschatz. Der ehemalige Professor für Planungs- und Architektursoziologie an der TU Berlin ist Autor vieler herausragender Werke wie *Platz frei für das neue Berlin! Geschichte der Stadterneuerung in der „größten Mietskasernenstadt der Welt" seit 1871* (1987). Er schreibt sich von der Analyse der kommunistisch geprägten Stadtpolitik Bolognas um 1970 her, die er in seiner gerade auch heute lesenswerten Dissertation *Städtische Bodenreform in Italien*[32] (1979) untersuchte. Darin wird beschrieben, wie die politische Linke in Gestalt der Kommunistischen Partei Italiens (PCI) in Bologna ab Ende der 1960er-Jahre sich radikal von der modernen Architektur abwandte und Pläne etwa für Wohnsiedlungen in Vorstädten und andere Großprojekte in die Schublade beförderte. Stattdessen sollte es künftig um die Erhaltung historischer Innenstädte gehen, und zwar mithilfe eines mutigen politischen Projekts: dem Versuch einer Synthese von Denkmalschutz und sozialem Milieuschutz via Bodenreformen und weiterer begleitender Maßnahmen. Doch das Projekt scheiterte, vor allem aufgrund des Widerstands gegen Enteignungen. Die langfristigen Folgen dieser und ähnlicher Entwicklungen in Bologna und anderswo zeigen sich heute in verschiedenen Biografien von Achtundsechzigern, vor allem in jener von Bodenschatz: Das Projekt einer Sozialpolitik der (alten) Stadt wurde weitgehend aufgegeben, um sich fortan ganz auf die – deutlich einfacher zu habende – Bildpolitik einer „alten Stadt" zu konzentrieren. Vor diesem Hintergrund müssen die ebenfalls bereits in Kapitel 1 angedeuteten jüngeren Verlautbarungen Bodenschatz' zur Rekonstruktion einer Berliner Altstadt nach Frankfurter Vorbild verstanden werden,[33] mit denen er seinen guten Ruf als Wissenschaftler riskiert. So bemühte er vor einiger Zeit in einem umstrittenen *Tagesspiegel*-Artikel die Argumentation, dass im großzügigen Freiraum des Marx-Engels-Forum, also dort, wo es in Berlin einst eine besonders hohe Dichte von Immobilien im Besitz von jüdischen Bürger*innen gab, ein „christlich-jüdisches Symbiose-Experiment ohne Vorbild in der europäischen Geschichte" geherrscht habe, an das man nun doch mit einer Rekonstruktion anknüpfen solle. Wenngleich Bodenschatz seinen Vorschlag im Bewusstsein einer Geschichte von „Toleranz und Intoleranz, Zerstörung und Aufbau" formuliert, so verharmlost er damit doch eine lange Diskriminierungs- und Pogromgeschichte jüdischer Menschen in Preußen zu einer „guten alten Zeit" der Toleranz, die historisch schlicht nicht belastbar ist.[34] Zudem macht er sich unfreiwillig kompatibel mit der patriotischen Rechten, die sich in Gestalt der Berliner AfD eine Rekonstruktion des Schlossumfeldes schon seit Längerem mit auf die Fahnen geschrieben hat.[35] Die Entschädigung der Nachkommen ehemaliger jüdischer Eigentümer*innen, deren Immobilienbesitz zwischen 1933 bis 1945 „arisiert" wurde und sich in Verlängerung von Inanspruchnahmen der DDR nach wie vor zu großen Teilen in staatlichem Besitz befindet, ist geboten, aber nicht durch kompensatorische Stadtbildpolitik zu ersetzen.[36]

Wie konnte es so weit kommen?

Im „Wissenschaftlichen Beirat" des „Deutschen Instituts für Stadtbaukunst" sitzen nicht nur konservative Publizisten, die die Präsenz eines antisemitisch konnotierten Pound-Zitat auf dem Berliner Walter-Benjamin-Platz für das deutlich kleinere Problem zu halten scheinen als die Kritik daran (Bartetzky), nicht nur *embedded journalists*, die wiederholt meinungsstark die Propagandatrommel für die Neue Frankfurter Altstadt rührten, obwohl sie in einem in ihrer Zeitungsarbeit nicht transparent gemachten Rollenkonflikt agieren (Guratzsch und Alexander); nicht nur Stadtsoziologen auf geschichtsverklärenden Rekonstruktionsabwegen (Bodenschatz); sondern erschreckenderweise eben auch wichtige Architektur-Funktionär*innen wie Rainer Nagel, seit 2013 Vorstandsvorsitzender der Bundesstiftung Baukultur, und Barbara Ettinger-Brinckmann, die bis Herbst 2020 amtierende Präsidentin der BAK. Beide haben auch die „Düsseldorfer Erklärung" mit initiiert – und Ettinger-Brinckmann hat ihre Rolle als BAK-Präsidentin gar dazu genutzt, die Positionen des Mäckler-Instituts als offizielle Positionen der Architekt*innenschaft in Deutschland unter dem pseudo-versöhnlerischen Titel „Stuttgarter Konsens" auszugeben; neben einigen durchaus unterstützenswerten Punkten, die in Richtung einer Entschlackung von Baugesetzen zielen, dürfte jedoch insbesondere das erklärte Ziel von „schönen Stadträumen" – geht es noch diffuser? – und „Außenfassaden mit robusten und dauerhaften Materialien"[37] zu einer systematischen Gängelung experimenteller und progressiver Architekturpositionen in Deutschland führen. Gegen die Amtsanmaßungen von Nagel und Ettinger-Brinckmann regt sich derweil immer lauterer Protest. So findet es beispielsweise der Hamburger Architekturkritiker Claas Gefroi „fragwürdig, dass diese Personen nicht als Privatpersonen, sondern unter Nennung ihres Amtes bzw. ihrer Funktionen diese sehr politische Erklärung unterzeichnet haben".[38] Sie ergreifen damit nicht nur Partei für einen architektonischen und städtebaulichen Rollback in Deutschland, sondern auch für ein Geschäftsmodell, das folgendermaßen zusammengefasst werden kann: Hinter dem „Deutschen Institut für Stadtbaukunst", das nach wie vor als An-Institut der TU Dortmund auf der dortigen Website verortet ist, obwohl Christoph Mäckler dort gar keine Professur mehr innehat, verbirgt sich de facto ein Verein namens „Fördergesellschaft Deutsches Institut für Stadtbaukunst e. V." mit derselben Postadresse wie Mäcklers Architekturbüro am Frankfurter Schaumainkai. Dort hat auch eine GmbH mit dem Namen „Stadtbaukunst" ihren Sitz, als deren Gesellschafter die „Fördergesellschaft Deutsches Institut für Stadtbaukunst e. V." fungiert. Als Geschäftsfelder dieser GmbH nennt die Website „die Beratung im Bereich Städtebau und Architektur, die Durchführung von städtebaulichen Planungsprojekten, Workshops, Seminaren und Modellentwicklungen für Urbane Bebauung. Darüber hinaus das Erstellen von Gutachten, Studien und Prüfberichten sowie die Verfahrensbetreuung und Projektbegleitung".[39] Auch die (Mit-)Finanzierung des „Instituts" wird an dieser Stelle angesprochen: „Alle Erlöse der Stadtbaukunst GmbH fließen in die Arbeit des Fördervereins Deutsches Institut für Stadtbaukunst e. V."[40]

Die Potenziale dieser „Instituts"-Konstruktion sind 2018 richtig deutlich geworden, als öffentlich wurde, dass der städtebauliche Entwurf für das neue Stadtquartier „Am Römerhof" in Frankfurt am Main ohne das übliche Wettbewerbsverfahren direkt an das „Deutsche Institut für Stadtbaukunst" vergeben wurde. Die Empörung darüber ist in den Berufsverbänden von Architekt*innen und Stadtplaner*innen bisher vor allem hinter den Kulissen zu spüren. Die Bundesarchitektenkammer, die im selben Jahr in einem Compliance-Papier verabschiedet hat, dass „möglichst jedes konkurrierende Verfahren öffentlicher wie privater Auftraggeber*innen als geregelte[r] Wettbewerb durchzuführen"[41] ist, hält sich mit öffentlichen Stellungnahmen zum Römerhof bislang bedeckt, eventuell auch deswegen, weil ihre Präsidentin das „Deutsche Institut für Stadtbaukunst" unterstützt. Lediglich die Frankfurter Gruppe des Bundes Deutscher Architekten (BDA) veröffentlichte eine Protestnote, in der sie „die Durchführung eines städtebaulichen Wettbewerbs auf der Basis der derzeit laufenden fachlichen Vorarbeiten der Stadt" fordert.[42] Die Forderungen des BDA blieben folgenlos – derzeit befindet sich das Bebauungsplanverfahren für das Quartier, in dem mal 2 000 Wohnungen sowie Gewerbeflächen samt flankierender sozialer Infrastruktur errichtet werden sollen, in der Phase der sogenannten „frühzeitigen Bürgerbeteiligung". Erste Visualisierungen künden von einer Zeitreise zurück in die Mietskasernenstadt des ausgehenden 19. Jahrhunderts mit Hinterhöfen (Abb. 7.3).[43] Das weitere Verfahren sieht vor, dass im Laufe des Jahres 2020 die städtebauliche Entwurfsphase und die förmliche Behördenbeteiligung abgeschlossen sein soll. Inkrafttreten könnte der Bebauungsplan nach heutigem Stand voraussichtlich Ende 2021 bzw. Anfang 2022. Wenngleich Architekturwettbewerbe in Aussicht gestellt wurden, so sollte die Direktvergabe des Römerhof-Städtebaus die Architekt*innenschaft und Stadtplaner*innen-Community alarmieren, zumal hier kaum objektivierbare Verflechtungen mit größter Selbstverständlichkeit in der Öffentlichkeit zelebriert werden: Auch Mike Josef (SPD), der Frankfurter Dezernent für Planen und Wohnen – nicht zuletzt auf ihn ist die Direktvergabe zurückzuführen –, sitzt im Wissenschaftlichen Beirat des „Instituts". Natürlich hat er die „Düsseldorfer Erklärung" mit unterzeichnet.

Die Unterstützungsstrukturen, die sich um das „Deutsche Institut für Stadtbaukunst" herum während der letzten zehn Jahre gebildet haben, sprechen eine deutliche Sprache: Noch nie seit 1945 war die Architektur-Reaktion in Deutschland so professionell organisiert und erfreute sich so großer Unterstützung wie heute. Wie konnte es so weit kommen? Die Gründe hierfür sind

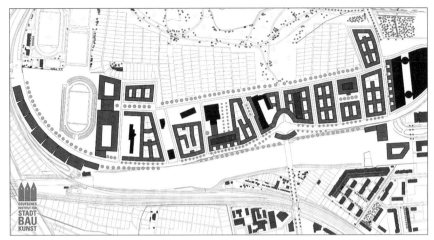

Abb. 7.3: Zeitreise in die Mietskasernenstadt des ausgehenden 19. Jahrhunderts: das seit 2018 vom „Deutschen Institut für Stadtbaukunst" entwickelte neue Stadtquartier „Am Römerhof" in Frankfurt am Main.

vielfältiger Natur und müssen sowohl im Kontext internationaler als auch spezifischer deutscher Entwicklungen gesucht werden. Was die internationale Dimension anbelangt, so hat Rem Koolhaas bereits 1995 in seinem fulminanten Aufsatz „Was ist eigentlich aus dem Urbanismus geworden?" zu Recht darauf hingewiesen, dass der Urbanismus genau in dem Augenblick quasi verschwunden ist, „in dem sich die Urbanisierung – nach Jahrzehnten ununterbrochenen Wachstums – anschickt, den endgültigen Triumph der urbanen Lebensweise auf der ganzen Welt durchzusetzen".[44] Parallel dazu hat das Gros der Stadtplaner*innen in Europa (und vor allem in Deutschland) damit begonnen, sich auf „die verspätete Wiederentdeckung der Vorzüge der traditionellen Stadt" zu kaprizieren – „zu einer Zeit, als diese Vorzüge bereits unwiederbringlich der Vergangenheit angehörten".[45] Koolhaas weiter: „Inzwischen sind sie Experten in Sachen Phantomschmerz geworden, Ärzte, die über die medizinischen Implikationen amputierter Gliedmaßen diskutierten."[46] Hierfür hat der niederländische Architekt den Mai 1968 als symbolische Zeitenwende ausgemacht, von dem die Idee eines Neuanfangs für die Stadt ausging: „Seitdem haben wir uns zwei parallelen Operationen gewidmet: der Dokumentation unserer lähmenden Ehrfurcht vor der bestehenden Stadt, der Entwicklung von Philosophien, Plänen und Modellen einer in ihrer Substanz erhaltenen und zugleich restaurierten Stadt, und, im selben Atemzug, dem buchstäblichen Weglachen des Arbeitsfeldes des Urbanismus, dem wir unserer Verachtung für diejenigen, die Flughäfen, neue Städte, Trabantenstädte, Schnellstraßen, Hochhäuser, Infrastrukturen und all den anderen Fallout der Modernisierung planten (und dabei eklatante Fehler begingen)."[47] Koolhaas war – und ist – einer der wenigen Angehörigen der europäischen Achtundsechziger-Generation, der genau diesen „Fallout der Modernisierung" nach wie vor nicht komplett verdammt, sondern ihn als interessante Herausforderung für eine zeitgenössische städtebauliche Poiesis ernst zu nehmen versucht.

Eine solche urbanistische Sensibilität – man kann sie dem Programm eines „dirty realism", eines libidinösen Begehrens nach einer vermeintlichen Hässlichkeit zuordnen – ist in Deutschland unter den bekannteren Architekt*innen so gut wie nicht anzutreffen. Dazu hat, folgt man dem Wiesbadener Architekturtheoretiker Thilo Hilpert, vor allem die Eigenart deutscher Architekturdebatten der Zeit um 1968ff. beigetragen. Hilpert argumentiert in seinem fulminanten *ARCH+*-Text „Land ohne Avantgarde" (2008), dass die Architekturmisere in Deutschland mit der „Gebrochenheit von Theorie und Experiment"[48] zu erklären ist, die um 1970 in Deutschland zu einer fatalen „Denunziation experimenteller Praxis" als „Technokratie" führte, mit der deutsche kommunistische Achtundsechziger Hardliner – Max Horkheimers und Theodor W. Adornos *Dialektik der Aufklärung*[49] im Gepäck – die Visionen beispielsweise eines Eckhard Schulze-Fielitz abfertigten: „Eine Freiheit des künstlerischen Ausdrucks und der sinnlichen Anschauung ließ sich durch sachliche Analyse allein, und sei sie noch so scharf, nicht wiederfinden."[50] In eine ähnliche Richtung hatte lange vor Hilpert bereits der Darmstädter Architekturtheoretiker Werner Durth argumentiert, der in seinem heute geradezu prophetisch anmutenden Buch *Die Inszenierung der Alltagswelt* (1977) die „Stigmatisierung künstlerischer Produktion durch totalen Ideologieverdacht infolge rigider Politisierung", der in vielen deutschen Architekturdebatten der 1970er-Jahre auffällt, nur als komplementäre Bewegung zu einem ebenso dominanten „privatisierenden Ästhetizismus" dargestellt hat.[51] In beiden Fällen wurde die Möglichkeit von Architektur, mithilfe von technisch-künstlerisch getragenen Experimenten die Lebensverhältnisse zu verbessern, fundamental in Abrede gestellt. Die Folgen sind bekannt: Architektur aus Deutschland wurde entweder Status-quo-nostalgisch – „Alle Häuser sind schön, hört auf zu bauen",[52] plakatierten 1967 in einer berüchtigten Aktion Architekturstudent*innen der TU Berlin (heute dürften sie wohl teils rufen: „Alle Häuser sind schön, rekonstruiert sie"). Oder sie wurde in einem soliden Sinne moderat, aber auch – jedenfalls aus internationaler Perspektive – eher „uninteressant und wenig aufregend"[53] (Ullrich Schwarz).

Ausblick

Eines muss man dem „Deutschen Institut für Stadtbaukunst" vielleicht lassen: Immerhin versucht es mit viel organisatorischem Geschick, auf urbanistische Fragen nach der Stadt der Gegenwart und nahen Zukunft eine Antwort zu geben, und zwar aus dem Herzen der architektonischen Disziplin heraus (sofern es diese gibt). Leider eine rückwärtsgewandte. Was könnte hierzu eine Alternative sein? In Deutschland lassen sich derzeit drei Stadtplanungsmilieus unterscheiden: erstens ein tendenziell altlinkes, nunmehr meist konservativ gewordenes Milieu, dem die „Alte Stadt"[54] ihr Ein und Alles wurde und das von Nachwuchssorgen insofern geplagt ist, als dieses Projekt fast ausschließlich von jungen Konservativen bzw. Rechten in die nächste Generation getragen wird (Teile des Umfeld des „Deutschen Instituts für Stadtbaukunst" sind hier zu verorten); zweitens ein hierzu sich oppositionell verhaltendes bürokratisches Stadtplaner*innen-Milieu, das teilweise „Gegen die Düsseldorfer Deregulierung" kämpft, dessen architektonische Aussagen sich allerdings oft genug in einem uninspirierten Kennziffern-Bingo verlieren – mit leider oftmals schockierenden gebauten Resultaten, wie man sie in vielen Neubauvierteln Deutschlands erleiden kann; und drittens ein junges progressives Milieu von Zwischennutzungs-Euphoriker*innen, deren urbanistischer Werkzeugkoffer bei größeren Bauvorhaben kaum greift und das stets Gefahr läuft, zum willfährigen Instrument eines neoliberalen Städte-Marketings zu verkommen. Ein bekanntes Architekturbüro, das auf dem Niveau von Rem Koolhaas' *Project on the City*,[55] dem Niveau von Roger Dieners, Jacques Herzogs, Marcel Meilis, Pierre de Meurons und Christian Schmids Publikation *Die Schweiz. Ein städtebauliches Porträt*[56] einen zukunftsfreudigen, nicht-reaktionären, experimentellen Urbanismus-Diskurs zu führen imstande wäre, sucht man in Deutschland vergeblich. Diese Leerstelle lässt jegliches nationale Bemühen um „Baukultur" bis auf Weiteres ins Leere laufen. Die Hoffnung bleibt derweil wohl auf den kommenden Generationen von progressiv gesinnten Architekt*innen und Studierenden, denen die recht herausfordernde Aufgabe zufallen dürfte, einen überzeugenderen Weg als den des „Deutschen Instituts für Stadtbaukunst" mithilfe von visuellen, politischen und ökonomischen Angeboten zu implementieren. Mit Wille zur Lobby-Arbeit und ohne Scheu vor den Mühen der Ebene. Und mit einer öffentlichen Hand, die ihren Retro- und Rekonstruktionspopulismus hinter sich lässt und wieder an der auch baulichen Gestaltung einer besseren Zukunft mit den Mitteln zeitgenössischer Architektur Geschmack findet.

Anmerkungen

1 So schreibt Christoph Mäckler in seinem Aufsatz „Von Haus aus missglückt", der am 1. September 2016 in der *Frankfurter Allgemeinen Zeitung* erschienen ist: „Heute stehen am Beginn einer Quartiersplanung technische Planungen. Man beginnt mit der Verkehrstechnik, der Trassenbreite von Straßen, ihren Abbiegespuren und weißen Verkehrsmarkierungen, statt den architektonisch stadträumlichen Charakter der Straße an den Anfang des Entwurfes eines Stadtquartiers zu stellen. Man beginnt mit theoretischen Planungen von städtischer Dichte statt mit dem konkreten Entwurf von städtischem Raum. Man stellt Häuser in mathematischen Verhältniszahlen von Gebäude- zu Grundstücksgrößen zusammen, ohne Straßen und Plätze mit räumlich erlebbaren Proportionen als öffentliche Stadträume zu entwerfen. [...] Tatsache ist, dass wir den Stadt- und Raumplaner seit den 1970er-Jahren an vielen unserer Universitäten ohne stadträumliches Gestalten, also ohne den Entwurf von Straße und Platz und damit ohne die Lehre des Entwurfes von Stadtraum, ausbilden. An einigen Fakultäten wird in der Ausbildung zum Stadtplaner sogar ganz auf das Fach Architektur und Stadtbaugeschichte verzichtet. Ein Kuriosum – wie will man ein Stadtquartier planen, ohne zu wissen, wie ein Wohn- oder ein Bürohaus entworfen wird?".(https://www.faz.net/aktuell/feuilleton/kunst/im-wuergegriff-des-bebauungs-plans-14414241.html?printPagedArticle=true#pageIndex_2; zuletzt abgerufen am 20. April 2020).

2 Christoph Mäckler, Wolfgang Sonne (Hrsg.): *Nichts ist erledigt! Reform des Städtebaurechts*, Berlin: Dom Publishers, 2020.

3 https://www.bak.de/presse/pressemitteilungen/presseeinladung-17-maerz-2020-in-berlin-einladung-zur-eroerterung-des-stuttgarter-konsens-als-folgepapier-der-duesseldorfer-erklaerung/; zuletzt abgerufen am 20. April 2020.

4 Auch wenn Architekten- und Bauordnungsrecht grundsätzlich Ländersache sind, fallen viele architekturrelevante Entscheidungen in Berlin oder Brüssel; diese werden insbeondere von der Bundesarchitektenkammer begleitet.

5 „Leipzig-Charta zur nachhaltigen europäischen Stadt" (angenommen anlässlich des Informellen Ministertreffens zur Stadtentwicklung und zum territorialen Zusammenhalt in Leipzig am 24./25. Mai 2007; http://www.bbr.bund.de/BBSR/DE/Veroeffentlichungen/IzR/2010/4/Inhalt/DL_Leipzig-Charta.pdf%3F__blob%3DpublicationFile%26v%3D2; zuletzt abgerufen am 20. April 2020).

6 Christoph Mäckler u. a.: „Die Stadt zuerst! Kölner Erklärung zur Städtebau-Ausbildung", 2014 (http://www.stadtbaukunst.de/publikationen/positionspapiere/koelner-erklaerung/; zuletzt abgerufen am 20. April 2020).

7 Ebd.

8 Christoph Mäckler: „Flachdach ist spießig", in (ders., Hrsg.): *Stadtbaukunst: Das Dach*, Dortmund: Institut für Stadtbaukunst der TU Dortmund, 2008.

9 Uwe Altrock u. a.: „100 % Stadt. Positionspapier zum Städtebau und zur Städtebauausbildung" (2014; http://www.staedtebauleitplanung.de/cms/Medienpool/Dateien/100Prozent_31-07-2014.pdf; zuletzt abgerufen am 20. April 2020).

10 Ebd.

11 Barbara Ettinger-Brinckmann, Christoph Mäckler, Rainer Nagel, Wolfgang Sonne, Jörn Walter, Peter Zlonicky: „Nichts ist erledigt! Reform der städtebaulichen Gesetzgebung. Düsseldorfer Erklärung zum Städtebaurecht", Mai 2019 (http://www.stadtbaukunst.de/wp-content/uploads/2019/05/190426-Düsseldorfer-Erklärung.pdf; zuletzt abgerufen am 20. April 2020).

12 Stand 20. April 2020.

13 Sabine Baumgart, Detlef Kurth, Martin zur Nedden, Christa Reicher, Stefan Rettich, Christiane Thalgott, Yasemin Utku: „Gegen die Düsseldorfer Deregulierung", Juli 2019 (https://www.archplus.net/home/news/7,1-18489,1,0.html; zuletzt abgerufen am 20. April 2020).

14 Ebd.

15 Ebd.

16 Christa Reicher, zit. nach Nordstadtblogger-Redaktion: „Scharfe Kritik an ‚Düsseldorfer Erklärung': ‚Das Gemeinwohl und die Vielfalt unserer Städte werden unterwandert'", 16. Juli 2019 (https://www.nordstadtblogger.de/scharfe-kritik-an-duesseldorfer-erklaerung-das-gemeinwohl-und-die-vielfalt-unserer-staedte-wird-unterwandert/; zuletzt abgerufen am 20. April 2020).

17 Christoph Mäckler in der *SWR2*-Radiosendung „Ist Fachwerk heute reaktionär?", 25. September 2019.

18 Vgl. S. 25 f.

19 Arnold Bartetzky: „Bloß nicht die steile These erschüttern!", in: *Frankfurter Allgemeine Zeitung*, 1. Juli 2019 (https://www.faz.net/aktuell/feuilleton/debatten/mangelnde-praezision-im-architekturstreit-ueber-rechte-raeume-16261697.html; zuletzt abgerufen am 20. April 2020).

20 Annika Wienert: „Symbolische Gewalt im öffentlichen Raum", in: *ARCH+ 237: „Nikolaus Kuhnert. Eine architektonische Selbstbiografie"* (November 2019), S. 17 des beigelegten *ARCH+ features „Rechte-Räume-Reaktionen".*

21 Anmelden musste man sich zu dieser Tagung bei Wolfgang Hübner, einem Frankfurt Lokalpolitiker, Björn-Höcke-Verteidiger und Autor der verschwörungstheoretischen Online-Zeitung *pi.news – Politically Incorrect.*

22 Dankwart Guratzsch: „Ist Fachwerk faschistisch", in: *Die Welt*, 23. April 2018 (https://www.welt.de/kultur/plus175716225/Frankfurter-Altstadt-Was-hinter-der-Nazi-Verschwoerung-steckt.html; zuletzt abgerufen am 20. April 2020).

23 Roland Tichy: „Jagd auf Rechte. Jetzt sind die Fachwerkhäuser dran!", in: *Tichys Einblick*, 12. April 2018 (https://www.tichyseinblick.de/tichys-einblick/jagd-auf-rechte-jetzt-sind-die-fachwerkhaeuser-dran/; zuletzt abgerufen am 20. April 2020).

24 Dankwart Guratzsch: „Braucht Dresden ein Bombenkriegs-Museum?", in: *Dresdner Neueste Nachrichten*, 27. Dezember 2018 (https://www.dnn.de/Dresden/Lokales/Braucht-Dresden-ein-Bombenkriegs-Museum; zuletzt abgerufen am 20. April 2020).

25 Ebd.

26 Danijel Majic: „Geschlossene Gesellschaft mit Höcke", in: *Frankfurter Rundschau*, 29. Mai 2016 (https://www.fr.de/rhein-main/cdu-org26591/geschlossene-gesellschaft-hoecke-11059523.html; zuletzt abgerufen am 20. April 2020).

27 Wolfgang Hübner reicht im September 2005 den von Claus M. Wolfschlag formulierten Antrag Nr. 1988 der „Freien Wähler BFF (Bürgerbündnis für Frankfurt)" ein, welcher zur Blaupause dessen wurde, was 2006 von der schwarz-grünen Koalition auf den parlamentarischen Weg gebracht und 2018 von einem SPD-Bürgermeister als Neue Altstadt eingeweiht wurde.

28 Matthias Alexander: „Wir waren schon weiter", in: *Frankfurter Allgemeine Zeitung*, 15. Mai 2018 (http://www.faz.net/aktuell/rhein-main/debatte-um-neue-frankfurter-altstadt-15587280.html; zuletzt abgerufen am 20. April 2020).

29 Wolfgang Hübner: „Die Ideologisierung des Fußballs wird zum Bumerang", in: *pi.news – Politically Incorrect*, 25. Juli 2018 (http://www.pi-news.net/2018/07/die-ideologisierung-des-fussballs-wird-zum-bumerang/; zuletzt abgerufen am 20. April 2020).

30 Matthias Alexander: „Debakel statt Debatte", in: *Frankfurter Allgemeine Zeitung*, 23. August 2019 (https://www.faz.net/aktuell/rhein-main/frankfurt/diskussion-ueber-zukunft-der-paulskirche-beginnt-mit-debakel-16347088.html; zuletzt abgerufen am 20. April 2020).

31 Matthias Alexander: *Ungebautes Frankfurt. Die Stadt, die nicht sein sollte*, Frankfurt am Main: Societäts-Verlag, 2018, S. 69.

32 Harald Bodenschatz: *Städtische Bodenreform in Italien. Die Auseinandersetzung um das Bodenrecht und die Bologneser Kommunalplanung*, Frankfurt am Main: Campus, 1979.

33 Vgl. S. 27 f.

34 Erst die Novemberrevolution 1918 und die Gründung der Weimarer Republik brachten für Juden und Jüdinnen in Deutschland eine völlige Gleichstellung per Gesetz und damit auch im Staatsdienst mit sich. Alle Positionen im öffentlichen Dienst standen ihnen nun offen: Universitätsordinariate, Beamtenstellen, Ministerposten. Allerdings sahen sich Juden und Jüdinnen nach dem Ende des Ersten Weltkriegs auch mit einer massiven Welle antisemitischer Angriffe konfrontiert. – Vgl. Sebastian Panwitz, in: Stiftung Stadtmuseum Berlin, Franziska Nentwig (Hrsg.): *Geraubte Mitte. Die „Arisierung" des jüdischen Grundeigentums im Berliner Stadtkern 1933–45*, Berlin: Verlag M – Stadtmuseum Berlin, 2003, S. 17.

35 Vgl. https://afdkompakt.de/2017/05/30/stadtschloss-kuppel-und-umfeld-historisch-passend-rekonstruieren/; zuletzt abgerufen am 20. April 2020.

36 Vgl. Benedikt Goebel, Lutz Mauersberger, in: Stiftung Stadtmuseum Berlin, Franziska Nentwig (Hrsg.): *Geraubte Mitte. Die „Arisierung" des jüdischen Grundeigentums im Berliner Stadtkern 1933–45*, Berlin: Verlag M – Stadtmuseum Berlin, 2003, S. 65.

37 Elisabeth Merk et al.: „Stuttgarter Konsens", 4. Februar 2020 (http://www.stadtbaukunst.de/wp-content/uploads/2020/03/200204_Stuttgarter-Konsens.pdf; zuletzt abgerufen am 20. April 2020).

38 So Claas Gefroi in einem Facebook-Post vom 9. Juli 2017.

39 Zit. nach der Instituts-Website: http://www.stadtbaukunst.de/institut/ueber-uns/; zuletzt abgerufen am 20. April 2020.

40 Ebd.

41 Vgl. https://www.bak.de/berufspolitik/wettbewerbswesen-1/; zuletzt abgerufen am 20. April 2020.

42 Vgl. das BDA-Schreiben vom 7. Mai 2018, online einsehbar unter https://www.bda-hessen.de/2018/05/bda-frankfurt-fordert-vielfalt-im-staedtebau-und-staedtebaulichen-wettbewerb-fuerroemerhofquartier/; zuletzt abgerufen am 20. April 2020.

43 Vgl. https://www.stadtplanungsamt-frankfurt.de/am_r_merhof_18233.html; zuletzt abgerufen am 20. April 2020.

44 Rem Koolhaas: „Was ist eigentlich aus dem Urbanismus geworden?" (1995), in: ARCH+ 132: „Rem Koolhaas. Die wichtigsten Texte aus S,M,L,XL und die neuesten Projekte 1993–1996", Juni 1996, S. 40.

45 Ebd.

46 Ebd.

47 Ebd.

48 Thilo Hilpert: „Land ohne Avantgarde", in: ARCH+ 186/187: The Making Of Your Magazines / Documents 12, April 2008, S. 113.

49 Max Horkheimer, Theodor W. Adorno: „Zur Neuausgabe" (1969), in (dies.): Dialektik der Aufklärung. Philosophische Fragmente, Frankfurt am Main: Fischer, 1988 [1944].

50 Ebd.

51 Werner Durth: Die Inszenierung der Alltagswelt. Zur Kritik der Stadtgestaltung, Braunschweig: Vieweg, 1977, S. 210.

52 Jasper Cepl: Oswald Mathias Ungers. Eine intellektuelle Biografie, Köln: Verlag der Buchhandlung Walther König, 2007, S. 228.

53 Ullrich Schwarz: „Neue deutsche Architektur – eine Ausstellung", in (ders.; Hrsg.): Neue deutsche Architektur. Eine Reflexive Moderne, Ostfildern-Ruit: Hatje Cantz, 2001, S. 13.

54 Die wichtigste wissenschaftlichen Vierteljahresschrift für Stadtgeschichte, Stadtsoziologie, Denkmalpflege und Stadtentwicklung in Deutschland hieß denn auch ab 1978 Die alte Stadt. Seit 2010 firmiert sie unter dem Titel Forum Stadt.

55 Bisher sind zwei Bände erschienen, beide von Chuihua Judy Chung, Jeffrey Inaba, Rem Koolhaas und Sze Tsung Leong herausgegeben: Project on the City I: Great Leap Forward, Köln: Taschen, 2001; und Project on the City II: The Harvard Guide to Shopping, Köln: Taschen, 2001.

56 Roger Diener, Jacques Herzog, Marcel Meili, Pierre de Meuron, Christian Schmid (ETH Studio Basel, Institut Stadt der Gegenwart; Hrsg.): „Einleitung", in (dies., Hrsg.): Die Schweiz. Ein städtebauliches Porträt, Basel: Birkhäuser, 2006.

8 Architekturen des durchdrehenden Neoliberalismus

Die „Große Regression" der Gegenwart mit ihren neualten, an den Architekturdiskurs der „Konservativen Revolution" nahtlos anschließenden rechten Räumen ist ohne eine Rekapitulation der architektonischen Produktion neoliberaler Ökonomien, ohne eine Rekapitulation dessen, was im Folgenden als „Neoliberalisierungsarchitekturen" bezeichnet sei, nicht zu verstehen.[1] Damit sind allgemein jene Architekturen gemeint, die sich dem Finanzialisierungsschub verdanken, der seit dem Aufstieg neoliberaler Politiken ab ca. 1973 die zunehmend globalisierte Welt der Architektur und Immobilienwirtschaft ergriffen hat und üblicherweise als Investoren-, Rendite- oder Spekulationsarchitektur bezeichnet wird. Zwei gleichermaßen verglaste, aber dennoch antipodische Typologien (bzw. Bauwerke) verdienen in diesem Kontext besondere Aufmerksamkeit, da sie – Hypertrophien gleich – für allgemeinere Phänomene des Neoliberalismus stehen: der Spiegelglasturm (des Trump Tower) und der Kristallpalast (der Biosphere 2). Beide, so wird im Folgenden dargelegt, repräsentieren eine ökonomische Destabilisierungslust des Neoliberalismus, die, sofern sie nicht politisch eingehegt wird, am Imaginären der Gesellschaft wie der Architektur rüttelt: der Idee von Stabilität, von *arché*. Dieses Instabilitätsprojekt kulminiert im Parametrismus Patrik Schumachers.

Das Durchdrehen des Neoliberalismus

Neoliberalisierungsarchitekturen im Allgemeinen und der Trump Tower bzw. die Biosphere 2 im Besonderen können als zwar absichtsvoll stabil gebaute, aber unbeabsichtigt makroökonomische Gleichgewichtsstörungen hervorrufende Artefakte betrachtet werden. Sie entstanden – bewusst oder unbewusst – im Kontext von neoklassischen und neoliberalen Wirtschaftsordnungen und sollten *de iure* an den Gleichgewichtszuständen von Märkten mitbauen, *de facto* aber trugen sie ihren Teil dazu bei, ohnehin vorhandene ökonomische Ungleichgewichte zu verstärkten. Ebendiese Ordnungen nahm Joseph Vogl 2010 in *Das Gespenst des Kapitals* ins Visier, als er Kritik an der unter vielen Ökonom*innen weit verbreiteten Auffassung übte, wonach Märkte „von sich aus" auf einen optimalen Gleichgewichtszustand von Angebot und Nachfrage zustreben. Dagegen weist Vogl auf die lange kapitalistische Geschichte von Blasen, Crashs und Wirtschaftskrisen hin, an denen sich jegliche Vorstellungen einer „Idylle des Marktes" blamieren.[2] Die wirtschaftstheoretischen Ausführungen Vogls verdanken sich zum Großteil einer Rezeption der neokeynesianischen und anti-neoliberalen Theorien Hyman P. Minskys, der wiederholt die „Hypothese finanzieller Instabilität"[3] aufstellte – und in einem berühmten Aufsatz aus dem Jahre 1982 konkludierte: „Eine wichtige Folgerung aus der Hypothese der finanziellen Instabilität besagt, dass die Politik in einer kapitalistischen Volkswirtschaft Grenzen und Mängel des Kapitalismus erkennen muss, wenn sie erfolgreich sein will."[4] Als entscheidende Instabilitätslieferantin fungieren in Minskys Theorie Investitionsprojekte, vor allem Bauprojekte. Minsky ging sogar so weit, die Finanzierungsmodalitäten in der amerikanischen Baubranche – er schrieb dies bereits im Jahre 1982 – mit „Ponzi-Finanzierungen" zu vergleichen, also mit Schneeballsystemen.[5] Damit etabliert der Wirtschaftstheoretiker einen Nexus, den Krisensensible nach ihm immer wieder betont haben: dass hinter den allermeisten Wirtschaftskrisen Immobilienkrisen stecken. Karl Heinz Roth etwa hat deutlich gemacht, dass bis auf jene des Jahres 1929 drei der vier globalen Wirtschaftskrisen – jene der Jahre 1857, 1873 und 2008 – mit einer Immobilienkrise begannen.[6] Auch bei der Japankrise ab 1991 spielte das Platzen von Immobilienblasen eine entscheidende Rolle, ebenso bei der Asienkrise 1997/1998. Entsprechend ordnet Vogl die US-amerikanische Subprime-Krise von 2006, aus der die Great Financial Crisis (GFC) der Jahre 2007 und 2008 erwuchs, als eine Art Minsky-Vorzeige-Krise ein, die vieles dessen, was der 1996 verstorbene Wirtschaftswissenschaftler beschrieben hat, posthum zu bestätigen scheint: „Als […] mit den ersten Zahlungsunfähigkeiten von Immobilienbesitzern die Wahrscheinlichkeit von Kreditausfällen anwuchs, neue Investitionen ausblieben, Kreditlinien verschärft wurden, Rating-Agenturen einige Papiere deklassierten und Geldmarktzinsen stiegen, setzte ganz konsequent die umgekehrte Anpassungsbewegung, eine Anpassung an veränderte Erwartungshorizonte ein. Der Markt für verbriefte Immobilienanleihen stockte und brach ein, Vermögenswerte aller Art mussten zur Refinanzierung verkauft werden, Kapitalmärkte gerieten unter Druck und ließen Immobilienpreise weiter sinken. Der sich selbst verstärkende Preisverfall für Immobilien, Hypotheken und deren Derivate hinterließ die bekannten schwarzen Löcher der Liquidität."[7] Instabilitäten provozieren soziale Scheinsicherheiten, und so gehört es zu den ebenso erstaunlichsten wie kaum bemerkten kulturellen Phänomenen der Gegenwart und jüngeren Vergangenheit, dass ein hoher Anteil von Rechtspopulist*innen und Rechtsextremen unter Immobilienunternehmer*innen, -makler*innen und -verwalter*innen zu vermerken ist. Man erinnere sich an den niederländischen Politiker Pim Fortuyn (1948–2002), dessen rechtspopulistische Partei Lijst Pim Fortuyn (LPF) in erster Linie vom Immobilienunternehmer Harry Mens (geb. 1947) und dessen Freundeskreis gefördert wurde.[8] Oder: Man erinnere sich an die österreichischen FPÖ-nahen Immobilienunternehmer wie Dieter Langer (1945–2002) und Ernst Karl Plech (geb. 1944); Letzterer stellte Anfang der 1990er-Jahre dem Rechtsaußen Jörg Haider ein Penthouse im Wiener Pratercottage in der Leopoldstraße zur Verfügung. Oder: Man erinnere sich an den deutschen Immobilienexperten und rechten, geschichtsrevisionistischen Historiker Rainer Zitelmann (geb. 1957), dessen im Jahre 2000 gegründetes Unternehmen Dr. Zitelmann PB.GmbH sich in den Folgejahren zum Marktführer für die Positionierungs- und Kommunikationsberatung von Immobilien- und Fondsgesellschaften entwickelte.[9] Diese Beispiele – viele andere wären zu ergänzen[10] – summieren sich zu einem Muster, das in den letzten Jahren in vielen westlichen Ländern aufscheint: das Umkippen vieler wirtschaftsliberaler und vor allem libertärer Positionen ins Illiberale,[11] nicht zuletzt unter Beteiligung von Immobilienkompetenzen. Vor allem in den USA steht die Präsidenten-Karriere des einstigen Immobilienmoguls Donald Trump für ein Durchdrehen „freiheitlicher" Politikoptionen, die dann über nationalliberale bzw. libertäre Positionen zu einem Rassismus-bereiten Antiliberalismus mutierten.

Trump Tower vs. Biosphere 2

Der 58 Stockwerke hoch in den Himmel ragende Spiegelglasturm[12] namens Trump Tower, den Donald Trump zwischen 1980 und 1983 durch den Architekten Der Scutt in Manhattan errichten ließ, gehört zu den populärsten und zugleich kulturtheoretisch unterschätztesten Touristenattraktionen von New York City. Nirgendwo sonst lässt sich so deutlich zeigen wie an der Fifth Avenue, Ecke 56th Street, was „Finanzarchitektur" im engeren Sinne des Wortes, was „Wert" unter neoliberalen Bedingungen bedeuten könnte. Die Konsolidierung dieser Bedingungen findet in vielen wirtschaftsgeschichtlichen Erzählungen ihre Urknall-Szene im Zusammenbruch des Bretton-Woods-Systems 1973, also jenes Systems einer nach dem Zweiten Weltkrieg neu geschaffenen, von Wechselkursbandbreiten reglementierten internationalen Währungsordnung, die vom Gold-hinterlegten US-Dollar als Ankerwährung gedeckt wurde. Mit der Implosion dieser Ordnung begann nicht nur die global bis heute anhaltende systematische Währungsspekulation und die Dominanz der Finanzmärkte,[13] sondern vollzog sich auch das ultimative Ende des Goldstandards. Darauf reagierte Trump – den „richtigen Riecher" kann man ihm bisweilen wohl kaum absprechen – mit Goldarchitekturen: In goldenen Lettern prangt über dem Haupteingang zur Fifth Avenue der Name „Trump Tower"; die Spiegelglasfassade ist mit einem besonders teuren, golden schimmernden Bronzeton eingefärbt (Abb. 8.1);[14] das Foyer wartet mit Aufzügen und Geländern aus poliertem Messing[15] und einer Verkleidung aus Breccia-Perniche-Marmor auf, einer seltenen Gesteinsart mit einer exquisit anmutenden Farbmischung in den Tönen Rosé, Pfirsichgelb, Pink und – Gold (Abb. 8.2).[16] Auch im Penthouse-Apartment, das sich über die obersten drei Stockwerke erstreckt und von Trump und seiner Familie genutzt wird, prunkt das Gold eines irgendwie „versaillig" anmutenden Diktatorenschicks (Abb. 8.3). Die „wertige" Anmutung des Gebäudes überdeckt nur die Tatsache, dass fast die gesamten Baukosten in Höhe von rund 200 Millionen Dollar durch einen 1980 bewilligten Kredit der Chase Manhattan Bank finanziert wurden.[17] Rund zehn Jahre nach der Errichtung des Trump Tower – 1991, also kurz nach dem von neoliberaler Seite als „Ende der Geschichte"[18] beschriebenen Fall

Abb. 8.1: Goldarchitektur nach dem Ende des Goldstandards: der zur Fifth Avenue orientierte Haupteingang des 1980 bis 1983 nach Plänen des Architekten Der Scutt errichteten Trump Tower in New York City.

Abb. 8.2: Explosion in Rosé, Pfirsichgelb, Pink und Gold: das mit Breccia-Perniche-Marmor verkleidete Wasserfall-Foyer des Trump Tower in New York City.

des Eisernen Vorhangs – entstand die zweite architektonische Hypertrophie des Neoliberalismus: das Biosphere-2-Projekt, ein ökologisches Großexperiment, das in Oracle im US-Bundesstaat Arizona errichtet wurde (Abb. 8.4–5). Der texanische Milliardär Edward Bass investierte rund 300 Millionen US-Dollar in den Bau eines 1,6 Hektar großen Gebäudekomplexes, der die Komplexität der Biosphere 1, also der Erde, im Kleinen wiederholen sollte: Im Inneren des Komplexes, der bewusst Anleihen beim 1851 in London errichteten Crystal Palace macht, findet sich ein geschlossenes Ökosystem mit Savanne, Ozean, tropischem Regenwald, Mangrovensumpf, einer Wüste und einer Fläche, die der intensiven Landwirtschaft gewindet ist. Die verschiedenen Biotope von Biosphere 2 wurden auch von zwei Menschengruppen belebt, die sich als „Missionen" verstanden. Der erste Versuch fand 1991 bis 1993 statt – acht Teilnehmer*innen lebten genau zwei Jahre und 20 Minuten in den geschlossenen Räumen mit dem Ziel, vollständig von allen Außenkontakten (Luft- und Materialaustausch) abgeschlossen zu sein, außer vom natürlichen Sonnenlicht und zugeführter elektrischer Energie; der zweite Versuch fand 1994 statt – diesmal lebten sieben Teilnehmer*innen mehr als sechs Monate in der Biosphere 2. Zwischen diese beiden Missionen fällt eine inhaltliche Umorientierung des Projektes, bei der eine spätere Schlüsselfigur der

frühen Trump-Präsidentschaft eine zentrale Rolle spielte: Stephen K. Bannon. Der ehemalige Investmentbanker fungierte zwei Jahre lang, von 1993 bis 1995, als Acting Director der Biosphere 2 – und setzte durch, dass nicht mehr, wie ursprünglich geplant, die Lebensbedingungen für einen Exodus ins All wissenschaftlich zu erforschen sind, sondern fortan irdischere Themen wie Umweltverschmutzung und globale Erwärmung auf der Agenda stehen sollten (Abb. 8.6).

Die beiden antipodischen Typologien „Spiegelglasturm" (konkret: Trump Tower) und „Kristallpalast" (konkret: Biosphere 2) repräsentieren seither die Hypertrophien des Neoliberalismus: Während Ersterer für den utopielosen Pragmatismus eines real existierenden „höher, schneller und weiter" steht, dessen von außen undurchsichtige Fassaden einer üblicherweise zu kurz gekommenen Umgebung den (gold schimmernden) Spiegel vorhalten,

steht Zweiterer – deutlich blickdurchlässiger – für die einzige Utopie, die seit dem Ende des Bretton-Woods-Abkommens größere Unterstützung fand: die ökologisch inspierte.[19] Beide stehen auch für den Instabilitätsdrall des Neoliberalismus – und bieten kompensierende Bilder der Solidität bzw. der kosmisch-terrestrischen Kontrollierbarkeit an: Während der Trump Tower dem Ende des Goldstandards ein goldenes Denkmal zu setzen scheint, versucht sich die Biosphere 2 an der Steuerbarkeit des Raumschiff Erde. Dass ausgerechnet Bannon nach dem Ausscheiden beim Biosphere-2-Projekt nicht nur zunehmend reaktionäre Fimprojekte à la *In the Face of Evil: Reagan's War in Word and Deed* (2004) oder *Generation: Zero* (2010) produzierte, anschließend nicht nur beim rechtskonservativen Medienunternehmer Andrew Breitbart einstieg und ihn nach dessen Tod im Jahre 2012 beerbte, indem er zum Chef von *Breitbart News* wurde, anschließend – im August 2016 – nicht nur zum Chefberater im Team Trump und dann, wenige Tage nach der Inauguration Trumps zum US-Präsidenten am 20. Januar 2017, in den Nationalen Sicherheitsrat des Präsidenten Trump beförderte wurde …; dass ausgerechnet Stephen „Biosphere 2" Bannon auch noch zum ersten Mastermind der (Anti-)Klimapolitik der Trump-Administration wurde, ist mehr als nur eine Ironie der Geschichte. Jedenfalls war aus dem einstigen Kämpfer gegen Treibhausgase[20] ein ultrarechter White-Supremacy-Ideologe und selbst ernannter „Wirtschafts-Nationalist" geworden, als dessen größter politischer Triumph der von Trump am 1. Juni 2017 verkündete Ausstieg aus dem Pariser Klimabkommen gelten darf.

Dass neoliberale Geld- und Währungspolitiken Einfluss auf kulturelle und damit auch architektonische Artefakte hatten und haben, ist im ausgehenden 20. Jahrhunderts am deutlichsten von neomarxistischen Theoretiker*innen ausgeführt worden, vor allem vom Geografen David Harvey. In *The Condition of Postmodernity* stellt er – gewissermaßen als Echo der alten marxistischen Unterscheidung von Bau und Überbau – die Postmoderne als die kulturelle Logik des postfordistischen Spätkapitalismus vor,[21] welche auf die ökonomischen Stabilitätsverluste, die durch das Ende von „Bretton Woods" entstanden, mit kompensatorischen Scheinstabilitäten reagierte (Abb. 8.7). Bewusst oder unbewusst, so Harvey, fingen mit dem Beginn einer systematisierten Währungsspekulation viele einflussreiche Architekten wie Philip Johnson an, vergangenheitsbezogener und auch geschichtsfiktionaler zu entwerfen. Hinter den Kulissen historisierender Granitfassaden der späten 1970er- und 1980er-Jahre, so Harvey, war Schulden-finanziertes Kapital am Werk: „It is, perhaps, appropriate that the postmodernist developer building, as solid as the pink granite of Philip Johnson's AT&T building, should be dept-financed, built on the basis of ficticious capital, and architecturally conceived of, at least on the outside, more in the spirit of fiction than of function."[22] Gerade der letzte Satz, mit dem auf die vielen Geschichtsandeutungen des AT&T Building angespielt wird – das Palladio-Motiv der unteren Stützenstellung oder das Chippendale-Motiv des Gebäudeabschlusses (Abb. 8.8) –, lässt sich 1:1 auf den ungefähr zur gleichen Zeit erbauten Trump Tower übertragen – mit dem Unterschied, dass Trump bzw. Der Scutt Stabilitätssuggestion nicht in der Geschichte, sondern in der Illusion von Materialwert, in der Goldoptik anbietet.

Doch die von Harvey insinuierte Kompensation von ökonomischen Instabilitäten durch Scheinstabilitäten ist selbst Geschichte geworden. So haben Ana Jeinić und Anselm Wagner in ihrem Buch *Is There (Anti-)Neoliberal Architecture?* (2013) deutlich gemacht, dass in neoliberalen Kontexten jegliches Formenspiel appropriiert werden kann: „Like a big sponge, neoliberalism has absorbed all leftist emancipatory tendencies toward freedom, autonomy, and self-determination, and all critique of governmental suppression and

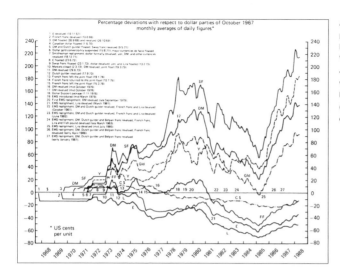

Abb. 8.7: Relativer Null-
punkt des Neoliberalismus:
Das Ende des Bretton-
Woods-Abkommens im
Jahre 1973 führte zu einem
weltweiten wirtschaftlichen
Destabilisierungsschub mit
(bau-)kulturellen Konse-
quenzen.

Abb. 8.8: Kompensatori-
sche Scheinstabilität:
das 1979 entworfene und
1984 fertiggestellte AT&T
Building von Philip Johnson
und John Burgee, heute
„550 Madison Avenue"
genannt.

Abb. 8.9: Symbol für die Schieflage der spanischen Wirtschaft des Jahres 2008: die beiden 1996 von Philip Johnson und John Burgee fertiggestellten Puerta-de-Europa-Hochhäuser an der Plaza de Castilla in Madrid.

Abb. 8.10: *Architecture parlante* des wirtschaftlichen Scheiterns: der ehemalige Hypo-Alpe-Adria-Hauptsitz in Klagenfurt, Österreich, erbaut 2002 nach Plänen von Thom Mayne.

paternalism formulated in the sixties, fusing them with neoconservative ideas of *free* (but in fact highly protected) market, low taxes (for companies), and no boundaries (for the free flux of goods, capital, and manpower)."[23] Entsprechend stellen Jeinić und Wagner jegliche Vorstellungen *einer* neoliberalen Architektur-Ästhetik in Abrede: „Given the capacity of capitalism to absorb and actively (re-)produce cultural difference, it is highly questionable if any common aesthetic characteristics can be traced within contemporary global architectural production and identified as exclusively neoliberal."[24] Die beiden bringen es auf den Punkt: „[...] there is no neoliberal architecture, but there are neoliberal architectures."[25]

Dazu gehören auch die Architekturen der Schein-*In*stabilitäten, die seit der Heraufkunft des neoliberalen Zeitalters, insbesondere in den 1990er-Jahren, vor allem in Gestalt dekonstruktivistischer Architekturen materialisiert wurden, und zwar – erstaunlicherweise oder nicht – vor allem im Kontext von Bankarchitekturen. So stellten Philip Johnson und John Burgee 1996 die beiden einander schief zugeneigten Puerta-de-Europa-Hochhäuser an der Plaza de Castilla in Madrid fertig. Von der Sparkasse Caja Madrid und der Bankia-Gruppe und dem Immobilienunternehmen Realia genutzt, sind die beiden einst für wirtschaftlichen Aufbruch stehenden Bauten mit dem Platzen

Abb. 8.11: Anti-Austeritäts-Ästhetik: die nach Plänen von Coop Himmelb(l)au zwischen 2010 und 2013 realisierte Europäische Zentralbank in Frankfurt am Main mit dem gläsernen Neubau (links) und dem von Martin Elsässer 1928 als Großmarkthalle errichteten Altbau (Mitte); das Bild zeigt im Vordergrund die Erinnerungsstätte an die Judendeportationen und entstand im Rahmen des vom IGmA in Kooperation mit dem Künstlerhaus Mousonturm konzipierten „Rechte Räume"-Walks am 7. Juli 2019.

der Immobilienblase im Jahre 2008 zum Symbol für die Schieflage der spanischen Wirtschaft geworden (Abb. 8.9). Das zweite Beispiel findet sich in Klagenfurt. Dort errichtete 2000 der kalifornische Architekt Thom Mayne die Zentrale der Hypo-Alpe-Adria-Bank, mit dynamisch aufsteigenden Schrägen und gekrümmten Trakten, die durch Bruchlinien fragmentiert sind (Abb. 8.10). Auch hier wurde die Architektur, die eigentlich für Offenheit und Wagemut stehen sollte, ab 2009 zu einer *architecture parlante* ganz anderer Art, als die Bank verstaatlicht wurde (um 2014 ganz zerschlagen zu werden). Als letztes Beispiel sei der Neubau der Europäischen Zentralbank in Frankfurt am Main erwähnt, der zwischen 2010 und 2013 vom Wiener Büro Coop Himmelb(l)au erbaut wurde. Ein Gebäudekomplex aus zwei miteinander verbundenen polygonalen Zwillingstürmen ist entstanden, die einmal mehr mit den Insignien des Dekonstruktivismus hantieren: gekrümmte Oberflächen, schräge Stützen, schiefwinklige Treppen (Abb. 8.11). Nie war Bankarchitektur so stabilitätsvergessen wie heute: Anti-Austeritäts-Ästhetik.

Während die Instabilitätsästhetiken der erwähnten Bankgebäude und die Stabilitätsästhetiken der von Harvey untersuchten Architekturen bzw. der Biosphere 2 und des Trump Tower als *unbewusste* Reaktionen auf den Neoliberalismus betrachtet werden können, gilt der Parametrismus Patrik Schumachers als einzig *bewusstes* Stilangebot eines prominenten, sich seit geraumer Zeit zum Libertarianismus bekennenden Architekten an (nicht nur) neoliberal verfasste Gesellschaften. Einst auf der Architekturbiennale Venedig 2008 manifestös ausgerufen,[26] kann der Parametrismus als ein von gekrümmten und gekurvten Oberflächen geprägter Architekturstil beschrieben werden, der die zunächst emanzipatorisch gemeinten, dann neoliberal gewendeten „models of self-organization, ermergence and complexity"[27] in Architektur zu übertragen versucht – und dem auf dem Weg zum Triumph, glaubt man Schumacher, nur die GFC in die Quere kam: „Wäre die Finanzkrise nicht gewesen, dann hätte der Parametrismus mittlerweile eine Hegemonialposition innerhalb der Architektur inne, ähnlich wie die Moderne."[28] Um seine neuesten politischökonomischen Überzeugungen macht der Chef von Zaha Hadid Architects kein Geheimnis: „Neoliberalismus ist auf jeden Fall besser als Sozialismus oder eine staatliche Regulierung. Die 1990er- und frühen Nuller-Jahre waren meiner Meinung nach nicht liberal genug. Die Wirtschaftskrise hatte ihre Ursache nicht in der Deregulierung, sondern in einer falschen politischen Weichenstellung. Deshalb bezeichne ich mich als libertär und sympathisiere mit dem Anarcho-Kapitalismus, der Staatlichkeit und Zwangssolidarität infrage stellt. Ich bin auch dafür, dass die EU wieder in kleinere Staaten zerfällt. Das gleiche gilt für Großbritannien und Deutschland – dann funktioniert Politik vielleicht auch wieder besser. Mich stören diese riesigen Staatsbürokratien."[29]

Der sich in dieser Weise öffentlich so dezidiert politisch äußert, überträgt ausgerechnet in seinem wenige Jahre zuvor erschienenen theoretischen Hauptwerk *The Autopoiesis of Architecture*[30] den Niklas Luhmann'schen Kosmos moderner Funktionssysteme auf den Architekturdiskurs – und will damit die Existenz eines autonomen „Architektursystems" in Ergänzung zu den bereits bekannten Luhmann'schen Systemen (Erziehungssystem, Kunst, Medien,

Abb. 8.12–14: Architektur ist offenbar kein von der Politik separiertes Funktionssystem: Protestplakate gegen Patrik Schumacher (Zaha Hadid Architects), nachdem er sich im November 2016 während des World Architecture Festivals in Berlin für eine Abschaffung des sozialen Wohnungsbaus und die Privatisierung von öffentlichen Plätzen ausgesprochen hat.

Politik, Recht, Religion, Wirtschaft und Wissenschaft) ausrufen. Doch was Schumacher damit aus der Architektur ausschließen will – die Politik vor allem und die Wirtschaft –, kommt umso Bumerang-hafter zurück. So sprach er sich während des World Architecture Festivals im November 2016 in Berlin für eine Abschaffung des sozialen Wohnungsbaus, für die Privatisierung von öffentlichen Plätzen und für die Bebauung von 80 Prozent des Hyde Parks aus – und erntete den bis dato wohl größten Shitstorm der Architekturgeschichte. In der Folge gab es sogar Proteste von linken Aktivist*innen im Netz und vor dem Büro von Zaha Hadid Architects. Wenngleich einige der Statements sicherlich über das Ziel hinausschossen – auf einem Plakat stand etwa in schwarz-rot-goldenen Lettern zu lesen: „ARBEIT MACHT FREI – PATRIK SCHUMACHER – ARCHITECT OF FASCISM" (Abb. 8.12–14) – so sollte

Abb. 8.15: Spitzname „Devil's Dildo": der Entwurf für „666 Fifth Avenue" von Zaha Hadid Architects aus dem Jahre 2017, ein (mittlerweile gecanceltes) Projekt des New Yorker Immobilienunternehmens Kushner Companies und Trump-Schwiegersohns Jared Kushner.

spätestens dann auch Schumacher deutlich geworden sein: Die Architektur bildet sicherlich kein Luhmann'sches funktional geschlossenes Funktionssystem. Noch nie war so unklar wie heute, was denn eigentlich Architektur ist, diese vielleicht komplexeste Kulturtechnik, die die Menschheit hervorgebracht hat. Es lassen sich sowohl Beweise für eine stärkere Politisierung wie für eine stärkere Ökonomisierung der Architektur finden. Ebenso sind Anhaltspunkte für eine stärkere Verwissenschaftlichung und einen immer deutlicher ausgesprochenen Kunstanspruch zu konstatieren. Die Architektur kann wohl – wie alle unter den Bedingungen der Moderne operierenden Enzyklopädismen[31] – am besten *zwischen* Funktionssystemen verortet werden, also zwischen Kunst, Politik, Ökonomie, Wissenschaft/Technik etc.

Der mit dem Trump Tower begonnene Kreis von Architekturen eines durchdrehenden Neoliberalismus schließt sich vorläufig wieder an der Fifth Avenue, und zwar diesmal an der Hausnummer 666. Dort steht das sogenannte „Tishman Building", ein 40-stöckiges, vor 60 Jahren errichtetes Gebäude in der Nähe vom Rockefeller Center, in dem das Immobilienunternehmen Kushner Companies ihren Hauptsitz hat – nicht mehr lange, wenn es nach Jared

Abb. 8.16: Vorläufiger Höhepunkt der Radikalisierung Patrik Schumachers: ein Retweet des AfD-nahen „Crash-Propheten" Markus Krall, der sich für die Abschaffung des Allgemeinen Wahlrechts für Bafög- und Sozialhilfe-Empfänger*innen sowie alle, die in einem subventionierten Betrieb arbeiten, ausgesprochen hat.

Kushner ginge, dem Gatten von Donald-Trump-Tochter Ivanka, der bis vor Kurzem das Unternehmen mitgeleitet hat und dessen Unternehmensanteile aus politischen Gründen an seinen Vater Charles Kushner verkauft werden mussten – zumindest offiziell. Jared Kushner beauftragte jedenfalls Patrik Schumacher im Jahre 2017 mit dem Design eines neuen, 427 Meter hohen und 7,5 Milliarden Dollar teuren Supertowers, der mit einem Mix aus Geschäften, Büros, Hotelräumen und ultraluxuriösen Apartments punkten sollte (Abb. 8.15).[32] Wenngleich das Projekt noch im selben Jahr gecancelt wurde, weil zahllose Investoren absprangen,[33] positioniert sich seither Schumacher dennoch immer deutlicher aufseiten der Rechten, etwa indem er in der Show des ultrakonservativen, rechtslibertären Publizisten Thomas E. Woods auftrat – und diesem öffentlich bescheinigt, dass er nur aufgrund dieses Buches *Meltdown* (2009) zum Anhänger der neoliberalen Österreichischen Schule bekehrt wurde. Woods' Texte erscheinen auf Deutsch exklusiv im libertär-rechtsradikalen Lichtschlag-Verlag und der dazugehörenden Monatszeitschrift *eigentümlich frei*, in der auch Schumacher publizierte.[34] Ebenso macht sich der Architekt für Vít Jedličkas „Liberland"-Projekt stark, einer Steueroase auf einer unbewohnten Donau-Insel zwischen Serbien und Kroatien, ebenso für Titus Gebels Initiative von „Freie Privatstädten", in denen Unternehmen als „Staatsdienstleister" auftreten und Bewohnern angeblich Schutz von Leben, Freiheit und Eigentum in einem abgegrenzten Gebiet garantieren würden.[35] Ein vorläufiger Höhepunkt der politischen Radikalisierung Schumachers wurde im April 2020 erreicht, als er sich öffentlich mit Markus Krall solidarisierte, dem AfD-nahen Sprecher der Geschäftsführung der Degussa Goldhandel GmbH, der sich für die Abschaffung des Allgemeinen Wahlrechts für Bafög- und Sozialhilfe-Empfänger*innen sowie alle, die in einem subventionierten Betrieb arbeiten, ausgesprochen hat (Abb. 8.16).

Anmerkungen

1 Dieses Kapitel erschien zuerst unter dem Titel „Gibt es eine neoliberale Architektur" im *Baumeister* 11/2017 (https://www.baumeister.de/gibt-es-neoliberale-architektur/; zuletzt abgerufen am 20. April 2020). – Der Begriff „Große Regression" ist folgendem Buch entlehnt: Heinrich Geiselberger (Hrsg.): *Die große Regression. Eine internationale Debatte über die geistige Situation der Zeit*, Berlin: Suhrkamp, 2017.

2 Joseph Vogl: *Das Gespenst des Kapitals*, Zürich: diaphanes, 2010, S. 52.

3 Hyman P. Minsky: „Die Hypothese der finanziellen Instabilität: Kapitalistische Prozesse und das Verhalten der Wirtschaft" (1982), in (ders.): *Instabilität und Kapitalismus*, Zürich: diaphanes, 2011, S. 21 f.

4 Minsky, „Die Hypothese der finanziellen Instabilität", .a. a. O., S. 65.

5 Vgl. ebd.

6 Vgl. Karl Heinz Roth: *Die globale Krise*, Hamburg: VSA, 2009, S. 327.

7 Joseph Vogl: „Vorbemerkung", in: Hyman P. Minsky: *Instabilität und Kapitalismus*, Zürich: diaphanes, 2011, S. 16 f.

8 Vgl. Bart Lootsma: „Die Paradoxien des modernen Populismus" (2007), in (ders.): *Reality Bytes. Ausgewählte Schriften 1995–2015*, Basel: Birkhäuser, 2016.

9 Zitelmann publizierte neben Ernst-Nolte-nahen Analysen zur NS-Zeit auch Bücher à la *Reich werden mit Immobilien* (2002), *Vermögen bilden mit Immobilien* (2004) oder *Reich werden und bleiben: Ihr Wegweiser zur finanziellen Freiheit* (2015); er verkaufte seine Firma im Jahre 2016.

10 Als für die AfD tätige Politiker*innen sind etwa der Berliner Frank-Christian Hansel, der von 2002 bis 2012 Deutschland-Geschäftsführer des spanischen Immobilienriesen Metrovacesa war, der Berliner Immobilienmakler und -unternehmer Frank Scheermesser, der Kölner Immobilienökonom und Rechtsanwalt Roger Beckamp, die niedersächsische Immobilien- und Versicherungsmaklerin Dana Guth, der sächsische Immobilienmakler Uwe Wurlitzer (AfD-Austritt 2017; daraufhin Eintritt in die Blaue Partei) oder der sachsen-anhaltinische Immobilienunternehmer Tobias Rausch zu erwähnen.

11 Hierfür stehen in Deutschland beispielsweise auch die einst neoliberalen und heute zunehmend rechtsnationalistischen Wirtschafts-Publizisten André F. Lichtschlag (*eigentümlich frei*) und Roland Tichy (*Tichys Einblick*). Auch die Kontroversen um die Mitgliedschaft von AfD-Politiker*innen wie Beatrix von Storch, Alice Weidel und Peter Boehringer in der Friedrich-A.-von-Hayek-Gesellschaft sind in diesem Zusammenhang zu erwähnen.

12 Zum Thema Spiegelglasturm und Neoliberalismus hat Reinhold Martin einige lesenswerte Gedanken in folgendem Aufsatz beigetragen: „Spiegelglas – Widerspiegelungen", in: *ARCH+ 191/192*: „*Schwellenatlas*", März 2009.

13 Vgl. David Harvey: *Kleine Geschichte des Neoliberalismus*, Zürich: Rotpunktverlag, 2007 [2005], S. 45.

14 Vgl. Donald J. Trump, Tony Schwartz: *Trump. Die Kunst des Erfolges*, München: Heyne, 1988 [1987], S. 71.

15 Vgl. Trump, Schwartz, *Trump. Die Kunst des Erfolges*, a. a. O., S. 146.

16 Ebd.

17 Vgl. Trump, Schwartz, *Trump. Die Kunst des Erfolges*, a. a. O., S. 143.

18 Vgl. Francis Fukuyama: *Das Ende der Geschichte. Wo stehen wir?*, München: Kindler, 1992.

19 Vgl. Ana Jeinić: „Neoliberalism and the Crisis of the Project … In Architecture and Beyond", in: Ana Jeinić, Anselm Wagner (Hrsg.): *Is There (Anti-)Neoliberal Architecture?*, Berlin: Jovis, 2013, S. 70.

20 In einer TV-Dokumentation des Senders C-Span wird Bannon 1996 mit folgenden Gästen zitiert [...]: „A lot of the scientists who are studying global change and studying the effects of greenhouse gases, many of them feel that the Earth's atmosphere in 100 years is what Biosphere 2's atmosphere is today. We have extraordinarily high CO_2, we have very high nitrous oxide, and we have high methane. And we have lower oxygen content. So the power of this place is allowing those scientists who are really involved in the study of global change, and which, in the outside world or Biosphere 1, really have to work with just computer simulation, this actually allows them to study and monitor the impact of enhanced CO_2 and other greenhouse gases on humans, plants, and animals." – Zit. nach Samantha Cole: „The Strange History of Steve Bannon and the Biosphere 2 Experiment", in: *Motherboard*, 15. November 2016

(https://motherboard.vice.com/en_us/article/
the-strange-history-of-steve-bannon-and-the-
biosphere-2-experiment; zuletzt abgerufen am
20. April 2020).

21 Vgl. David Harvey: *The Condition of Postmodernity*,
Cambridge, Mass./Oxford: Blackwell, 1990, S. 63.

22 Ebd.

23 Jeinić, Wagner, „Introduction", a. a. O., S. 7.

24 Jeinić, Wagner, „Introduction", a. a. O., S. 9.

25 Ebd.

26 Patrik Schumacher: „Parametricism as Style - Para-
metricist Manifesto" (2008; http://www.patrik-
schumacher.com/Texts/Parametricism%20as%20
Style.htm; zuletzt abgerufen am 20. April 2020).

27 Douglas Spencer: *The Architecture of Neolibera-
lism. How Contemporary Architecture Became an
Instrument of Control and Compliance*, New York:
Bloomsbury Academic, 2016, S. 4.

28 Patrik Schumacher, zit. nach „Der Anecker. Patrik
Schumacher im Gespräch mit Alexander Russ
(2017; https://www.baumeister.de/der-anecker/;
zuletzt abgerufen am 20. April 2020).

29 Ebd.

30 Patrik Schumacher: *The Autopoiesis of Architecture
(Vol. I): A New Framework for Architecture*, London:
Wiley, 2011; *The Autopoiesis of Architecture
(Vol. II): A New Agenda for Architecture*, London:
Wiley, 2012.

31 Vgl. Gerd de Bruyn: *Die enzyklopädische Architektur. Zur Reformulierung einer Universalwissenschaft*,
Bielefeld: Transcript, 2008.

32 Dan Howarth: „Zaha Hadid Architects' 666 Fifth
Avenue skyscraper unlikely to go ahead", in: *Dezeen*,
17. Oktober 2017 (https://www.dezeen.com/
2017/10/17/zaha-hadid-architects-666-fifth-ave-
nue-skyscraper-jared-kushner-companies-unlikely/;
zuletzt abgerufen am 20. April 2020).

33 David Kocieniewski, Caleb Melby: „Kushners' China
Deal Flop Was Part of Much Bigger Hunt for Cash"
(2017; https://www.bloomberg.com/gra-
phics/2017-kushners-china-deal-flop-was-part-
of-much-bigger-hunt-for-cash/; zuletzt abgerufen
am 20. April 2020).

34 „Architektur: Private Kreativität statt politische
Planung. Interview mit Patrik Schumacher", in:
eigentümlich frei 181, April 2018; Patrik Schumacher: „Fragebogen: Beschwingt. Größenwahn-
sinnig. Revolutionär", in: *eigentümlich frei 185*,
September 2018.

35 Vgl. Titus Gebel: *Freie Privatstädte*, Walldorf: Aquila
Urbis, 2018.

9 Aufklärung der Dialektik. Über rechte Räume in den USA

Die Vereinigten Staaten von Amerika machen derzeit eine bis vor Kurzem noch für völlig unmöglich gehaltene politische Transformation in Richtung „Rechtsaußen" durch, sodass selbst eine hart gesottene, krisenerfahrene Politikerin wie die ehemalige US-Außenministerin Madeleine Albright sich 2018 bemüßigt fühlte, ein Buch mit dem Titel *Faschismus: Eine Warnung* zu veröffentlichen.[1] Es adressiert auch und vor allem den seit November 2016 amtierenden US-Präsidenten Donald Trump, den Albright als „erste[n] antidemokratische[n] Präsidenten in der neueren Geschichte der USA" bezeichnet.[2] Wie konnte es in *der* modernen Paradedemokratie, die Jahrzehnte, ja Jahrhunderte lang ausgewanderten Europäern ein demokratischeres Leben versprach, die Entscheidendes dazu beitrug, Europa und insbesondere Deutschland vom Nationalsozialismus zu befreien, so weit kommen? Bei Albright verbleibt die Analyse der fatalen politischen Entwicklung in den USA im Vagen: Sie macht als Hauptgründe lediglich reduzierte menschliche Aufmerksamkeitsspannen, zu hohe Wohlstandserwartungen, den Umgang mit der Finanzkrise 2008 sowie soziale Medien aus, deren Betreiber Fake News ermöglichen.[3] Daher nochmal: Wie konnte es so weit kommen?

Bieten möglicherweise die drei wohl bekanntesten Amerika-Interpreten, die Europa bis dato hervorgebracht hat, Ansätze für die Erklärung der aktuellen US-Polit-Gemengelage? Alexis de Toqueville (1805–1859), der französische Publizist, Politiker und Historiker, warnt zwar in seinem 1835 erstmals erschienenen Buch *Über die Demokratie in Amerika* vor den Gefahren demokratischen Regierens, die zu einer „Tyrannei der Mehrheit" führen könnten, konstatiert aber auch, dass die Vereinigten Staaten „auf einer Idee anstelle einer in ‚Blut und Boden' verankerten nationalen Identität" fußten.[4] Von den jüngeren Entwicklungen der US-amerikanischen Geschichte, die sehr wohl, wie im Folgenden zu zeigen sein wird, auf die Entstehung einer spezifisch amerikanischen Blut-und-Boden-Ideologie hindeuten, wäre er sicherlich mehr als überrascht gewesen. Oder Jean Baudrillard (1929–2007). In seinem Buch *Amerika* (1986) beschreibt er die USA als „verwirklichte Utopie",[5] die von einer „primitive[n] Gesellschaft der Zukunft"[6] bewohnt würde, einer Gesellschaft der „Komplexität, der Gemischtheit und der größten Promiskuität".[7] Seine Aufmerksamkeit gilt vor allem den Wüsten und den

Simulakren, kaum dem Sozialen. Letzteres wird mit Bemerkungen wie jener, dass die beim „Mord an den Indianern [...] freigesetzte Energie [...] noch heute über Amerika" strahlen würde,[8] nur kurz angetippt. Auch er wäre über die jüngere US-amerikanische Entwicklung sicherlich mehr als erstaunt gewesen. Schließlich Max Horkheimer (1895–1973) und Theodor W. Adorno (1903–1969). Die deutsch-jüdischen Philosophen vollendeten 1944 im kalifornischen Exil ihr gemeinsames Hauptwerk *Dialektik der Aufklärung*, in dem sie der Aufklärung eine radikale Kritik unterziehen – und eine proto- bzw. vollfaschistische „Entwicklung zur totalen Integration"[9] nicht nur in ihrer vor die Hunde gehenden deutschen Heimat, sondern auch am Ort der eigenen Rettung entdecken: in den kapitalistischen Vereinigten Staaten mit ihrer von Film, Fernsehen und Jazz geprägten Kulturindustrie. Im Vergleich mit de Toqueville und Baudrillard hätten sich die beiden Hauptvertreter der Frankfurter Schule vielleicht am wenigsten über den Triumph von Trump etc. gewundert.

Lange Zeit – insbesondere unter den Vorzeichen der Postmoderne und ihrer Infragestellung von „hoher" und „niedriger Kunst" – standen die auf Elitismen sich kaprizierenden kulturellen Präferenzen Horkheimers und Adornos unter massivem Obsoletheitsverdacht, doch die Wahl Trumps zum US-Präsidenten bescherte den beiden eine beachtliche Renaissance. So veröffentlichte im Dezember 2016 Alex Ross im *New Yorker* seinen Essay „The Frankfurt School Knew Trump Was Coming".[10] Darin schreibt er: „As early as the forties, Adorno saw American life as a kind of reality show [...]. Now a businessman turned reality-show star has been elected President. Like it or not, Trump is as much a pop-culture phenomenon as he is a political one." Einige Monate später greift Eberhard Nembach vom *Hessischen Rundfunk* den Alex Ross'schen Aktualisierungsversuch von Horkheimer/Adorno mit einer Reihe von Übersetzungsvoschlägen auf. Wenn Letztere schreiben: „Wie freilich die Beherrschten die Moral, die ihnen von den Herrschenden kam, stets ernster nahmen als diese selbst, verfallen heute die betrogenen Massen mehr noch als die Erfolgreichen dem Mythos des Erfolgs", so dolmetscht Nembach: „Arme Leute wählen einen Milliardär, der Bäder mit goldenen Armaturen liebt, zum Präsidenten. Weil sie daran glauben, dass der Erfolg zählt, dass man einen echten Macher braucht, einen, der weiß, wie man gewinnt." Oder wenn es in der *Dialektik der Aufklärung* weiter heißt: „Sie haben ihre Wünsche. Unbeirrbar bestehen sie auf der Ideologie, durch die man sie versklavt. Die böse Liebe des Volks, zu dem was man ihm antut, eilt der Klugheit der Instanzen noch voraus", so überträgt Nembach: „Sie glauben also das, was Donald Trump ihnen in seiner Fernsehshow *The Apprentice* immer eingeredet hat, und lieben ihn dafür. Trump ist der Chef. Alle anderen sind die Lehrlinge. Oder sie sind nicht mal dafür gut genug: ‚You are fired!'"[11] Und dennoch: Indem Horkheimer und Adorno in jedem Aufklärungsbemühen auch Mythisierungstendenzen und in jedem Vernunftstreben auch regressive gesellschaftliche Tendenzen erblicken, warnen sie zwar allgemein vor einer sich absolutierenden Rationalität, leisten aber – jedenfalls mit diesem Buch[12] – keinen signifikanten Beitrag zur historischen Erklärung des deutschen Nationalsozialismus – und schon gar nicht des amerikanischen Rechtsradikalismus. Letzterer muss vor dem Hintergrund eines doppelten amerikanischen Traumas verstanden werden: einerseits der jahrhundertelangen Quasi-Vernichtung[13] der indigenen Bevölkerung Nordamerikas und andererseits der ebenfalls jahrhundertelangen Sklaven- und anschließenden Apartheidspolitik gegenüber der afroamerikanischen Bevölkerung. In gebotener Abstraktion seien daher im Folgenden die daraus resultierenden rechten Räume für den ersteren Fall entlang einer Ost-West-Achse und für den zweiteren Fall entlang einer Nord-Süd-Achse skizziert. Sodann wird – drittens – das bis heute nachwirkende „Fadenkreuz" sowohl der Ost-West-Achse als auch der Nord-Süd-Linie anhand ausgewählter Beispiele präsentiert, bevor – viertens – auf das entscheidende Verhältnis der amerikanischen Rechten zum (Wohlfahrts-)Staat einzugehen sein wird. In einem fünften und letzten Schritt wird der Durchbruch zur Macht der amerikanischen äußersten Rechten anhand von Trump, Stephen K. Bannon und der Alt-Right-Bewegung beschrieben. Die fünf Schritte präzisieren die *Dialektik der Aufklärung* im Sinne einer „Aufklärung der Dialektik".

I. Go West: Die Quasi-Vernichtung der indigenen Bevölkerung Nordamerikas

Die europäische Kolonisierung Amerikas begann zwar bekanntlich 1492, diejenige Nordamerika allerdings erst nach 1600, als erste Kolonien an der Ostküste entstanden. Als erste „Indianerkriege" gelten die beiden Kriege englischer Kolonisten gegen die Powhatan-Föderation, die sich von 1608 bis 1614 bzw. von 1644 bis 1646 in der Kolonie Virginia zutrugen. Ins kollektive europäische Gedächtnis hat sich insbesondere das Jamestown-Massaker vom 22. März 1622 eingebrannt, als Pamunkey-Krieger die erste dauerhafte englische Siedlung in Nordamerika überfielen und 347 Kolonisten töteten – was später zur moralischen Legitimation für die annähernd vollständige Auslöschung der indigenen Bevölkerung Neuenglands herangezogen werden sollte. Eine beständig die *frontier* nach Westen verschiebende Territorialisierung war die Folge, die nach und nach Lebensgrundlagen der indigenen Bevölkerung zerstörten – etwa die Bisonherden der Präriestämme (Abb. 9.1). Es folgten bis Ende des 19. Jahrhunderts Hunderte von Kriegshandlungen europäischer und europastämmiger Kolonisatoren und Einwanderer gegen die amerikanischen Ureinwohner, die am 29. Dezember 1890 ihren symbolischen Tiefpunkt erreichten, als auf dem Gebiet der heutigen Ortschaft Wounded Knee in der Pine Ridge Reservation in South Dakota 300 wehrlose Angehörige verschiedener Sioux-Indianerstämme von Angehörigen des 7. US-Kavallerie-Regiments ermordet wurden (Abb. 9.2) Der 1970 erschienene Bestseller *Bury My Heart at Wounded Knee*[14] von Dee Brown erzählt das Massaker als schrecklichen Schlussakkord einer jahrhundertelangen Vernichtung der indigenen Bevölkerung Nordamerikas.

Die Eroberung des amerikanischen Westens vollzog sich vor allem mithilfe zweier räumlicher Instrumente, nämlich – ab dem 17. Jahrhundert – mit dem Bau von Forts und – ab Mitte des 19. Jahrhunderts – mit der kontinuierlichen *frontier*-Verschiebung mittels Stacheldraht. Amerikanische Frühgeschichte ist auch und vor allem die Geschichte von Bewohnern von Forts wie dem 1701 von Franzosen errichteten Fort Detroit (heute Detroit) (Abb. 9.3) oder dem 1754 von Engländern erbauten Fort Pitt (heute Pittsburgh), die verschiedentliche Kampfhandlungen indigener Stämme provozierten. Um 1850 – die Vereinigten

Abb. 9.1: Reste zerstörter Lebensgrundlagen der indigenen Bevölkerung: ein aufgehäufter Berg von
Bison-Schädeln, in der nordamerika-
nischen Prärie (Foto von 1892).

Abb. 9.2: Endpunkt einer jahrhundertelangen Vernichtung:
Gedenkstätte für das Massaker an
300 wehrlosen Angehörigen verschiedener Sioux-Stämme in der
Gemeinde Wounded Knee, Pine
Ridge, South Dakota (Foto von 1997).

Abb. 9.3: Provozierte Kampfhandlungen indigener Stämme: das 1701 von
Franzosen errichteten Fort Detroit
(heute Detroit) bei einer Belagerung
im Jahre 1763; Gemälde von Frederic
Remington (1861–1909).

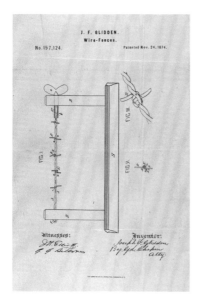

Staaten hatte bekanntlich bereits 1776 die Unabhängigkeit erklärt und in den folgenden Jahrzehnten in zahllosen Kampfhandlungen den Indigenen ein riesiges Territorium abgetrotzt – stellte sich das Problem der wirtschaftlichen Nutzung der sogenannten Prärie, also der amerikanischen Wüste zwischen dem Missouri und den Rocky Mountains, die für Ackerbau völlig ungeeignet ist.[15] In diese historische Periode der „open ranges", Rinderherden und nomadisierenden Cowboys, die zum zentralen Mythos der amerikanischen Geschichte geworden ist, fiel ab ca. 1860 die Erfindung und ab 1874 die Patentierung des Stacheldrahts durch Joseph Glidden (Abb. 9.4).[16] Damit, schreibt der Historiker Olivier Razac, wurde der geografische und soziale „Raum der Indianer in eine feindliche Umgebung" verwandelt, „in der sowohl das Nomadentum der Indianer als auch ihre Art zu jagen unmöglich geworden ist".[17] Der Stacheldraht, so Razac, machte aus der Prärie „einen fremden Ort, an dem ein Stammesleben unvorstellbar ist".[18] Kurz: „[...] [E]r schafft die Bedingungen für das physische und kulturelle Verschwinden des Indianers."[19]

Ein Verschwinden, das die allermeisten Überlebenden in die relative Unsichtbarkeit von Reservaten führte. Diese waren mit dem Scheitern der Assimilationspolitik à la Thomas Jefferson ab ca. 1815 eingerichtet worden. Am 28. Mai 1830 unterzeichnete Präsident Andrew Jackson den von ihm forcierten und mit knapper Mehrheit im Repräsentantenhaus durchgesetzten „Indian Removal Act", mit dem indigene Stämme ohne deren Einverständnis aus fruchtbarem Land in eher karge Gebiete westlich des Mississippi im heutigen Bundestaat Oklahoma deportiert wurden. Mit Waffengewalt wurden die amerikanischen Ureinwohner in Internierungslagern wie dem Fort Marr in Georgia bis zum Abtransport festgesetzt und enteignet. Die über mehrere Jahre sich vollziehende Umsiedlung, die als „Trail of Tears" („Pfad der Tränen") in die Geschichte eingehen sollte, betrafen die Muskogee (Creek), Cherokee, Chickasaw, Choctaw und Seminolen. Auf dem Weg in die „Indian reservations" starb über ein Viertel der Vertriebenen durch Erschöpfung, Krankheiten, Kälte und Hunger. Doch auch in den Reservaten waren sie nicht sicher. Mit dem sogenannten „Oklahoma Land Run" erlaubte es die US-Regierung am 23. März 1889 willigen Siedlern, sich mit Wirkung zum 22. April desselben Jahres auch im „Indianer-Territorium" niederzulassen. Am Vormittag dieses Tages versammelten sich Tausende von Siedlern an der Grenze, und mit dem Startschuss um 12 Uhr Mittags begann das Wettrennen um ein möglichst gutes Stück Land in diesem Gebiet (Abb. 9.5); 1907 trat dann Oklahoma gemeinsam mit dem kleinen, noch den indigenen Stämmen verbliebenen Territorium als 46. Bundesstaat der USA bei. Erst 1924 wurde den amerikanischen Ureinwohnern mit dem Indian Citizenship Act das Wahlrecht eingeräumt.

Es gibt vielleicht kein Wohnhaus in den USA, in dem sich das Trauma der Quasi-Vernichtung der indigenen Bevölkerung auf so bizarre Weise manifestiert wie im Haus der amerikanischen Fabrikantenwitwe Sarah Winchester (1839–1922). Die Bauherrin war die Ehefrau von William Wirt Winchester, dem Sohn und Nachfolger des Bostoner Gewehrfabrikanten Oliver Winchester. Nach schweren familiären Schicksalsschlägen und einem Spiritualisten-Besuch war Sarah Winchester nicht mehr davon abzubringen, dass ihre Familie in einem Racheakt von den Geistern jener Menschen umgebracht wurde, die einst mit Winchester-Waffen ermordet worden waren – also vor allem von Geistern ermorderter „Indianer". Der Spiritualist machte Sarah Winchester glauben, dass sie den bösen Geistern, die es auf ihre Familie abgesehen hatten, nur entkommen könne, wenn sie der üblichen Schussrichtung der Winchester-Gewehre folgen würde – und dort kontinuierlich an einem labyrinthischen Haus bauen würde, das so verfertigt wird, dass sich die Geister der Ermordeten stets verirren würden. Bei einer Waffe, die auch „the gun that won the West" hieß, bedeutete dies, so weit als möglich nach Westen zu ziehen. So kaufte Sarah Winchester im kalifornischen San José ein altes Bauernhaus mit acht Zimmern und zog im Jahre 1884 dort ein. Als sie 1922 starb, war das kleine Haus zu einem Palast mit 160 Zimmern, 10 000 Fenstern, 2 000 Türen, 40 Treppen, 40 Schlafzimmern, 52 Dachfenstern, zwei Ballsälen, 13 Bädern sowie zahllosen Falltüren und Geheimgängen angewachsen (Abb. 9.6).

II. Nord vs. Süd: Von der Sklaverei zur Rassentrennung

Mit der entlang der Ost-West-Achse sich vollziehenden Eroberung des amerikanischen Westens, die eine weitgehende Vernichtung der indigenen Bevölkerung mit sich brachte, korrespondiert ein zweites amerikanisches Trauma, nämlich die Sklaverei- und Rassentrennungspolitik, die in gebotener Angemessenheit entlang einer Nord-Süd-Achse zu erzählen ist. Die Massenversklavung von Afrikanern begleitete die gesamte Kolonisierung Amerikas vom 16. bis 19. Jahrhundert. Insbesondere mit der Enstehung der Plantagenökonomie in den Südstaaten des 18. Jahrhunderts, die zunächst zur Erzeugung von Tabak und Reis, später von Baumwolle und Zuckerrohr aufgebaut wurden, entwickelte sich die Ausnutzung der Arbeitsleistung von Sklaven zu *der* ökonomisch entscheidenen Arbeitsleistung überhaupt – und verdrängte weitgehend alternative Formen wie beispielsweise die Lohnarbeit. Diese ökonomische Ordnung machte die Sklavenhalter nicht nur reich, sondern auch politisch einflussreich: Bis in die zweite Hälfte des 19. Jahrhunderts hinein war die Mehrzahl der amerikanischen Präsidenten Sklavenhalter; George Washington, von 1789 bis 1797 der erste US-Präsident, begann seine Sklavenhalter-„Karriere" mit zehn ererbten Sklaven; später hielt er auf seinem Landsitz Mount Vernon in Virginia zeitweilig 390 (Abb. 9.7). Das aufklärerische „Streben nach Glück" („pursuit of happiness"), das Thomas Jefferson, der spätere dritte Präsident der Vereinigten Staaten, ins philosophische Zentrum der Amerikanischen Unabhängigkeitserklärung von 1776 platzierte, war beschränkt auf das Glück der Nachkommen europäischer Kolonisatoren.

Erst im 19. Jahrhundert kam es zur Befreiung der amerikanischen Sklaven, und zwar als Folge des Sezessionskrieges 1861 bis 1865 zwischen den Nordstaaten und den in der Konföderation vereinten Südstaaten. Mit dem Sieg der Nordstaaten wurde die Amerikanische Verfassung durch drei Zusätze („amendments") erweitert, von denen Nummer 13 die Sklaverei aufhob, Nummer 14 den Schutz aller Bürger jeglicher Hautfarbe erweiterte und Nummer 15 Rassenbeschränkungen bei den Wahlen abschaffte. Letzteres *amendment* führte zwar zu einer kurzen Phase intensiver politischer Teilhabe der afroamerikanischen Bevölkerung, doch setzten viele Bundesstaaten *poll taxes* (Wahlsteuern) durch, die

sich die zumeist arme schwarze Bevölkerung nicht leisten konnte. Gleichzeitig wurde die sogenannte *grandfather clause* („Großvaterklausel") durchgesetzt, die jene Wähler von der *poll tax* befreite, deren Väter und Großväter bereits wahlberechtigt gewesen waren, also tendenziell schwarzenfeindliche weiße US-Amerikaner. Fortan sollte auch die rassistisch konnotierte Verherrlichung der Konföderation und insbesondere ihres erfolgreichsten Generals Robert E. Lee die politische Landschaft der USA prägen. Eine vom White-Supremacy-Gedanken durchdrungene Konföderierten-Denkmalpolitik etablierte sich, die Anfang des 20. Jahrhunderts ihren Höhepunkt erreichte. Landesweit entstanden zahllose Robert-E.-Lee-Reiterstandbilder, und am Stone Mountain bei Atlanta wurde ab 1909 ein riesiges Relief von drei Persönlichkeiten der Konföderierten in Stein gemeißelt: Auf dem Fußballfeld-großen, erst 1972 vollendeten Kunstwerk wurde neben Lee der Konföderierten-Präsident Jefferson Davis und General Thomas „Stonewall" Jackson verewigt (Abb. 9.8). Finanziert wurde das Ganze u. a. vom Ku-Klux-Klan.

Das Ende der Sklaverei in den USA führte nicht nur zu einer reaktionären Denkmalpolitik, sondern auch – und vor allem – zu einer massiven Rassensegregation, die alle Lebensbereiche der Gesellschaft durchdringen und nahezu jedes öffentliche Gebäude räumlich organisieren sollte. Hierzu trugen vor allem eine Reihe von als „Jim Crow Laws" bekannt gewordenen Gesetzen

bei, mit denen zwischen 1877 bis 1964 die systematische Trennung von Afroamerikaner*innen und Weißen festgeschrieben wurde, benannt nach dem „Jim Crow"-Stereotyp eines aus Minstrel Shows bekannten tanzenden, singenden Schwarzen. Es gab beispielsweise Toiletten oder Parkbänke nur für „Whites" oder „Coloured", ebenso entsprechende Gebäudezugänge, Aufzüge, Trinkfontänen oder Restauranttische (Abb. 9.9). Viele Gaststätten standen nur Menschen mit entsprechender Hautfarbe offen. Besonders deutlich wird das Problem der eingeschränkten Bewegungsmöglichkeiten für Schwarze beim *Negro Motorist Green Book*, das zwischen 1936 und 1966 erschien und US-weit Tankstellen, Autowerkstätten, Ärzt*innen und Hotels auflistete, die sich nicht weigerten, auch Afroamerikaner*innen ihre Dienste anzubieten (Abb. 9.10). Auch in Eisenbahnwaggons durften Schwarze nur in bestimmten Abteilen Platz nehmen, ebenso in Bussen, wo Weiße vorne sitzen durften und Schwarze im schlechter belüfteten hinteren Teil Platz zu nehmen hatten. Die Segregation wurde 1948 zunächst für die US-Streitkräfte aufgehoben, im zivilen Bereich aber erst 1964 abgeschafft, und zwar durch den von Präsident Lyndon B. Johnson initiierten Civil Rights Act.

Nicht nur einzelne Gebäude oder Bauteile konnten Teil einer Segregationsmaschine sein, sondern auch ganze Stadtviertel und Städte. Noch in den

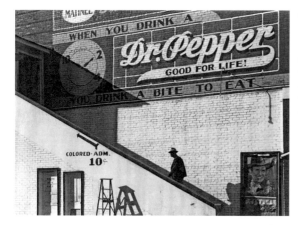

1960er-Jahren gab es annähernd 10 000 sogenannte „Sundown Towns", also Städte, in denen eine weiße Bevölkerung mithilfe von Ortsschildern Schwarze davor warnte, sich nach Sonnenuntergang in der Stadt aufzuhalten. Weithin sichtbare Schriftzüge wie „Nigger, Don't Let the Sun Set on YOU in Hawthorne"

(„Nigger, lass nicht die Sonne über DIR untergehen in Hawthorne") oder „… If You Can Read … You'd Better Run … If You Can't Read … You'd Better Run Anyway" (etwa „Falls du lesen kannst, solltest du abhauen. Falls du nicht lesen kannst, solltest du dennoch abhauen") bedeuteten nichts anderes als Lynchgefahr für Schwarze. Von der Stadtsoziologie – etwa von Lizbeth Cohen – wurde auch verschiedentlich darauf hingeweisen, dass die gesamte Mall- und Suburbanisierungsbewegung seit den 1950er-Jahren als eine „neue Form der Rassensegregation" betrachtet werden muss: „Wenn die Planer und Geschäftsinhaber beabsichtigen, aus dem Einkaufszentrum eine perfektere Innenstadt zu machen, so versuchten sie, unerwünschte städtische Gruppierungen wie Nichtsesshafte, Prostituierte, ethnische Minderheiten und Arme aus diesem öffentlichen Raum auszuschließen."[20] Im Anschluss an Cohen stellt Peter Marcuse mit Blick auf die South Bronx in New York City und South Central in Los Angeles die rassistisch motivierte Preisgabe substanzieller Teile von Innenstädten amerikanischer Metropolen ab den frühen 1970er-Jahren durch die weiße Mehrheitsbevölkerung fest.[21] Während weiße Bewohner*innen mit gehobenem Einkommen zum Wohnen in die Vororte und zum Arbeiten in zentral gelegene „Zitadellen" flohen, verblieben die ärmsten und zumeist schwarzen Bevölkerungskreise in innerstädtischen „Ghettos".[22]

III. Rassistischer Terrorismus und seine Räume

Die territoriale Sicherung der nach und nach gen Westen ausgreifenden Raumeroberung europastämmiger Kolonisatoren, die ihrerseits von einem insbesondere entlang einer Nord-Süd-Achse ausgetragenen Rassenkonflikt begeitet wurde, findet ihre ideologische Grundlage in der Vorstellung vom bewaffneten Beutemacher, der denn auch 1791 mit dem Zweiten Zusatzartikel zur Verfassung der Vereinigten Staaten („Second Amendment"), mit dem es der Bundesregierung verboten wird, das Recht auf Besitz und Tragen von Waffen einzuschränken, ins Zentrum des neu gegründeten Staates gerückt wurde. Die amerikanische Realisierung der Aufklärung, die eine wichtige Befreiung aus europäischen ständischen Ordnungen vollzog, machte zum

pochenden Herz der USA das Fadenkreuz. Entsprechend entwickelte sich parallel zur staatlichen Konsolidierung und Zentralisierung der Vereinigten Staaten in Washington D. C. ein mal staatstragend sich gebender, mal anarchisch-staatsfeindlicher Rechtsterrorismus, der nur die logische Konsequenz einer insgesamt rassistischen staatlichen Politik war. Als bekannteste Organisation aus dem rechtsterroristischen Spektrum darf der bereits erwähnte Ku-Klux-Klan (KKK) gelten, der an Heiligabend 1865 von sechs enttäuschten Konföderierten-Offizieren in den Räumlichkeiten einer Anwaltskanzlei in Pulaski, Tennessee, gegründet wurde (Abb. 9.11). Für die von den Nordstaaten durchgesetzte Abschaffung der Sklaverei rächte sich die protestantische paramilitärische Organisation, die sich stets verfassungstreu zu geben vermochte, mit brutalsten Morden an zahllosen Afroamerikaner*innen und Bürgerrechtler*innen. Nach einer vorübergehenden Auflösung im Jahre 1870 gründete sich der KKK 1915 neu – und stieg zu einer Massenorganisation auf, die mit ihren zeitweise vier Millionen Mitgliedern (1924) eine Politik der weißen Vorherrschaft durchsetzen wollte (Abb. 9.12). In diese Zeit fiel auch die Etablierung einer bis in die Gegenwart praktizierten Bildsprache mit Feuerkreuz-Flaggen etc. Noch heute ist der KKK aktiv; als international bekanntestes Gesicht gilt der Neonazi und Holocaust-Leugner David Duke (geb. 1950), der 1991 bei seiner Bewerbung für das Senatorenamt in Louisiana 40 Prozent der Stimmen erhielt und zeitweise auch in Salzburg lebte, von wo er sich nicht nur mit europäischen Rechtsextremisten wie Udo Voigt (NPD) vernetzte. Noch immer verkauft er auf seiner Website mit Vorliebe kitschige Bilder österreichischer Landschaften (Abb. 9.13).[23]

Abb. 9.12: Politik der weißen Vorherrschaft: Nach einer vorübergehenden Auflösung im Jahre 1870 gründete sich der KKK 1915 neu – und stieg zu einer Massenorganisation mit zeitweise vier Millionen Mitgliedern (Stand 1924) auf, wie das Bild einer KKK-Parade am 13. September 1926 in Washington D.C. zeigt.

Abb. 9.13: Das seit einiger Zeit international bekannteste Gesicht des KKK: der Neonazi und Holocaust-Leugner David Duke (geb. 1950), der zeitweise auch in Salzburg lebte und auf seiner Website mit Vorliebe kitschige Bilder österreichischer Landschaften verkauft.

Doch den amerikanischen Rechtsextremismus auf den KKK zu reduzieren würde zu kurz greifen. In die Zeit der ausgehenden 1950er-Jahre fiel die Gründung gleich zweier rechtsradikaler Organisationen mit Überschneidung ins KKK-Milieu: Die Rede ist von der 1958 in Indianapolis, Indiana, gegründeten

John Birch Society (JBS) und von der 1959 in Arlington County, Virginia, gegründeten American Nazi Party (ANP). Die Entstehung der JBS, die ihren derzeitigen Sitz in Appleton, Wisconsin, hat, ist vor allem vor dem Hintergrund des Kalten Krieges und des Antikommunismus zu verstehen. Sie glaubt an die gemeinsame Identität von internationalem Kommunismus und internationalem Finanzkapital. Als Schlüsselfigur unter den Gründungsmitgliedern gilt der Süßwarenunternehmer Robert Welch Jr. (1899–1985). Wenngleich die JBS auch heute als einflussreiche Graswurzelbewegung im Kampf für einen amerikanischen Isolationismus und gegen Beschränkungen des Waffenbesitzes nicht zu unterschätzen ist, so gelten als ihre Hochzeit dennoch die 1960er-Jahre, als überall in den USA Lesesäle („American Opinion Libraries") gegründet wurden, die sich auf verschwörungstheoretische und antikommunistische Literatur spezialisierten. Deutlich militanter als die JBS ist die vom „American Hitler" und Holocaust-Leugner George Lincoln Rockwell (1918–1967) nach dem Vorbild der NSDAP ins Leben gerufene ANP (Abb. 9.14). Rockwell sprach sich dafür aus, alle Schwarzen nach Afrika zu deportieren und alle „kommunistischen Verräter" hinzurichten. Menschen jüdischer Herkunft sollten – sofern sie nicht Schwarze oder Kommunisten sind – zwar weiterhin Aufenthaltsrechte in den USA genießen, aber nur, wenn sie sich kastrieren lassen und ihr Eigentum an nicht-jüdische weiße Amerikaner abgeben. Dass den radikalen Worten Rockwells, der 1967 von einem Parteisympathisanten aus ungeklärten Motiven erschossen wurde, auch entsprechende Taten folgen sollten, wurde spätestens 1979 deutlich, als Mitglieder der ANP und des KKK in Greensboro, North Carolina, fünf kommunistische Demonstrant*innen ermordeten. Rockwells Nachfolger Matthias Koehl Jr. benannte 1983 die American Nazi Party in The Order um.

Das Ende der Rassentrennung 1964 und die gegenkulturellen Strömungen der Studierenden-, Bürgerrechts- und Anti-Vietnam-Bewegung setzten zwar einen historischen Schlusspunkt hinter eine jahrhundertelange White-Supremacy-Politik,[24] führte aber auch zu einer ultra-reaktionären Gegenbewegung, deren Folgen die USA bis heute prägen sollten: Die Rede ist von der sogenannten „Patriot-Bewegung", deren Ursprünge in den 1960er-Jahren liegen und die insbesondere seit Anfang der 1990er-Jahre, seit Rechtsextreme sich verstärkt zu Milizen verbündet haben, wieder von sich reden macht.[25] Ein Vorbild stellt hierbei die 1967 von dem Physiker und ehemaligen Rockwell-Mitstreiter sowie ANP-Aktivisten William Luther Pierce (1933–2002) gegründete National Alliance dar, der wahrscheinlich gefährlichsten Neonazi-Gruppierung der letzten Jahrzehnte in den USA. Pierce baute in den 1970er-Jahren seinen Verlag National Vanguard mit der gleichnamigen Zeitschrift auf, ebenso den Radiosender American Dissident Voices sowie einen großen Versandhandel mit entsprechenden Vertriebswegen. Bereits 1978 hatte er unter seinem Pseudonym Andrew Macdonald den Roman The Turner Diaries publiziert, in dem rassistische und antisemitische Weltbilder und die Unausweichlichkeit eines Rassenkrieges propagiert werden. Es gilt als gesichert, dass das Buch den Rechtsextremisten Timothy McVeigh und seine Mitstreiter „inspiriert" hat, im Jahre 1995 den Bombenanschlag auf das Murrah Federal Building in Oklahoma City zu verüben, bei dem 168 Menschen ums Leben kamen. Auch Anders Breivik, der 2011 die Anschläge in Oslo und auf der Insel Utøya verübte, bei denen 77 Menschen ums Leben kamen, bezieht sich auf die Turner Diaries. 1984 erwarb Pierce eine großflächige Farm im ländlichen Mill Point bei Hillsboro, West Virginia,[26] wo auch die Zentrale der National Alliance einzog.[27] Dessen Hauptgebäude war mit einem altnordischen

Abb. 9.15: Von 1984 bis 2013 der Wirkungsort der wahrscheinlich gefährlichsten Neonazi-Gruppierung der letzten Jahrzehnte in den USA: William Luther Pierce' National-Alliance-Zentrale von in Mill Point bei Hillsboro, West Virginia, deren Hauptgebäude mit einem altnordischen Algiz-Runen-Motiv geschmückt war.

Abb. 9.16: Seit 2014 versucht Will W. Williams die National Alliance wiederzubeleben: Dessen Privathaus in Mountain City, Tennessee, ist ebenfalls mit der Algiz-Rune gekennzeichnet, die hier am Giebel als Fensterunterteilung auftaucht.

Algiz-Runen-Motiv geschmückt (Abb. 9.15). 1999 floh der deutsche Neonazi und Musiker Hendrik Möbius zeitweilig auf das Anwesen, um sich der Bestrafung für seinen gemeinsam mit Kollegen der Black-Metal-Band „Absurd" begangenen Mord an Sandro Beyer („Satansmord von Sonderhausen") zu entziehen. Pierce starb 2002 an Krebs, und Erich Gliebe übernahm den Vorsitz der National Alliance, bis sie sich 2013 aufgrund interner Streitereien als Mitgliederorganisation auflöste. Seit 2014 versucht Will W. Williams die Organisation wiederzubeleben. Dessen Privathaus in Mountain City, Tennessee, ist ebenfalls mit der Algiz-Rune gekennzeichnet, die hier am Giebel als Fensterunterteilung auftaucht (Abb. 9.16).[28]

Viel stärker als bei der National Alliance steht bei Gruppierungen aus dem Christian-Identity-Spektrum ein christlicher Fundamentalismus im Zentrum, der einen Synkretismus mit Rassismus und Antisemitismus eingeht. Entsprechend wurde beispielsweise die Terrororganisation Aryan Nations (AN) 1973 von Pastor Richard Girnt Butler (1918–2004) als politischer Arm der White Identity Church of Jesus Christ Christian (CJCC) gegründet. Die

Abb. 9.17: Mixtur aus Kirche und Lager: Sitz der Terror-organisation White Identity Church of Jesus Christ Christian / Aryan Nations (CJCC/AN) in Hayden Lake, Idaho, von 1979 bis 1998.

Abb. 9.18: Eine gleichermaßen archaisch wie retro-futuristisch anmutende Selbstbausiedlung: Elohim City in Adair County, Oklahoma, gegründet vom Prediger Robert G. Millar (1925–2001), einem der wichtigsten Führer der Christian-Identity-Bewegung.

Mitglieder der Aryan Nations sind „streng hierarchisch geordnet, Mitglieder haben militärische Ränge, tragen (denen der SA nachempfundene) Uniformen und gebärden sich oft wie Soldaten".[29] Im Jahre 1979 bezog die CJCC/AN ein streng abgeschirmtes Compound in Hayden Lake, Idaho, in dem jährlich im Juli der Aryan Nations World Congress durchgeführt wurde – inklusive Rechtsrockkonzerte und einer „Akademie" für Jugendliche.[30] Nachdem betrunkene Wachmänner 1998 ein Auto in der Nähe des Geländes stoppten und die Insassen mit Waffen bedrohten und verprügelten, musste das Anwesen mit seinem signifikanten zentralen Bauwerk – einer Art Mixtur aus Kirche und Lager – aufgegeben werden (Abb. 9.17). Als zentrales politisches Projekt der CJCC/AN galt „ein weißes ,homeland', ein ,White National State' auf dem Gebiet des amerikanischen Nordwestens, bezeichnet als ,Northwestern Imperative'".[31] Im selben Jahr wie die Aryan Nations wurde auch Elohim City in Adair County, Oklahoma, gegründet, und zwar vom Prediger Robert G. Millar (1925–2001), einem der wichtigsten Führer der Christian-Identity-Bewegung. Über die Jahre entstand eine gleichermaßen archaisch wie retro-futuristisch anmutende Selbstbausiedlung (Abb. 9.18). Auch zu diesem Ort – wie zu Hillsboro – hatte der Oklahoma-City-Bomber McVeigh enge Verbindungen. Nach dem Tod von Robert G. Millar im Mai 2001 trat Sohn David in die Fußstapfen seines Vaters.

IV. „America First": Der New Deal, die „Alte Rechte" und deren Folgen bis heute

In die Zeit zwischen Ende der 1920er- und Anfang der 1930er-Jahre fällt eine signifikante Akzentverschiebung dessen, was gemeinhin als „amerikanische Rechte" identifiziert wird. Auf den Höhepunkt des KKK Mitte der 1920er-Jahre, als selbst angesehene Politiker im Senat und im Repräsentantenhaus der Terrororganisation nahestanden, folgte ein Niedergang, zu dem interne Querelen, aber auch die Folgen des 1923 verhängten Kriegsrechts in Oklahoma beitrugen, um des KKK Herr zu werden. Als am 24. Oktober 1929 die New Yorker Börse crashte und damit die folgenreichste Weltwirtschaftskrise der Geschichte losgetreten war, belief sich die Anzahl des KKK-Aktivisten nur noch auf wenige hunderttausend Mitglieder. Es war Franklin D. Roosevelts „New Deal", mit dem ab 1933 die schweren wirtschaftlichen und sozialen Folgen des „Schwarzen Donnerstag" gemildert werden sollten – und die Rechte neu positionieren würde, und zwar eben nicht in Richtung staatlicher Unterwanderung einer Geheimorganisation à la KKK, sondern in Richtung Zurückdrängung von Zentralstaatlichkeit. Der New Deal setzte sich aus kurzfristigen Hilfsmaßnahmen für Arme und Arbeitslose, mittelfristigen Maßnahmen zur Wirtschaftsbelebung und langfristigen Maßnahmen zur Regulierung von Finanzmärkten und zur Einführung von Sozialversicherungen zusammen – was von der „Alten Rechten", wie sie später genannt werden sollte, als Kriegserklärung an die Freiheit aufgefasst wurde. An eine Freiheit, die in den 1930er-Jahren längst nicht mehr in der *frontier* des „Wilden Westens" zu finden war, sondern nur noch in der vermeintlichen „zweiten Natur" des Marktes, die nach Ansicht der „Alten Rechten" möglichst ohne staatliche Eingriffe blühen sollte.

Der Begriff „Alte Rechte" stammt von Murray N. Rothbard (1926–1995), einem des Öfteren selbst der „Alten Rechten" zugeordneten US-amerikanischen Ökonomen und anarchokapitalistischen Philosophen. In seinem größtenteils Anfang der 1970er-Jahre verfassten, aber erst 2007 postum erschienenen Buch *Der Verrat an der amerikanischen Rechten*[32] beschreibt Rothbard die Entstehung der „Alten Rechten" während der 1930er-Jahre als „Reaktion auf den ‚großen Sprung vorwärts' (oder rückwärts) in den Kollektivismus, den der

New Deal darstellte": „Diese Alte Rechte blühte auf während der 1940er-Jahre und dauerte bis ungefähr zur Mitte der 1950er-Jahre. Die Alte Rechte opponierte standhaft gegen ‚Big Government' und den New Deal daheim und in Übersee: also gegen beide Facetten des Wohlfahrts-Kriegsfahrts-Staates. Sie kämpfte gegen US-Einmischungen in die Angelegenheiten anderer Staaten sowie Kriege im Ausland ebenso leidenschaftlich wie gegen Interventionismus daheim."[33] Die propagandistische Kritik von Autor*innen wie Henry Louis Mencken, Albert Jay Nock, Isabel Paterson, Rose Wilder Lane, Garet Garrett, Robert McCormick und anderen in Richtung Roosevelts Wohlfahrtsstaats-Programm, das immerhin ein Abdriften der krisengeschüttelten US-amerikanischen Gesellschaft in den Faschismus verhinderte, bestand in einer Verkehrung von Tatsachen, die sich auch Rothbard zu eigen macht: Der New Deal und sein „aufkeimender korporatistischer Staat, geführt vom Großkapital und großen Gewerkschaften als Juniorpartner, verbündet mit korporatistischen liberalen Intellektuellen unter Verwendung von Wohlfahrts-Rhetorik", wurde selbst als „Faschismus" stilisiert.[34] Sozialprogramme als zentralistische Kehrseite eines interventionistischen „Ungeheuerstaates", „inklusive Unterdrückung bürgerlicher Freiheiten, gekettet an einen endlosen globalen Imperialismus im Ausland"[35] – das ist die Gleichung, die die „Alten Rechten" und Rothbard aufmachten. Und das ist auch der Vorwurf, den sie den „Verrätern" am Projekt einer nicht-interventionistischen Rechten machen: namentlich der konservativ-libertären Zeitschrift *National Review*, die in den 1950er-Jahren eine Wende in Richtung Big-Government-Verteidigung hinlegte, sowie Dwight D. Eisenhower, dem republikanischen US-Präsidenten zwischen 1953 bis 1961.

Fortan sollte die anarchokapitalistische, nicht-interventionistische Rechte, die nicht mal davor zurückschreckte, die amerikanische Kriegsteilnahme gegen den italienischen Faschismus und den deutschen Nationalsozialismus selbst zum faschistischen Akt zu erklären, zu einer zwar stets präsenten, aber international eher unterschätzten Unterströmung der US-Politik werden. Ihr zentraler Slogan heißt seit den 1930er-Jahren: „America First". Der US-Medienbaron William Randolph Hearst verwendete ihn damals gegen Roosevelt; David Duke schrieb ihn sich 1991 während seiner gescheiterten

Senatskandidatur in Louisiana auf die Fahnen; und auch der republikanische Rechtsaußen Pat Buchanan (geb. 1938), dessen Schriften in der deutschen Übersetzung im Verlag des Rechtsextremisten Dietmar Munier erscheinen,[36] proklamierte wiederholt „America First", z. B. in einem Artikel für *theAmericanCause.org* im Oktober 2004. Als einflussreichster Kopf unter der jüngeren Generation US-amerikanischer Nicht-Interventionisten gilt der Arzt und Murray-Rothbard-Fan Ron Paul (geb. 1935), der Anfang der 1970er-Jahre aus Protest gegen US-Präsident Richard Nixons Entscheidung einer Aufhebung des Bretton-Woods-Abkommens – also des Gold-gedeckten US-Dollars als Ankerwährung – in die Politik ging, 1976 den Republikanern beitrat und zu den frühesten Wahlkampfhelfern des 1981 dann zum US-Präsidenten gewählten Ronald Reagan gehörte. Wenngleich Paul 1987 mit einem viel beachteten Brief seine Parteimitgliedschaft aus Protest gegen Reagans Finanzpolitik und insbesondere gegen dessen hohe Rüstungsausgaben vorübergehend niederlegte, war – und sind – rechtsradikale Strömungen immer ein signifikanter Teil der amerikanischen und insbesondere republikanischen Politik gewesen. Es sollte daher weder verwundern, dass 2008 im Politmagazin *The New Republic* Auszüge aus Ron Pauls Newslettern aus den 1980ern und 1990ern erschienen, deren Inhalte nicht anders als rassistisch, homophob und verschwörungstheoretisch bezeichnet werden können,[37] noch dass Ron Pauls Bücher auf Deutsch im Kopp-Verlag erscheinen, einem auf teils rechtsextreme, teils esoterische, teils verschwörungstheoretische Publikationen abonnierten Medienhaus mit Sitz in Rottenburg bei Stuttgart.[38]

Ron Paul gilt auch als „Vater" der „Tea Party", einer Protestbewegung, die für einen schlankeren Regierungsapparat eintritt – und vor allem als Reaktion auf die Wahl von Barack Obama zum ersten schwarzen Präsidenten der USA zu verstehen ist.[39] Als relativer Nullpunkt dieser Bewegung gilt ein Wutausbruch des CNBC-Fernsehkommentators Rick Santelli am 19. Februar 2009, in dem sich dieser – die Parallelen zum New-Deal-Protest der „Alten Rechten" liegen auf der Hand – über Obamas Notprogramm für überschuldete Hausbesitzer beklagte; Letztere seien, so Santelli, selbst schuld an ihrer Situation; es sei falsch, sie zu unterstützen. Straßenproteste radikal rechter US-Amerikaner folgten, die landesweit gegen staatliche Hilfsmaßnahmen protestierten;

Abb. 9.19: Schlanker Staat, niedrige Steuern, wenige bis keine Sozialleistungen und wenige bis keine Umweltvorschriften: So könnte das Programm der Tea-Party-Finanzierer Charles G. (geb. 1935) und David H. Koch (1940–2019) zusammengefasst werden, den Besitzern von Koch Industries mit Sitz in Wichita, Kansas; im Bild: das „Building H", eine Erweiterung des Koch Industries Campus, erbaut 2013–15 von Hutton Construction und Alloy Architecture.

Websites wurden in Windeseile hochgeschaltet; zehntausende von Menschen sahen sich über Mailinglisten kontaktiert – was für viele wie eine Graswurzelbewegung aus dem tiefsten Inneren der amerikanischen *frontier*-Seele aussah, war bei Lichte betrachtet eine von langer Hand vorbereitete, sorgfältig orchestrierte Kampagne, die mit dem Geld einiger Milliardäre finanziert wurden – allen voran von Charles G. (geb. 1935) und David H. Koch (1940–2019), den von *Forbes* auf Platz 8 der reichsten Menschen der Welt gelisteten Inhabern von Koch Industries, welches als das zweitgrößte US-amerikanische Unternehmenskonglomerat in Privatbesitz gilt. Das Mischunternehmen mit Sitz in Wichita, Kansas (Abb. 9.19), ist in den Sektoren Chemie, Dünger, Fasern, Pipelines, Raffinerien, Forsterzeugnisse sowie Verbrauchsgüter tätig und kann eine lange Umweltsündenliste aufweisen (darunter systematische Ölbohrungen in „Indianer"-Reservaten). Die Koch-Brüder gelten auch als die Gründer bzw. wichtigsten Unterstützer von mehr als 30 rechts-libertären Denkfabriken und Stiftungen, die ein einflussreiches ideologisches Netzwerk darstellen, mit denen sie wissenschaftliches Denken und politisches Handeln in den USA und darüber hinaus verändern wollen, und zwar in Richtung schlanker Staat, niedrige Steuern, wenige bis keine Sozialleistungen und wenige bis keine Umweltvorschriften. Parallel dazu investierten die Koch-Brüder in philantropische Projekte, auch um Reputationsschäden

zu kompensieren. So spendete David Koch 2008 insgesamt 100 Millionen Dollar für die Renovierung des von Philip Johnson und John Burgee 1964 erbauten New York State Theater im Lincoln Center, welches daraufhin nach dem Geldgeber benannt wurde (Abb. 9.20).

V. Donald Trump oder: Von Goldarchitekturen zum Weißen Haus

Geschichte verfügt bekanntlich über kein stabiles Schienennetz und ist vor allem von Entgleisungen geprägt, aber: Es erscheint nachgerade historisch plausibel, dass die noch junge Geschichte der im 18. Jahrhundert auf dem Rücken von Indigenen und Sklaven gegründeten Vereinigten Staaten von Amerika, in denen sich im 19. Jahrhundert der aufklärerische Traum einer Befreiung aus feudalen europäischen Fesseln als staatsskeptische *frontier*-Verschiebung erfüllte, in denen dann im 20. Jahrhundert das eigene final erbeutete Land als anarchokapitalistisches Territorium eines wilden Marktes erträumt wurde, nun im 21. Jahrhundert irgendwie auf die Figur „Donald Trump" zugelaufen ist. Denn mit Trump – und hier ist rechtslibertären Rothbard-Adepten wie Robert Grözinger Recht zu geben – wurde „erstmals seit weit über 100 Jahren ein Präsident gewählt, nicht obwohl, sondern gerade weil

Abb. 9.21: Staatlich geförderter Einfamilienhausbau, ermöglicht durch den „New Deal": drei der über 2000 „Trump houses", die Fred C. Trump (der Vater von Donald Trump) zwischen 1935 und 1942 in Brooklyn, New York City, errichten ließ.

er sich einigermaßen ‚isolationistisch' gab – und immerhin außenpolitisch weniger interventionistisch zu sein versprach als sämtliche seiner Vorgänger mindestens seit dem Zweiten Weltkrieg".[40] Trump, zu dessen zentralen Wahlkampfslogans wenig überraschend „America First" gehörte, verdankt seinen Sieg vor allem der manipulativen Grundlagenarbeit der Tea-Party-Bewegung, die den Kampf gegen einen „starken Staat" („Washington") als „Krieg gegen das Establishment" zu inszenieren verstand. Trump imitierte sogar Ron Paul: „Er bezeichnete den Irakkrieg als Fehler, und kritisierte seinen Vorgänger George W. Bush dafür, den Terrorangriff vom 11. September 2001 nicht verhindert zu haben."[41] Ironischerweise verhalf die Tea Party damit einem durchaus dem Establishment entstammenden Millionenerben ins Amt, dessen Reichtum sich indirekt Roosevelts New Deal verdankt. Denn Fred C. Trump, der Vater von Donald, wurde erst so richtig reich, als er mithilfe der „Federal Housing Adiministration" (FHA), die 1934 im Rahmen des New Deal gegründet worden war, an langfristige und zinsgünstige Kredite kam – und damit zwischen 1935 und 1942 in Brooklyn 2000 staatlich geförderte Einfamilienhäuser baute: die sogenannten „Trump houses" (Abb. 9.21).[42] Damit wurde er zu einem der erfolgreichsten Bauunternehmer New Yorks. Auch das größte Bauprojekt Fred Trumps verdankt sich günstigen Krediten der öffentlichen Hand, die die Konjunktur ankurbeln sollten, diesmal vergeben von der

Abb. 9.22: Geschichte einer rassistischen Vermietungspolitik: Das größte Bauprojekt Fred C. Trumps, das zwischen 1962 und 1964 erbaute „Trump Village" in Brooklyn, New York City, besteht aus 3 800 Mietwohnungen in sieben 23-stöckigen Häusern.

FHA-Nachfolge-Institution „New York State Housing Finance Agency" (HFA): Das Brooklyner „Trump Village" (Abb. 9.22), bestehend aus 3 800 Mietwohnungen in sieben 23-stöckigen Häusern, wurde zwischen 1962 und 1964 errichtet. Im Jahre 1973 wurde Fred Trump von der Civil Rights Division of the U.S. Department of Justice (DOJ) verklagt, weil er im Trump Village eine ebenso zeittypische wie rassistische Vermietungspolitik praktizierte: Er wies Immobilienmakler*innen an, „nicht an Schwarze zu vermieten" und die bereits dort wohnenden Afroamerikaner*innen zum Umzug zu „ermutigen".[43] Die DOJ-Klage war auch der erste öffentliche Auftritt von Sohn Donald, der 1971 im Alter von 25 Jahren die Leitung der Firma und damit die Verantwortung für 14 000 Mietwohnungen übernommen hatte. In den Folgejahren verlegte Donald den Schwerpunkt seiner Geschäfte immer mehr von Brooklyn in Richtung Manhattan – und konnte 1980 mit dem durch Gruzen Samton und Projektarchitekt Der Scutt erfolgten Umbau des Commodore Hotels (später: Grand Hyatt) (Abb. 9.23) sein erstes Großprojekt realisieren. Weltberühmt wurde Donald Trump dann mit seinem Trump Tower, der bereits in Kapitel 8

Abb. 9.23: Von Brooklyn nach Manhattan: Donald Trumps erstes eigenes Großprojekt: der 1980 abgeschlossene Umbau des alten Commodore Hotels in Manhattan zum Grand Hyatt durch Gruzen Samton und Projektarchitekt Der Scutt.

Abb. 9.24: Seit 2017 das sogenannte „Winter White House": das 1927 von Joseph Urban erbaute Anwesen Mar-a-Lago in Palm Beach, Florida, gekauft 1985 von Donald Trump.

Abb. 9.25: Verkörperung des amerikanischen Traums: Cover der 1987 publizierten Originalausgabe des von Donald Trump und Tony Schwartz verfassten Buches: *Trump. The Art of the Deal* (New York: Random House, 1987).

ausgiebig vorgestellt wurde (Abb. 8.1–4).[44] Spätestens mit dem Kauf des 1927 von Joseph Urban erbauten Anwesens Mar-a-Lago in Palm Beach, Florida, im Jahre 1985 (Abb. 9.24–25) und der Publikation seiner Biografie *The Art of the Deal* 1987 war Donald Trump zur Verkörperung des amerikanischen Traums geworden. Mit seiner Teilnahme an der Fernseh-Reality-Show *The Apprentice* (2004–2015) wurde diese Rolle kulturindustriell wirksam verwertet.

Als Donald Trump 2011 in einer Folge von *The Apprentice* die Verschwörungstheorie der „Birthers" aufgriff, wonach der amtierende Präsident Obama in Wirklichkeit in Kenia geboren wurde und damit kein legitimer US-Präsident sei, war dies eine Ankündigung des Kommenden: 2015/16, während des wohl schmutzigsten Wahlkampfes der US-Geschichte, machte sich Trump zum aggressiven Vorsprecher rechtspopulistischer, rechtsradikaler und antidemokratischer Überzeugungen. Beispielsweise unterließ er es mehrfach, sich von David Duke zu distanzieren, welcher Trump euphorisch unterstützte. Am

17. August 2016 berief Trump Stephen K. Bannon zum neuen Wahlkampf-chef (*chief executive*).[45] Bannon wurde bereits in Kapitel 8 kurz vorgestellt. Er hatte ab 2004 Regie für eine Reihe von Filmen geführt, deren politische Ausrichtung sich allein schon durch die Lektüre der Titel erschließt: *In the Face of Evil: Reagan's War in Word and Deed* (mit Tim Watkins), *Border War: The Battle Over Illegal Immigration* (2006), *Generation: Zero: Battle for America, Generation: Zero: Fire from the Heartland – The Awakening of the Conservative Woman* (beide 2010) oder *Occupy Unmasked* (2012). Derlei Tea-Party-affine Produktionen öffneten Bannon die Tür zum rechtskonserva-tiven Medienunternehmer Andrew Breitbart, der 2012 starb – und den Bannon dann kurz darauf beerbte, indem er zum Executive Chair von Breitbart News LLC wurde, jenem Unternehmen, dem *Breitbart News* gehört. Im US-Präsidentschaftswahlkampf 2016 gehörte *Breitbart News* zu den ganz weni-gen Medien, die sich an die Seite Donald Trumps stellten. Wenige Tage nach der Inauguration Trumps zum US-Präsidenten am 20. Januar 2017 war Ban-non sogar für ein paar Monate Teil des Nationalen Sicherheitsrates. Zwar ver-blieb Bannon in dieser Position nur wenige Monate, da er sich schon bald mit Trump zerstreiten sollte, doch mit ihm war die sogenannte „Alt-right-Bewe-gung", also die Bewegung der Alternativen Rechten in den USA, im Zentrum der Macht angekommen: „We're the platform for the Alt-right", sagte Bannon im Juli 2016 bei *Breitbart News*.

Als Gründer und Namensgeber der Alt-right darf Richard Spencer gelten, ein US-amerikanischer Publizist und Aktivist, der diesen Begriff 2008 prägte, von 2010 bis 2013 ein Online-Magazin mit dem Titel *Alternative Right* führte und seit 2011 Präsident des ultrarechten National Policy Institute in Alexandria, Virginia, ist. Auf dessen Website tauchten lange Zeit als Eingangsmotiv die korinthischen Säulen des 1935 fertiggestellten United States Supreme Court Building auf (Abb. 9.26–27), und zwar jene Säulen, für deren Marmor auf Wunsch des Architekten Cass Gilbert nur Marmor aus den Montarrenti-Stein-brüchen in der Nähe von Siena infrage kam – weshalb im Mai 1933 Benito Mussolini persönlich um Materiallieferung gebeten wurde. Zum Umfeld dieses rechtsextremen Instituts gehören Figuren wie der mit seinen rassisti-schen Veröffentlichungen einer angeblichen „weißen Überlegenheit" bekannt

Abb. 9.26: Think Tank der Alt-right-Bewegung: Dem National Policy Institute mit Sitz in Alexandria, Virginia, steht seit 2011 der Rechtsextremist Richard Spencer als Präsident vor; bis 2019 tauchten auf dessen Website als Eingangsmotiv die korinthischen Säulen des United States Supreme Court in Washington D. C. auf (Screenshot vom 12. Mai 2019).

Abb. 9.27: Sitz des Obersten Gerichtshofs der Vereinigten Staaten: das 1935 von Cass Gilbert vollendete United States Supreme Court Building in Washington D. C., für dessen Säulen Marmor aus den Montarrenti-Steinbrüchen in der Nähe von Siena verwendet wurde.

gewordene Jared Taylor, der Schriftsteller, Musiker und Direktor des Plattenlabels Supernal Music Alex Kurtagić oder auch Kevin B. MacDonald, ein US-amerikanischer Psychologe, der mit seinen antisemitischen Untersuchungen über das Judentum als „kollektive evolutionäre Strategie" in die Kritik geraten ist. Spencer selbst plädiert für die Revision der angeblichen Enteignung der weißen Rasse in den Vereinigten Staaten, für eine „friedliche ethnische Säuberung" und die Stärkung einer „arischen Identität" des Landes – also eine USA ohne Afroamerikaner*innen, Latinos und Menschen jüdischer Herkunft, aber mit einer gestärkten Vorstellung dessen, was Spencer unter „europäische Kultur" versteht. Zum Ende einer Veranstaltung des National Policy Institute am 19. November 2016 in Washington, D.C., auf der Trumps Sieg gefeiert wurde, rief er den Anwesenden u. a. zu: „Hail Trump, hail our people, hail victory!", und Teile des enervierten Publikums hoben daraufhin die Hand zum Hitlergruß. Seither jagt eine unfassbare Nachricht die nächste, als sollten breite Bevölkerungskreise nach und nach an Enthemmung gewöhnt werden, an Gefangenenlager für Kinder von Migrant*innen etwa wie der Zeltstadt von Tornillo in Texas, in der zwischen ihrer Eröffnung im Juni 2018 und ihrer Schließung im Januar 2019 rund 6 200 Minderjährige getrennt von ihren Familien inhaftiert wurden (Abb. 9.28).[46] Und im Jahre 2020 erfolgte

Abb. 9.28: Enthemmungsgewöhnung der Bevölkerung: die Zeltstadt von Tornillo, Texas, ein Gefangenenlager für Kinder von Migrant*innen, in dem zwischen Eröffnung im Juni 2018 und Schließung im Januar 2019 rund 6 200 Minderjährige getrennt von ihren Familien inhaftiert wurden.

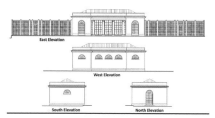

Abb. 9.29: 2020 erfolgte durch die Trump-Administration die Ankündigung einer „Executive Order" namens „Making Federal Buildings Beautiful Again": Danach sollen künftig größere US-Bundesbauten in einem „klassischen Stil" errichtet werden; ein kleines Gebäude, das dieser Doktrin folgt, wurde bereits vorgestellt: ein Tennis-Pavillon im weitläufigen Park des White House, entworfen von einem ungenannt bleibenden Team um Präsidentengattin Melania Trump.

durch die Trump-Administration die Ankündigung einer „Executive Order" namens „Making Federal Buildings Beautiful Again", wonach alle US-Bundesbauten, die mehr als 50 Millionen Dollar kosten, in einem „klassischen Stil" errichtet werden sollen – also jenem Stil, der in den USA für Europastämmige Kolonisatoren steht. Eine kleines Gebäude, das dieser neualten Doktrin folgt, wurde bereits vorgestellt: ein Tennis-Pavillon im weitläufigen Park des White House, entworfen von einem ungenannt bleibenden Team um Präsidentengattin Melania Trump (Abb. 9.29).[47]

Anmerkungen

1 Madeleine Albright: *Faschismus: Eine Warnung*, Köln: DuMont Verlag, 2018.

2 Ebd.

3 Ulrich Gutmair: „Tanz den Mussolini. Über Madeleine Albrights *Faschismus. Eine Warnung*", in: taz, 29. Juli 2018 (http://www.taz.de/!5520207/; zuletzt abgerufen am 25. März 2020).

4 Angela Nagle: *Die digitale Gegenrevolution. Online-Kulturkämpfe der Neuen Rechten von 4chan und Tumblr bis zur Alt-Right und Trump*, Bielefeld: Transcript, 2018 [2017], S. 85.

5 Jean Baudrillard: *Amerika*, München: Matthes & Seitz, 1987 [1986], S. 110.

6 Baudrillard, *Amerika*, a. a. O., S. 17 f.

7 Ebd.

8 Baudrillard, *Amerika*, a. a. O., S. 126.

9 Max Horkheimer, Theodor W. Adorno: „Zur Neuausgabe" (1969), in (dies.): *Dialektik der Aufklärung. Philosophische Fragmente*, Frankfurt am Main: Fischer, 1988 [1944], S. IXf.

10 Alex Ross: „The Frankfurt School Knew Trump Was coming", in: *The New Yorker*, 5. Dezember 2016 (https://www.newyorker.com/culture/cultural-comment/the-frankfurt-school-knew-trump-was-coming; zuletzt abgerufen am 20. April 2020).

11 Vgl. Eberhard Nembach: „Hat Adorno Trump vorhergesehen?", *hr-info*, 25. August 2017 (https://www.hr-inforadio.de/programm/themen/hat-adorno-trump-vorhergesehen.adorno-100.html; zuletzt abgerufen am 20. April 2020).

12 In jüngerer Zeit wurde Theodor W. Adornos vergessener Wiener Vortrag „Aspekte des neuen Rechtsradikalismus" vom 6. April 1967 als Buch publiziert (Berlin: Suhrkamp, 2019).

13 Die Frage, ob ein „Genozid" im Sinne eines geplanten Völkermordes an den amerikanischen Ureinwohnern stattfand, ist umstritten. Daher sei im Folgenden neutraler von „Vernichtung" bzw. „Quasi-Vernichtung" die Rede. – Vgl. Guenter Lewy: „Were American Indians the Victims of Genocide?", in: *History News Network*, 22. November 2004 (https://historynewsnetwork.org/article/7302; zuletzt abgerufen am 20. April 2020).

14 Die deutsche Übersetzung ist unter dem Titel *Begrabt mein Herz an der Biegung des Flusses* erschienen (München: Knaur, 1972).

15 Vgl. Olivier Razac: *Politische Geschichte des Stacheldrahts. Prärie – Schützengraben – Lager*, Zürich/Berlin: Diaphanes, 2003 [2000], S. 11.

16 Vgl. Razac, *Politische Geschichte des Stacheldrahts*, a. a. O., S. 13.

17 Razac, *Politische Geschichte des Stacheldrahts*, a. a. O., S. 21.

18 Ebd.

19 Ebd.

20 Lizbeth Cohen, zit. nach Peter Marcuse: „Muster und gestaltende Kräfte der amerikanischen Städte", in: Walter Prigge (Hrsg.): *Peripherie ist überall*, Frankfurt am Main / New York: Campus, 1998, S. 48.

21 Marcuse, „Muster und gestaltende Kräfte der amerikanischen Städte", a. a. O., S. 45.

22 Vgl. Marcuse, „Muster und gestaltende Kräfte der amerikanischen Städte", a. a. O., S. 46.

23 Vgl. https://www.stopptdierechten.at/2018/08/23/der-dumme-david-duke-oesterreich-und-blakkklansman/; zuletzt abgerufen am 20. April 2020.

24 Thomas Grumke: *Rechtsextremismus in den USA*, Opladen: Leske + Budrich, 2001, S. 13.

25 Vgl. ebd.

26 Vgl. Grumke, *Rechtsextremismus in den USA*, a. a. O., S. 113.

27 Vgl. ebd.

28 Vgl. https://www.splcenter.org/hatewatch/2015/05/20/chaos-compound; zuletzt abgerufen am 20. April 2020.

29 Grumke, *Rechtsextremismus in den USA*, a. a. O., S. 105.

30 Vgl. ebd.

31 Grumke, *Rechtsextremismus in den USA*, a. a. O., S. 49.

32 Die deutsche Übersetzung erschien 2017 im rechtslibertären Düsseldorfer Verlag von André F. Lichtschlag. – Murray N. Rothbard: *Der Verrat an der amerikanischen Rechten. Aus der Geschichte der libertären Bewegung*, Düsseldorf: Lichtschlag, 2017 [2007].

33 Rothbard, *Der Verrat an der amerikanischen Rechten*, a. a. O., S. 26.

34 Rothbard, *Der Verrat an der amerikanischen Rechten*, a. a. O., S. 53 f.

35   Rothbard, *Der Verrat an den amerikanischen Rechten*, a. a. O., S. 77.

36   Im Jahre 2002 erschien Pat Buchanans Buch *Der Tod des Westens. Geburtenschwund und Masseneinwanderung bedrohen unsere Zivilisation* in Muniers Verlag Pour le Mérite, Selent. Im selben Verlag folgte 2008 *Churchill, Hitler und der unnötige Krieg. Wie Großbritannien sein Empire und der Westen die Welt verspielte;* bereits 2007 war *Irrweg Einwanderung: Die weiße Welt am Abgrund* im Verlag Bonus erschienen, der ebenfalls Munier gehört.

37   Vgl. https://newrepublic.com/article/60696/more-selections-ron-pauls-newsletters; zuletzt abgerufen am 20. April 2020.

38   Im Jahre 2010 erschien bei Kopp zunächst Ron Pauls Buch *Befreit die Welt von der US-Notenbank! Warum die Federal Reserve abgeschafft werden muss;* im Jahre 2017 dann im selben Verlag *Schwerter zu Pflugscharen. Ein Leben im Krieg und eine Zukunft in Frieden und Wohlstand.*

39   Vgl. Matthew N. Lyons: *Arier, Patriarchen, Übermenschen. Die extreme Rechte in den USA*, Münster: Unrast, 2015, S. 8.

40   Robert Grözinger: „Einführung" (2017), in: Murray N. Rothbard: *Der Verrat an den amerikanischen Rechten. Aus der Geschichte der libertären Bewegung*, Düsseldorf: Lichtschlag, 2017 [2007], S. 11.

41   Robert Grözinger: „Einführung" (2017), a. a. O., S. 10 f.

42   Suzanne Spellen: „Designing a Neighborhood: Houses for the Middle Class in Canarsie", in: *Brownstoner*, 19. November 2019 (https://www.brownstoner.com/architecture/brooklyn-architecture-canarsie-649-east-91st-street-middle-class-houses-1930s-great-depression/; zuletzt abgerufen am 20. April 2020).

43   Wayne Barrett: „Like Father, Like Son: Anatomy of a Young Power Broker", in: *The Village Voice*, 15. Januar 1979.

44   Vgl. S. 175 ff.

45   Vgl. S. 178 f.

46   Caitlin Dickerson: „Detention of Migrant Children Has Skyrocketed to Highest Levels Ever", in: *New York Times*, 12. September 2018 (https://www.nytimes.com/2018/09/12/us/migrant-children-detention.html; zuletzt abgerufen am 20. April 2020).

47   Antonio Pacheco: „Melania Trump is building a classically inspired tennis pavilion on the White House lawn", in: *Archinect*, 5. März 2020 (https://archinect.com/news/article/150188248/melania-trump-is-building-a-classically-inspired-tennis-pavilion-on-the-white-house-lawn; zuletzt abgerufen am 20. April 2020).

10 „Very fine people
on both sides"?
Moderne, Architektur
und Architektur-
historiografie
(im Bauhaus-
Jubiläumsjahr)

Die Frage nach der Kondition, Kritikwürdigkeit und Aktualität der Moderne – und damit zusammenhängend auch der modernen Architektur – gehört zu den zwar seit Jahrzehnten ermüdend diskutierten, aber immer noch – und gerade jetzt – höchst virulenten Fragen der Theorie-interessierten Gegenwart.[1] Insbesondere die antimodernen rechten Räume, die sich in den letzten Jahren in vielen vermeintlich stabilen Demokratien breitgemacht haben, zeigen die Relevanz der Frage danach, ob die Moderne tot ist oder nur etwas komisch riecht, ob sie vielleicht sogar gerade besonders gut im Saft steht – und ob eine von Moderne-Allergikern wie auch immer herbeiersehnte Nachmoderne ernsthaft eine Alternative sein kann. Um sich den Antworten auf diese Fragen zu nähern, sei zunächst der Begriff der Moderne in Abgrenzung zur Antike bestimmt, um zweitens das Verhältnis der Moderne zur Gewalt zu eruieren und um dann drittens die Problematik des Moderne-Begriffs im Kontext des postkolonialen Diskurses deutlich zu machen. Auf dieser Grundlage sollte eine Anamnese der Moderne und modernen Architektur in der Gegenwart erfolgen. Mit einem Universalismus-befreiten Partikularismus – dies sei vorweggenommen – ist keine emanzipatorische Gesellschaft zu haben; ebensowenig eine progressive Architektur im Sinne eines Bauens für eine wenigstens minimal verbesserte Welt, wie sie nicht zuletzt das Bauhaus mitunter zu schaffen oder zumindest zu flankieren verstand.

Moderne und Antike

Bei allen Diskussionen über „die Moderne" empfiehlt es sich, stets sich vor Augen zu führen, wogegen sich der Begriff historisch eigentlich richtete: die Antike. Hierauf hat nicht zuletzt Hans Belting in seinem 1995 erschienenen Aufsatz „Die Moderne und kein Ende" hingewiesen, wenn er daran erinnert, dass die Begriffe „modern" und „die Modernen" bereits im Mittelalter entstanden, „als sich Intellektuelle (wer sonst?) als sogenannte *moderni* vom den *antiqui* im heidnischen Rom unterscheiden wollten".[2] Diese Unterscheidung meinte dabei stets eine zwischen Zeit*genossen*, noch nicht zwischen Zeit*altern*. Es ging um persönliche Unterscheidungen unter dem Schirm einer in Kontinuitäten gedachten Welt. Wenn etwa Bernhard von Chartres in seinem berühmten „Gleichnis der Zwerge auf den Schultern der Riesen" (1120) schreibt, „wir seien gleichsam Zwerge, die auf den Schultern von Riesen sitzen, um mehr und Entfernteres als diese sehen zu können – freilich nicht dank eigener scharfer Sehkraft oder Körpergröße, sondern weil die Größe der Riesen uns emporhebt",[3] dann war das nicht nur eine Stellungnahme zur Frage des Verhältnisses von antiker und mittelalterlicher Wissenschaft bzw. Bildung, sondern auch eine allgemein zum Verhältnis von *antiqui* und *moderni*. Während im Mittelalter vor allem die *moderni* von sich reden machten, wurde in der Renaissance der Spieß gleichsam umgedreht: Nun waren es laut Belting vor allem die *antiqui*, die hemmungslos nachgeahmt wurden. Aber nach wie vor markierten Differenzen zwischen Personen noch keine Differenzen zwischen Epochen: „Schon damals konnte es vorkommen, dass in Padua der eine Bildhauer mit dem Pseudonym *antico*, der andere, übrigens in ganz ähnlichen Werken, dagegen mit dem Pseudonym *moderno* um Kunden warb."[4]

Im Barockzeitalter verschärfte sich aber dann das Klima zwischen den *moderni* und den *antiqui*, wie vor allem die weit über Frankreich hinaus strahlende „Querelle des Anciens et des Modernes" an der Wende vom 17. zum 18. Jahrhundert deutlich macht. Was 1687 mit der Rezitation des Gedichtes *Le siècle de Louis le Grand* aus der Feder des „modernen" Schriftstellers Charles Perrault zunächst als Literatur- und Kunststreit begann, wuchs sich schon bald auch zu einem fulminanten Architekturstreit aus. Wie in der Literatur, so stand auch in der Architektur die Frage im Vordergrund, ob die Antike noch ein Leitstern für die kulturelle Produktion der Gegenwart sein konnte. So legte sich im „Proportionenstreit" Charles' Bruder Claude Perrault – ebenfalls ein „Moderner" – mit seinem konservativen Gegenspieler François Blondel an, dem ersten Direktor der Académie royale d'architecture in Paris. Perrault vertrat im Gegensatz zum *ancien* Blondel die Auffassung, dass Schönheit nicht auf ewiggültigen göttlichen Gesetzen („beautez positives") beruhe, sondern auf sozialen Konventionen („beautez arbitraires"), die sich im Laufe der Zeit ändern können. Es ist kein Zufall, dass die beiden Hauptprotagonisten der Architektur-„Querelle" Naturwissenschaftler waren: Blondel war Mathematiker, Perrault Physiologe. Nach dem Vorbild von Naturgesetzen versuchte François Blondel der Architektur Regeln zu geben; er versuchte den Empirismus der Naturwissenschaften in die Architekturtheorie einzuführen. Perrault hielt ihm entgegen, er nehme als gleichsam natürliche Schönheit an, was bloße Konvention über sie sei.[5] Der „Moderne" sollte bekanntlich Recht behalten. Mit gutem Grund sah Perrault „einen Zusammenhang zwischen dem Fortschritt der Naturwissenschaften und ihrer Befreiung vom Autoritätsdenken", wie Georg Germann einmal schrieb.[6] Bis heute steht die „Querelle" beispielhaft für die Änderung der Denkstrukturen im 17. Jahrhundert: Die Architekturtheorie, die sich bisher auf Autoritäten gestützt hatte, nahm insbesondere in Gestalt von Claude Perrault die Herausforderung neuer naturwissenschaftlich geprägter Denkweisen an – und wies damit einen Weg in die Zukunft.[7]

Die Autoritätsrelativierungen, die die Moderne-Fraktion im Rahmen der „Querelle" betrieb, sollten im Architekturdiskurs erst hundert bis hundertfünfzig Jahre später ihre volle Wirkung entfalten. Zunächst, um 1789 herum, entkleideten die sogenannten „Revolutionsarchitekten" – allen voran Étienne-Louis Boullée (1728–1799) – die bis dato schmuckbewehrte Architektur von ihrem Säulendekor, bis nur noch ziemlich nackte Monumentalformen im Licht der Sonne stehen sollten. Praktischer – und auch folgenträchtiger – ging es dann bei Jean-Nicolas-Louis Durand (1760–1834) zu, dem einflussreichen Lehrer an der Pariser École Polytechnique. Er ließ die Säulenlehren der Renaissance und des Barock in den Hintergund treten und setzte ganz auf die Ökonomie des seriellen Bauens.[8] Dazu passt, dass Durand die vitruvianische Aufmerksamkeit für Säulendurchmesser durch ein rationalistisches Denken in Achsmaßen und konstruktiven Rastern ersetzte (Abb. 10.1).[9] Die ultimative Revision der Antike formulierte im 19. Jahrhundert jedoch Gottfried Semper (1803–1879), der sich im Rahmen der sogenannten „Polychromie-Debatte" mit seiner These einer totalen Bemalung der antiken Architektur gegen den Klassizismus à la Johann Joachim Winckelmann stellte (Abb. 10.2). Die „weiße Antike" – sie galt von nun an als bunt bemalt und damit geradezu „barbarisch"! Aufbauend auf dieser 1834 in Sempers *Vorläufigen Bemerkungen über bemalte Architectur und Plastik bei den Alten* publizierten Erkenntnis, widmete sich der Architekt fortan der Entfaltung seiner Bekleidungs- und

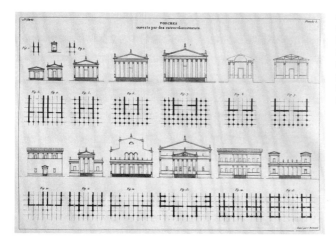

Abb. 10.1: Vorwegnahme einer Ökonomie des seriellen Bauens: Jean-Nicolas-Louis Durand (1760–1834) entfaltete ein rationalistisches Denken in Achsmaßen und konstruktiven Rastern.

Abb. 10.2: Die „weiße Antike" – sie galt fortan als bunt bemalt und damit geradezu „barbarisch": Gottfried Semper (1803–1879) stellte sich mit seinen Farbrekonstruktionen antiker Tempel (hier im Bild: Sempers kolorierte Ansicht des Parthenon-Gebälks in Athen, 1836) gegen den Klassizismus à la Johann Joachim Winckelmann.

Stoffwechseltheorie, mit der er in den *Vier Elementen der Baukunst* (1851) und im unvollendeten Hauptwerk *Der Stil* (zwei der drei geplanten Bände erschienen 1860 bzw. 1863) zu belegen versuchte, dass die Architektur textilen Ursprungs ist. Sie geht, folgt man Semper, nicht auf eine wie auch immer geartete Urhütte zurück, sondern auf die „Urtechnik" des Webens und Flechtens. Damit wurde der Architektur nichts weniger als der ideologische Boden der vitruvianischen *firmitas* (Festigkeit) weggezogen.

Moderne und Gewalt

Als Semper die klassizistische Imagination einer „weißen Antike" mit den Zumutungen bemalter Tempel ausstaffierte – und deren Buntheit auch noch mit Teppichwirkerei in Verbindung brachte –, war die Moderne längst losgetreten. Mit ihr einher ging eine Umstellung von den verschwenderischen, feudal geprägten Decorum-Ordnungen hin zu den Sparsamkeitsarchitekturen des heraufziehenden bürgerlichen Zeitalters. Als ihre Startsignale können drei Revolutionen betrachtet werden, die sich Ende des 18. Jahrhunderts zutrugen: die 1776 in der Unabhängigkeitserklärung der Vereinigten Staaten kulminierende Amerikanische Revolution, die Französische Revolution von 1789 und die Industrielle Revolution, die Ende des 18. Jahrhunderts in England begann und im Laufe des 19. Jahrhunderts weite Teile Europas, der USA und auch Asiens erfasste. Insbesondere die Industrialisierung sollte die Architektur fundamental verändern – und nach und nach das in Wege leiten, was dann später als „moderne Architektur" bezeichnet werden sollte. Als das unbewusste Manifest dieser neuen Epoche darf der 1851 in London errichtete Crystal Palace gelten, der anlässlich der ersten Weltausstellung vom Architekten Joseph Paxton und dem Ingenieur und Unternehmer Charles Fox fertiggestellt wurde, und zwar in der für diese Zeit revolutionären Modulbauweise aus vorgefertigten Eisenteilen und Glassegmenten (Abb. 10.3). In nur 17 Wochen entstand das seinerzeit größte Gebäude der Welt: 935 000 Kubikmeter umbauter Raum verteilten sich auf 95 000 Quadratmetern Ausstellungsfläche. Darin sollte die Großartigkeit britischer Produkte – vor allem Maschinenbau- und

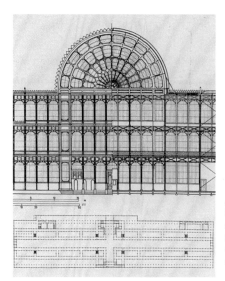

Abb. 10.4: Plastisches Anschauungsmaterial für Be-
kleidungstheorie: Gottfried Semper, der bei der Weltausstellung 1851 in London die Präsentationen verschiedener
Länder koordinierte, war hellauf begeistert, als er im
Crystal Palace auf die „karaibische Hütte" stieß – eine
originalgetreu rekonstruierte Hütte von der Insel Trinidad.

Abb. 10.3: Relativer Nullpunkt einer „modernen Architektur": der 1851 in London vom Architekten Joseph
Paxton und dem Ingenieur und Unternehmer Charles Fox
mithilfe einer revolutionären Modulbauweise errichtete
Crystal Palace – im Bild: Teilansicht und Grundriss.

Kunsthandwerk-Artefakte, aber auch Mineralien und Bodenschätze sowie
bildende Kunst – im direkten Vergleich mit der internationalen Konkurrenz
gezeigt werden. Auch Semper war mit von der Partie, wenngleich in einer
Nebenrolle: Er koordinierte die Präsentationen der Türkei, Schwedens, Dänemarks sowie Kanadas und scheint auch mit den Angehörigen der griechischen und amerikanischen Delegation verhandelt zu haben.[10] Es war vor
allem eine karibische Hütte – eine originalgetreu rekonstruierte Hütte von
der Insel Trinidad –, die den Architekten begeisterte, und seiner Theorie der
Bekleidung plastisches Anschauungsmaterial lieferte (Abb. 10.4). Großbritannien war seinerzeit der größte Weltproduzent und versuchte, über die Weltausstellung seine Absatzmärkte zu erweitern.

Die Industrialisierung, die auf der ersten Weltausstellung und allen folgenden zelebriert wurde, führte in der Architektur zunächst zu Fluchtbewegungen in Form von Arts & Crafts, Historismus und Heimatschutzbewegung etc. Erst im 20. Jahrhundert, also erst rund hundert Jahre nach Beginn der Industrialisierung, sollte das Schisma zwischen Maschinenwelt und Architektur, zwischen Berufserfahrung und Lebenswelt ein Stück weit überwunden werden. Dieser Prozess trug sich insbesondere im relativ blitzindustrialisierten Deutschland zu – zunächst mit dem Deutschen Werkbund, und dann vor allem am Bauhaus. Diese 1919 in Weimar von Walter Gropius im Geiste mittelalterlicher Bauhütten gegründete Schule machte insbesondere nach der Übersiedelung nach Dessau 1925 (Abb. 10.5) Ernst mit der Maschinennähe: „Im Akt der Hinwendung zur Industrie", schreibt Jeannine Fiedler, „war die Akzeptanz der Maschine vollzogen. In den Dessauer Werkstätten wurde zwar weiterhin experimentiert, allerdings im Rahmen einer kreativen Entwurfsarbeit für die industrielle Produktion. Wie schon in Weimar, war auch in Dessau der Finanzhaushalt knapp bemessen und die neuen Modellwerkstätten mussten Aufträge akquirieren, um die Industrie für die Bauhaus-Produkte zu gewinnen. Die Lizenzen für die Prototypen wurden unter der Institution Bauhaus, den Meistern und Entwerfern sowie der betreuenden Werkstatt aufgeteilt."[11] Obwohl das Bauhaus gerade einmal 14 Jahre bestand, bevor es von den Nationalsozialisten geschlossen wurde, und obwohl zudem mehrfach die Leitung, der Standort und das Profil wechselten, erlangte es weltweite Berühmtheit – und gilt bis heute als vorbildhafte international orientierte Schule, die weltweit Nachfolgeeinrichtungen inspirierte: Von den ungefähr 120 Studierenden pro Semester waren mehr als ein Drittel Ausländer*innen aus Dänemark, Jugoslawien, den Niederlanden, Rumänien, Russland bzw. der Sowjetunion, Schweden, Tschechoslowakei, den USA und Ungarn – um nur einige Nationen zu nennen.[12] Zur ganzen Wahrheit einer komplexen Bauhaus-Geschichte gehört allerdings auch, dass zu den Bauhaus-Absolventen auch der Kandinsky-Schüler Fritz Ertl zu zählen ist, der die bauliche Gestaltung des Lagers Auschwitz-Birkenau plante (Abb. 10.6): „Gerade mit seinen am Bauhaus gewonnenen Erkenntnissen half er, das Vernichtungsziel der Nazis zu realisieren", schrieb kürzlich die *Jüdische Allgemeine* in einer biografischen Notiz zu Ertl.[13]

Abb. 10.5: Ernst machen mit der Maschinennähe: Erst rund hundert Jahre nach Beginn der Industrialisierung wurde das traditionelle Schisma zwischen Maschinenwelt und Architektur, zwischen Berufserfahrung und Lebenswelt ein Stück weit überwunden, und zwar mit dem Bauhaus, insbesondere nach dessen Übersiedelung nach Dessau 1925, in den Neubau von Walter Gropius, der 1926 fertiggestellt wurde (Foto von 2014).

Abb. 10.6: Komplexe Geschichte: Es war der Bauhausabsolvent und Kandinsky-Schüler Fritz Ertl (1908–1982), der als stellvertretender Leiter der SS-Zentralbauleitung im KZ Auschwitz-Birkenau tätig war und dort auch die Baracken plante (Foto von 2006).

Damit ist das Thema der 1944 geschriebenen, aber offiziell erst 1969 veröffentlichten *Dialektik der Aufklärung* von Max Horkheimer und Theodor W. Adorno angeschnitten. Sie besagt, dass sich zwar bereits am Beginn der Menschheitsgeschichte mit der Selbstbehauptung des Subjekts gegenüber einer bedrohlichen Natur eine *instrumentelle Vernunft* durchgesetzt habe, dass diese aber vor allem durch den modernen Fortschritt seit der Aufklärung jederzeit in ultimative Barbarei umkippen könne: „Der Fluch des unaufhaltsamen Fortschritts ist die unaufhaltsame Regression."[14] Mehr noch:

„Aufklärung ist totalitär."[15] Damit nahmen die beiden Hauptprotagonisten der Frankfurter Schule auch eine Lagebestimmung der Moderne vor: „Dass der hygienische Fabrikraum und alles, was dazu gehört, Volkswagen und Sportpalast, die Metaphysik stumpfsinnig liquidiert, wäre noch gleichgültig, aber dass sie im gesellschaftlichen Ganzen selbst zur Metaphysik werden, zum ideologischen Vorhang, hinter dem sich das reale Unheil zusammenzieht, ist nicht gleichgültig."[16] Spätestens seit Horkheimers und Adornos Fundamentalkritik gehören zum Assoziationsfeld des Modernebegriffs auch Gewaltphänomene, Traumata, Fanatismus sowie radikale politische Ideologien im Allgemeinen. Und der Holocaust im Besonderen. In diesem Licht erscheint die Entladung des ungekannten Zerstörungspotenzials der beiden Weltkriege des 20. Jahrhunderts nicht mehr als Abkehr von der Moderne, sondern als ihre gleichsam natürliche Folge.[17]

Postmoderne und Postkolonialismus

Das Entlastungsangebot der *Dialektik der Aufklärung* – nicht die Nazis seien am Nationalsozialismus Schuld gewesen, sondern eine abstrakte „instrumentelle Vernunft" – war kompatibel mit dem antirationalen und antiindustriellen Affekt der reaktionärsten Vertreter der Postmoderne, wie etwa das Beispiel Léon Krier zeigt. Der luxemburgische Architekt publizierte im Jahre 1985 einen berüchtigten Prachtband über die Architektur Albert Speers, in dem er die selbst gestellte Frage „Kann ein Kriegsverbrecher ein großer Künstler sein?"[18] im Falle Speers eindeutig mit „Ja" beantwort. In Kriers Begleitessay „Eine Architektur der Sehnsucht", der 1987 in der *Bauwelt* auf Deutsch veröffentlicht wurde, macht er als Desaster des Nationalsozialismus nicht etwa dessen Pogrombereitschaft, dessen eliminatorischen Antisemitismus und Antiziganismus aus, sondern dessen technikaffine Gewaltherrschaft, die es ermöglichte, „dass alle Beteiligten dem totalitären Regime der Industrietechnologie unterworfen wurden".[19] Entsprechend endet Kriers Liebeserklärung an Speer im Jahre 1942, als der Architekt „die Nachfolge des verstorbenen Dr. Todt antrat, das Rüstungsministerium übernahm und zum

Hauptverantwortlichen für den Bau der Reichsautobahnen und die Bollwerke der Festung Europa usw. wurde".[20] Krier: „Während der Gespräche, die ich mit Speer führte, warf ich ihm wiederholt seinen reuelosen Glauben an die Industriezivilisation vor [...]."[21] Der luxemburgische Architekt lobt das „geniale Programm" des NS-Ökonomen Gottfried Feder, der für Deutschland ein Netzwerk von Städten mit ungefähr je 20000 Einwohnern propagierte, die ihren Lebensunterhalt mit ein wenig Landwirtschaft, Handwerk und Kleinindustrie bestreiten und sich dabei der örtlichen Energiequellen und Rohmaterialien bedienen würden.[22] Nach diesem Vorbild sollte Krier ab 1993 die britische Modellstadt Poundbury bei Dorchester in der Grafschaft Dorset realisieren (Abb. 10.7).

Parallel zur ureuropäischen Revisison der Moderne durch Ultrakonservative wie Krier vollzog sich auch eine zweite, außereuropäische, deutlich progressiver gemeinte – und zwar jene aus postkolonialer Perspektive. Im Zuge dieser Kritik gerieten moderne Projekte wie beispielsweise Michel Écochards Bidonville Carrières Centrales in Casablanca (Abb. 10.8) ins Fadenkreuz. Zu den 1953 auf dem 9. CIAM-Kongress in Aix-en-Provence vorgestellten und anschließend realisierten Projekt gehört auch ein Gebäudekomplex namens „Cité Verticale", der von den Architekten Victor Bodiansky, Georges Candilis, Henri Piot und Shadrach Woods mit Wohngebäude-Fassaden für „muslimische", „europäische", „jüdische" und „gemischte" Bewohner*innen versehen wurde.[23] Der Bau der Siedlung erfolgte inmitten militärischer Aktionen der

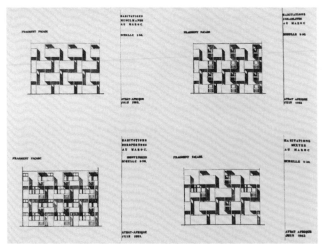

französischen Kolonialmächte, zwischen Panzern und schwerbewaffnetem Militär, Festnahmen und Morden.[24] Dieses Exempel mag hier stellvertretend für das Gewaltpotenzial von moderner Architektur und Stadtplanung im kolonialen Kontext stehen. Mit gutem Grund lautet daher der postkoloniale Vorwurf an die Moderne, dass nichts weniger rational ist als der Anspruch, dass die Kosmovision einer partikularen Ethnie – in diesem Fall der westeuropäischen – als universale Rationalität verstanden werden sollte.[25] Entsprechend plädiert Walter Mignolo (geb. 1941), der „derzeit wohl prominenteste Vertreter dekolonialer Theorieansätze", für „pluriversale statt universale Lebenshorizonte".[26] Folgt man ihm, dann erscheint der Universalismus „allein schon wegen seines allgemeinen Anspruchs bei gleichzeitiger Verschleierung seiner unweigerlich provinziellen Herkunft problematisch – also aufgrund seiner Struktur, die grundsätzlich, und damit unabhängig von möglichen Inhalten" kolonial sei.[27] Für Mignolo ist „eine diversifizierte Welt eindeutig besser als eine Welt der ‚imperialen Moderne' und damit einer kolonialen Hegemonie".[28]

Vor diesem Hintergrund ist es sicherlich nicht falsch, wenn von Apologeten der Postmoderne wie Andreas Huyssen und Klaus R. Scherpe die Auffassung vertreten wird, dass die Postmoderne – insbesondere ihre postkoloniale Variante – keineswegs nur mit Neokonservatismus und politischer Reaktion zu identifizieren ist, sondern auch eng mit den Protest- und Befreiungsbewegungen der 1960er- und 1970er-Jahre in Verbindung steht.[29] Doch im Rückblick, so scheint es, überwiegen gegenüber den emanzipatorischen die rückwärtsgewandten Potenziale der Postmoderne. Dies wird vor allem deutlich im Neomarxismus eines David Harvey, auf den bereits in Kapitel 8 eingegangen wurde.[30] Wie dort dargestellt, präsentiert er in *The Condition of Postmodernity* die Postmoderne als kulturelle Logik des postfordistischen Spätkapitalismus nach dem Ende des Bretton-Woods-Abkommens 1972–73.[31]

Rettung der Moderne und kein Ende: Das „unvollendete Projekt" der Moderne, *Liquid Modernity* und „Altermoderne"

Gegen die Postmoderne regte sich vor allem im deutschsprachigen Raum frühzeitig Protest, vor allem von Jürgen Habermas, der am 11. September 1980 seine Frankfurter Theodor-W.-Adorno-Preisrede mit dem programmatischen Titel „Die Moderne – ein unvollendetes Projekt" gehalten hatte, die de facto auch gegen die allzu Moderne-skeptische *Dialektik der Aufklärung* gerichtet war. Ein gutes Jahr später, im November 1981 – der Triumph postmoderner Architektur im Rahmen der ersten Architekturbiennale Venedig mit dem Titel *La presenza del passato* („Die Gegenwart der Vergangenheit") war im vollen Gange –, hielt Habermas in München seinen berühmten Vortrag „Moderne und postmoderne Architektur".[32] Darin wirbt er dafür, das Projekt der modernen Architektur nicht aufzugeben, sondern es gewissermaßen zu einem guten Ende zu bringen. Zu diesem Zweck erinnert Habermas an die drei Herausforderungen, die das 19. Jahrhundert an die Baukunst und die Stadtplanung stellte: „[...] den qualitativ neuen Bedarf an architektonischer Gestaltung, die neuen Materialien und Techniken des Bauens, schließlich die Unterwerfung des Bauens unter neue funktionale, vor allem wirtschaftliche Imperative."[33] Habermas macht deutlich, dass die Architektur darauf erst im 20. Jahrhundert eine tragfähige Antwort fand: „Die moderne Bewegung nimmt die Herausforderungen an, denen die Architektur des 19. Jahrhunderts nicht gewachsen war.[34] Handlungsbedarf sieht der Philosoph vor allem in zwei Bereichen: „Während die moderne Bewegung die Herausforderungen des qualitativ neuen Bedarfs und der neuen technischen Gestaltungsmöglichkeiten erkennt und im Prinzip richtig beantwortet, begegnet sie den systemischen Abhängigkeiten von Imperativen des Marktes und der planenden Verwaltungen eher hilflos."[35] Daran hat sich bis heute nichts geändert, im Gegenteil: der Neoliberalismus hat die Situation empfindlich verschärft.

Dies ist der Ansatzpunkt von Zygmunts Baumans Buch *Liquid Modernity* (1990), das auf Deutsch unter dem Titel *Flüchtige Moderne* erschien und in dem er sich explizit gegen die Vorstellung einer Postmoderne wendet: „[...] die Nachrichten vom Ableben der Moderne, der Schwanengesang ihres Endes, sind maßlos übertrieben. Trotz gebetsmühlenartiger Wiederholung – die Begräbnisfeiern sind verfrüht."[36] Und: „Die Gesellschaft am Beginn des 21. Jahrhunderts ist so modern wie die am Beginn des 20."[37] Nur: Während die „traditionelle Moderne" als eine Art Gegenreaktion auf die Karl Marx'sche Rede vom „Verdampfen alles Ständischen und Stehenden" geprägt war[38] – als Politik zur Errichtung umso stabilerer staatlicher und industrieller Ordnungen –, diagnostiziert Bauman für die Gegenwart eine „flüchtige Moderne" der Deregulierung, der Liberalisierung und Flexibilisierung, der ungehemmten Entwicklung von Finanz-, Immobilien- und Arbeitsmärkten, der Senkung der Steuerlast etc.:[39] „Die heutige Situation ist die Folge der radikalen Demontage aller sozialen Verbindungsglieder, von denen man, ob zu Recht oder Unrecht, annahm, dass sie die Wahl- und Handlungsfreiheit der Menschen einschränkten."[40] Nun gehe es darum, „das soziale Gewebe in Heimarbeit und in eigener Verantwortung selbst her[zu]stellen, jeder für sich".[41] Bauman geht es durchaus darum, das Erbe der Kritischen Theorie weiterzutragen, aber unter heutigen Bedingungen heiße das vor allen Dingen, „sich mit den Schwierigkeiten einer Überführung privater Sorgen in öffentlich relevante Angelegenheiten zu beschäftigen, mit der Synthese privater Anliegen zu Fragen, die mehr darstellen als die Summe ihrer Teile".[42] Während Habermas und Bauman bei ihren Versuchen, den Moderne-Begriff zu retten, auf westliche Ökonomien fokussieren, nimmt der französische

Kunstwissenschaftler Nicolas Bourriaud mit der „Altermoderne" die gesamte globalisierte Welt in den Blick. Ausdrücklich wendet er sich dabei gegen die Postmoderne als „repressive Kraft [...], die Kulturen der Welt in einem Zustand der Pseudo-Authentizität" bewahrt und die „lebendigen Zeichen in einem Naturschutzpark der Traditionen und Denkweisen" zwischenlagert, „wo sie für jede Art der Vermarktung bereit liegen".[43] Den postkolonialen Theorien des Multikulturalismus wirft Bourriaud vor, sie würden fortwährend „Von wo sprichst du?" fragen, „als würde das menschliche Wesen sich immer an einem einzigen Ort aufhalten und nur über eine einzige Tonlage und eine einzige Sprache verfügen".[44] Sie seien damit gescheitert, eine Alternative zum modernen Universalismus zu formulieren, weil sie überall, wo er zur Anwendung kam, „neue kulturelle Verankerungen oder ethnische Entwurzelungen geschaffen" haben.[45] Dem entgegen gerichtet plädiert Bourriaud für eine Altermodernität im Sinne eines kollektiven Projekts, „das sich auf keinen Ursprung bezieht, dessen Richtung jedoch die vorhandenen kulturellen Codes transzendieren und deren Zeichen in einer nomadischen Bewegung mit sich fort tragen würde".[46] Diese „Altermoderne" sei die „Modernität des 21. Jahrhunderts, hervorgegangen aus weltweiten und dezentralisierten Verhandlungen, aus vielen Diskussionen zwischen Akteuren aus unterschiedlichen Kulturen, aus der Konfrontation heterogener Diskurse".[47] Mit seiner Alternative sowohl zur kolonialen Moderne als auch zur postkolonialen Postmoderne geht Bourriaud davon aus, „dass es keine reinen kulturellen Besonderheiten gibt, sondern kulturelle Traditionen und Besonderheiten, die von der Globalisierung durchquert werden".[48]

„Very fine people on both sides"? „Sanfte Moderne" und schwarze Bauhaus-Schafe

In die nun seit Jahrzehnten geführten Debatten um das Für und Wider eines Projekts der Moderne platzte 2019 das Bauhaus-Jubiläumsjahr, welches gleich zwei internationale Aufreger produzierte: den Streit um die auf rechten politischen Druck erzwungene Absage eines Punkkonzertes im Bauhaus Dessau und das Erschrecken über die Architektur des neuen Bauhaus-Museums in Weimar, das sich dezidiert am nationalsozialistisch geprägten städtebaulichen Kontext orientiert. Beides – diese These sei im Folgenden in aller Kürze entfaltet – muss als Ausdruck eines seit nunmehr circa drei Jahrzehnten anhaltenden gesellschaftlichen Klimas verstanden werden, bei dem berechtigte Kritik an Bauhaus und Moderne in der völligen Gleichmacherei fortschrittlicher und rückwärtsgewandter Architekturpositionen endete. Als deutlichstes Signum dieser Entwicklung kann eine jüngere architekturhistoriografische Tendenz verstanden werden, bei der die herausragende und in den allermeisten Fällen auch politisch progressive Rolle des Neuen Bauens im Allgemeinen und des Bauhaus im Besonderen zugunsten des Konstrukts einer „sanften" oder gar „stillen" Moderne relativiert wurde. Dass es auch anders geht, zeigte die Ausstellung *Bauhaus imaginista* im Berliner Haus der Kulturen der Welt 2019, bei der die Kurator*innen Marion von Osten und Grant Watson der „globale[n] Ausstrahlung des Bauhaus"[49] nachgespürt haben, um den „experimentelle[n], hybride[n] Charakter der Moderne und die ihr innewohnende Weltoffenheit" in den Mittelpunkt zu rücken.[50] Im Durchgang durch postkoloniale Perspektiven thematisiert der Begleitkatalog die bis dato beispiellose Internationalisierung einer durch und durch anti-nationalistisch konzipierten Design- und Architekturschule: „Studierende wie Lehrende kamen unter anderem aus Kroatien, Ungarn, Japan, Palästina, Russland, der Schweiz und den USA nach Weimar und später nach Dessau und Berlin, um Teil der Schule zu werden. Junge Menschen aus aller Welt fühlten sich vom Bauhaus, besonders aufgrund seiner kosmopolitischen und avantgardistischen Perspektive und seines praxisorientierten Lehrplans, angezogen."[51] In diese Auffassung von Kunst und Gestaltung, so von Osten und Watson, „ging häufig auch ein implizites transkulturelles Element ein, das durch die Auseinandersetzung mit nicht-westlichen Kulturen in Büchern, Museumssammlungen und Forschungsreisen sowie durch die Zusammenarbeit mit ausländischen Studierenden und Gastdozenten gewonnen wurde."[52]

Diese Fakten wurden in den letzten drei Jahrzehnten durch bestimmte Spielarten deutschsprachiger Architekturhistoriografie ins Wanken zu bringen versucht, die unter Instrumentalisierung einiger problematischer

Bauhaus-Biografien[53] eine Vielzahl von NS-Opportunisten und -Mittäter aufwerteten. Im Rückblick muten diese Versuche als eine gebildet daherkommende Trump'sche „very fine people on both sides"-Rede an. Den relativen Anfang dieser Tendenz kann mit der Ausstellungstrilogie im Frankfurter Deutschen Architekturmuseum (DAM) markiert werden, die den Titel *Moderne Architektur in Deutschland* trug[54] – und neben Peter Neitzke[55] insbesondere von Franz Dröge und Michael Müller scharf kritisiert wurde. In ihrem Aufsatz „Die Revision der Moderne: Ein Skandal" beklagen sie, dass mit dieser Trilogie eine Opfergeschichte erzählt würde, bei der das konservative Bauen in Deutschland ungerechtfertigterweise vom Jahr 1945 bestraft wurde, „weil man mit der Nazi-Gewaltherrschaft gleichzeitig auch die Architektur, die sie dargestellt hatte, pauschal verwarf; und damit ‚leider auch die tradierte Gelegenheit' mitsamt ihren vertrauten Bildern".[56] Insbesondere kritisieren Dröge und Müller, dass der ehemalige, zwischen 1990 und 1995 amtierende DAM-Direktor Vittorio Magnago Lampugnani mit dieser Ausstellungsreihe eine Erzählung beförderte, wonach „das bis heute nachwirkende ‚Nazi'-Verdikt uns Deutsche – ohne dass es uns gleich als Faschisten diffamiert – daran hindere, diesmal unser ‚Herkommen' in ‚klar geometrisch angelegten' Grundrissen und ‚einheitlich und streng gegliederten' Fassaden zu leben".[57] Auch der Münchner Architekturhistoriker Winfried Nerdinger schlägt 2011 in dieselbe Kerbe Dröges und Müllers, wenn er mit seiner Kritik an der Ausstellung *Reform und Tradition*, die 1992 Teil der DAM-Trilogie war, Lampugnani vorwirft, dass er damit „ein Teil der nazistischen Repräsentationsarchitektur als ‚sanfte' oder ‚leise Moderne' geradezu nobilitiert" habe. Ebenso geht er mit Architekturhistorikern wie dem ehemaligen Stellvertretenden Direktor des DAM, Wolfgang Voigt, ins Gericht, der 2003 in apologetischer Absicht gemeinsam mit Hartmut Frank die Ausstellung *Paul Schmitthenner 1884–1972* und mit Roland May die Ausstellung *Paul Bonatz 1877–1956* realisierte; Nerdinger kommt zu folgendem Schluss: „Wenn Architekturhistoriker derartig Partei für alte Nazis ergreifen, dann ist es nicht verwunderlich, wenn die Darstellung der deutschen Architekturgeschichte korrumpiert wird."[58]
Es kann vor diesem Hintergrund einer wissenschaftlichen Aufwertung von Moderne-feindlichen NS-Opportunisten und -Mittätern kaum verwundern,

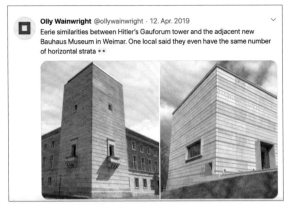

Abb. 10.9: Problematischer Kontextualismus: Der britische Architekturkritiker Oliver Wainwright weist mit einem Tweet vom 12. April 2020 irritiert darauf hin, dass sich das von Heike Hanada 2019 fertiggestellte Bauhaus-Museum Weimar ausgerechnet an Hermann Gieslers Glockenturm aus der Zeit des Nationalsozialismus orientiert (Bildquelle: Detail „Hybride Konstrutionen", Oktober 2019).

dass auch das wichtigste deutsche Prestigeprojekt, das im Bauhaus-Jahr vollendet wurde – nämlich Heike Hanadas Bauhaus-Museum in Weimar –, sich mit seiner Architektur vor allem auf das in unmittelbarer Nachbarschaft gelegene erste (und einzig realisierte) nationalsozialistische Gauforum bezieht. Bekanntlich war es Adolf Hitler persönlich, der im Juni 1936 den Weimarer Wettbewerb für das Gauforum zugunsten von Hermann Giesler entschied und in der Nachbearbeitungsphase dafür sorgte, dass dem sogenannten „Gebäude des Reichsstatthalters und Gauleiters" ein Glockenturm zugeordnet wurde – der nun ganz offenkundig die Gestaltung des neuen Bauhaus-Museums inspirierte: „Eerie similarities between Hitler's Gauforum tower and the adjacent new Bauhaus Museum in Weimar. One local said they even have the same number of horizontal strata", twitterte der britische *Guardian*-Architekturkritiker Oliver Wainwright zur Einweihung des Bauwerks (Abb. 10.9), welches von der Kritik verheerend aufgenommen wurde. Woher kommt diese Lust, die Geschichte der legendärsten deutschen Schulgründung des 20. Jahrhunderts ausgerechnet in einem Bauwerk auszustellen, das sich mit verschiedenen Elementen seiner Architektursprache eben jener andient, die die vom NS-Regime betriebene Schließung dieser Schule repräsentiert? Die gewisse Unbedarftheit, die sich in der Architektur des neuen Bauhaus-Museums in Weimar zeigt, kündet von einer Geschichtsvergessenheit – bzw.

Abb. 10.10: Ein Bild, das im Bauhaus-Jubiläumsjahr nicht hätte entstehen dürfen: Neonazis bedankten sich bei der Stiftung Bauhaus Dessau mit den Worten „DANKE BAUHAUS! LINKS-TERRORISTEN KEINE BÜHNE BIE-TEN!", weil die Stiftung Bauhaus Dessau ein Auftrittsverbot für die Punkband Feine Sahne Fischfilet im Rahmen einer vom ZDF initiierten Veranstaltungsreihe ausgesprochen hatte.

einem Geschichtsrelativismus –, der auch in der Debatte um das Auftrittsverbot für die linke Punkband Feine Sahne Fischfilet im Rahmen einer vom ZDF initiierten Veranstaltungsreihe im Bauhaus Dessau zu vermelden war. Die Stiftung Bauhaus Dessau verteidigte sich daraufhin, das Bauhaus sei ein „bewusst unpolitischer Ort" – was zu weltweiten Protesten von Architekt*innen und Historiker*innen führte, die in einem Offenen Brief bekundeten: „Es wird untersagt, was Rechtsradikale provoziert. Ein solches Handeln gefährdet die politische Kultur."[59] Neonazis bedankten sich daraufhin bei der Stiftung Bauhaus Dessau mit den Worten „DANKE BAUHAUS! LINKSTERRORISTEN KEINE BÜHNE BIETEN!" – es entstand ein Bild, das im Bauhaus-Jubiläumsjahr nicht hätte entstehen dürfen (Abb. 10.10).

Anmerkungen

1 Eine Kurzfassung dieses Kapitels wurde unter dem Titel „‚Very fine people on both sides'"? Zum Bauhaus-Jubiläum im Spiegel zeitgenössischer Architektur und Architekturgeschichtsschreibung" in der *Detail „Hybride Konstrutionen"* (Oktober 2019) sowie in dem von Sandra Hofmeister herausgegebenen Buch *Our Bauhaus Heritage – Unser Bauhaus-Erbe* (München: Edition Detail, 2019) veröffentlicht.

2 Hans Belting: „Die Moderne und kein Ende", in: Heinrich Klotz (Hrsg.): *Die Zweite Moderne. Eine Diagnose der Kunst der Gegenwart*, München: Beck, 1995, S. 64.

3 Zit. nach Johannes von Salisbury: *Metalogicon* 3,4,46–50, hrsg. John B. Hall: *Ioannis Saresberiensis metalogicon*, Turnhout 1991, S. 116.

4 Belting, „Die Moderne und kein Ende", a. a. O., S. 64.

5 Vgl. Georg Germann: *Einführung in die Geschichte der Architekturtheorie*, Darmstadt: Wissenschaftliche Buchgesellschaft, 1980, S. 199.

6 Germann, *Einführung in die Geschichte der Architekturtheorie*, a. a. O., S. 187.

7 Vgl. Germann, *Einführung in die Geschichte der Architekturtheorie*, a. a. O., S. 174.

8 Vgl. Hanno-Walter Kruft: *Geschichte der Architekturtheorie*, München: Beck, ³1991 [1985], S. 311.

9 Vgl. Germann, *Einführung in die Geschichte der Architekturtheorie*, a. a. O., S. 243.

10 Harry Francis Mallgrave: *Gottfried Semper: Ein Architekt des 19. Jahrhunderts*, Zürich: gta Verlag, 2001 [1996], S. 213.

11 Jeannine Fiedler: „Das Bauhaus in Weimar, Dessau und Berlin. Ein Überblick", in: Annett Zinsmeister (Hrsg): *Update! 90 Jahre Bauhaus – und nun?*, Berlin: Jovis, 2010, S. 32.

12 Vgl. Fiedler, „Das Bauhaus in Weimar, Dessau und Berlin. Ein Überblick", a. a. O., S. 34.

13 Hans-Ulrich Dillmann: „Ein Kandinsky-Schüler baute Auschwitz", in: *Jüdische Allgemeine*, 7. Juli 2019 (https://www.juedische-allgemeine.de/kultur/ein-kandinsky-schueler-baute-auschwitz/; zuletzt abgerufen am 20. April 2020).

14 Max Horkheimer, Theodor W. Adorno: *Dialektik der Aufklärung. Philosophische Fragmente*, Frankfurt am Main: Fischer, 1988 [1944], S. 53.

15 Horkheimer, Adorno, *Dialektik der Aufklärung*, a. a. O., S. 12.

16 Horkheimer, Adorno, *Dialektik der Aufklärung*, a. a. O., S. 5.

17 Vgl. Aleida Assmann: *Ist die Zeit aus den Fugen? Aufstieg und Fall des Zeitregimes der Moderne*, München: Hanser, 2013, S. 88.

18 Léon Krier: „Eine Architektur der Sehnsucht" (1985), in: *Bauwelt 28–29: „Die große Speerfeier des Léon Krier"*, 1987, S. 1034.

19 Krier, „Eine Architektur der Sehnsucht" (1985), a. a. O., S. 1037.

20 Ebd.

21 Ebd.

22 Krier, „Eine Architektur der Sehnsucht" (1985), a. a. O., S. 1036.

23 Vgl. Marion von Osten: „Das Patio Grid", in: *ARCH+ 230: „Projekt Bauhaus 2: Architekturen der Globalisierung"*, Dezember 2017, S. 136.

24 Vgl. von Osten, „Das Patio Grid", a. a. O., S. 137.

25 Vgl. Ina Kerner: „Universalismus – Ansprüche, Probleme und Potenziale", in: *ARCH+ 230: „Projekt Bauhaus 2: Architekturen der Globalisierung"*, Dezember 2017, S. 9.

26 Ebd.

27 Ebd.

28 Kerner, „Universalismus – Ansprüche, Probleme und Potenziale", a. a. O., S. 10.

29 Vgl. Andreas Huyssen, Klaus R. Scherpe: „Einleitung", in Andreas Huyssen, Klaus R. Scherpe (Hrsg.): *Postmoderne. Zeichen eines kulturellen Wandels*, Reinbek bei Hamburg: Rowohlt, 1986, S. 8.

30 Vgl. S. 180 ff.

31 Vgl. David Harvey: *The Condition of Postmodernity*, Cambridge, Mass./Oxford: Blackwell, 1990, S. 63.

32 Anlässlich der Ausstellungseröffnung *Die andere Tradition. Architektur in München von 1800 bis heute*.

33 Jürgen Habermas: „Moderne und postmoderne Architektur" (1981), in: Gerd de Bruyn, Stephan Trüby (Hrsg.): *architektur_theorie.doc. Texte seit 1960*, Basel: Birkhäuser, 2003, S. 162.

34 Habermas, „Moderne und postmoderne Architektur" (1981), a. a. O., S. 164.

35 Habermas, „Moderne und postmoderne Architektur" (1981), a. a. O., S. 165.

36 Zygmunt Bauman: *Flüchtige Moderne*, Frankfurt am Main: Suhrkamp, 2003 [2000], S. 38.

37 Ebd.

38 Bauman, *Flüchtige Moderne*, a. a. O., S. 9.

39 Vgl. Bauman, *Flüchtige Moderne*, a. a. O., S. 12.

40 Bauman, *Flüchtige Moderne*, a. a. O., S. 11 f.

41 Bauman, *Flüchtige Moderne*, a. a. O., S. 14.

42 Bauman, *Flüchtige Moderne*, a. a. O., S. 65 f.

43 Nicolas Bourriaud: *Radikant*, Berlin: Merve, 2009, S. 39.

44 Bourriaud, *Radikant*, a. a. O., S. 32.

45 Ebd.

46 Bourriaud, *Radikant*, a. a. O., S. 39.

47 Bourriaud, *Radikant*, a. a. O., S. 43.

48 Bourriaud, *Radikant*, a. a. O., S. 180.

49 Marion von Osten, Grant Watson: „bauhaus imagi-nista", in: Marion von Osten, Grant Watson (Hrsg.): *bauhaus imaginista. Die globale Rezeption bis heute*, Zürich: Scheidegger & Spiess, 2019, S. 13.

50 Von Osten, Watson, „bauhaus imaginista", a. a. O., S. 12 f.

51 Ebd.

52 Ebd.

53 Hier ist vor allem der Bauhaus-Absolvent und Kandinsky-Schüler Fritz Ertl gemeint, der die bauliche Gestaltung des Lagers Auschwitz-Birkenau plante.

54 Die Trilogie besteht aus den Teilen *Moderne Architektur in Deutschland 1900 bis 1950: Reform und Tradition* (Vittorio Magnago Lampugnani und Romana Schneider, 1993), *Moderne Architektur in Deutschland 1900 bis 1950: Expressionismus und Neue Sachlichkeit* (Vittorio Magnago Lampugnani und Romana Schneider, 1994), *Moderne Architektur in Deutschland 1900 bis 2000: Macht und Monument* (Romana Schneider und Wilfried Wang, 1998).

55 Peter Neitzke: *Konvention als Tarnung. Anmerkungen zur architektonischen Gegenmoderne in Deutschland*, Darmstadt: Jürgen Häusser, 1995.

56 Franz Dröge, Michael Müller: „Die Revision der Moderne: Ein Skandal", in: *ARCH+ 122: „Von Berlin nach Neuteutonia"*, Juni 1994, S. 73.

57 Ebd.

58 Winfried Nerdinger: „Hans Poelzig, Paul Bonatz, Paul Schmitthenner. Die allmähliche Aufwertung, Normalisierung und Rehabilitierung der Konservativen, Opportunisten und NS-Mittäter" (2011), in: *ARCH+ 235: „Rechte Räume. Bericht einer Europareise"*, April 2019, S. 29.

59 https://www.change.org/p/herrn-rainer-robra-kulturminister-und-vorsitzen-der-des-stiftungsrates-der-stiftung-bauhaus-dessau-offener-brief-zum-auftrittsverbot-der-punkband-feine-sahne-fischfilet-am-bauhaus-dessau; zuletzt abgerufen am 20. Apri 2020.

11 Anhang

„Die Vergangenheit neu erfinden."
Stephan Trüby im Gespräch mit Alem Grabovac
(*taz*, 12. August 2018)

Alem Grabovac (AG): Herr Trüby, Sie haben in einem viel beachteten Artikel in der *Frankfurter Allgemeinen Sonntagszeitung* aufgedeckt, dass die Initiative zur Rekonstruktion der Frankfurter Altstadt von einem rechtsradikalen Bündnis ausging. Verfolgt die Rechte nicht nur auf dem Land eine strategische Raum- und Architekturpolitik, sondern auch in der Stadt?

Stephan Trüby (ST): Wir unterschätzen die Rechte. Sie verfügt, wie meine Forschungen belegen, auch über eine Architekturtheorie. Claus M. Wolfschlag, ein völkischer Architekturtheoretiker, der für ein ganzes Spektrum rechter Publikationen schreibt, hat gemeinsam mit Wolfgang Hübner, einem rechtspopulistischen Frankfurter Kommunalpolitiker, die erste parlamentarische Initiative für die Rekonstruktion der Frankfurter Altstadt formuliert und eingereicht.

AG: Was geschah dann?

ST: Der Antrag wurde zunächst abgelehnt, jedoch ein wenig später von einem breiten Parteienbündnis übernommen. Das ist ein Fakt. Das Schlimme daran ist. Die Rechten setzen die Themen, und andere Parteien setzen sie um.

AG: Was haben Sie gegen Rekonstruktionen?

ST: Nichts, sofern sie nach Kriegen oder Katastrophen passieren. Natürlich ist nicht jede Rekonstruktion rechts motiviert. Nur: *Wenn* Rechte über Architektur sprechen, dann sprechen sie nahezu immer über Rekonstruktion. Mit dem scheinbar harmlosen Wiederaufbau beispielsweise einer Altstadt versuchen sie, die Mitte der Gesellschaft zu erreichen. Wir müssen vielleicht punktuell mit Rechten reden, aber ganz bestimmt sollten wir nicht die Geschichtspolitik von Rechten bauen.

AG: Welche Strategie verbirgt sich denn hinter der Rekonstruktionsarchitektur?

ST: Ich habe in den letzten Monaten systematisch die Architekturbericht-erstattung von rechten Medienplattformen analysiert. Und da wird deutlich, dass sich die Rekonstruktionsarchitektur in Deutschland zu einem Schlüssel-medium der autoritären, völkischen und geschichtsrevisionistischen Rechten entwickelt hat. Mit dem Thema „Rekonstruktion" können sich Rechte hinter einer scheinbar unpolitischen Fassade verschanzen – und dennoch höchst politische Fakten schaffen.

AG: Fakten also, die Vergangenheit verklären.

ST: Die Vergangenheit wird hier nicht nur verklärt, sondern neu erfunden. Denken Sie an Björn Höckes „erinnerungspolitische Wende um 180 Grad" oder Alexander Gaulands „1000 Jahre erfolgreicher deutscher Geschichte". Das Frankfurter Heile-Geschichte-Gebaue soll einer scheinbar bruchlosen Nationalhistorie zuarbeiten.

AG: Man will also nicht mehr an die Nazis und den Holocaust erinnert werden.

ST: Die Trauer um die zerbombten Altstädte in Deutschland ist historisch stark von ehemaligen Luftschutzaktivisten und anderen NS-Funktionsträgern ge-prägt worden. Sie relativierten frühzeitig den Holocaust mit ihrer Rede vom „Bombenholocaust". Der britische Publizist David Irving spielte hier eine zen-trale Rolle. Wer sich heute auf den Internetseiten von entsprechenden Stadt-bild- und Rekonstruktionsvereinen herumtreibt, stößt zuweilen auf eine Täter-Opfer-Umkehr, die ohne Irving und Konsorten nicht zu denken ist …

AG: … und die auf die rechte Rede vom „Ende des Schuldkults" hinausläuft. Reiht sich der Wiederaufbau des Berliner Stadtschlosses hier mit ein? Ver-sucht man auch da, eine lineare, ungebrochene deutsche Geschichte neu zu erfinden?

ST: Ich war eine Zeit lang Jurymitglied für die Museumsgestaltung des Hum-boldt-Forums im Berliner Stadtschloss. Als ich dort noch tätig war, dachte ich, dass man Kunstwerke, Artefakte, Fotografien und Architekturen nach dem Vorbild der Appropriation Art wiederholen und sie zu emanzipatorischen

Artikulationen machen könnte. Inzwischen glaube ich aber nicht mehr daran. Nahezu jedes Rekonstruktionsprojekt geht mit einem reaktionären Geschichtsverständnis einher. Zwar hat sich meines Wissens nach keiner der Akteure hinter der Berliner Stadtschlossrekonstruktion jemals für ein „Ende des Schuldkults" ausgesprochen. Aber auch hier soll mithilfe eines Bauwerks eine scheinbar ungebrochene deutsche Nationalgeschichte erzählt werden.

AG: Eine Nationalgeschichte ohne DDR?

ST: Die Rekonstruktion des Berliner Stadtschlosses ist ein Akt der Geschichtspolitik, die das Experiment des Sozialismus in Deutschland, die Geschichtsepoche der DDR, auf einer symbolischen Ebene ausradiert hat. Ich behaupte, dass das, was jetzt entstanden ist, keineswegs besser ist als der Palast der Republik. Ich glaube auch nicht, dass eine Rekonstruktion der Schinkel'schen Bauakademie notwendigerweise besser wird als das Außenministerium der DDR, das dort einige Jahrzehnte stand und abgerissen wurde. Hier geht es um die Siegerarchitektur der BRD über die DDR. Insofern arbeiten auch diese Rekonstruktionen wie so viele andere einer bereinigten deutschen Geschichte zu.

AG: Welche meinen Sie?

ST: Der Wiederaufbau der Garnisonkirche in Potsdam wird von einem breiten politischen Spektrum realisiert, das nichts mit Rechtsradikalismus zu tun hat. Aber auch hier dürfen sich Rechtsradikale die politische Initiative auf die Fahne schreiben. Und können so besser in die Mitte der Gesellschaft vordringen.

AG: Was ist mit der Frauenkirche in Dresden?

ST: Ich war für die Rekonstruktion der Frauenkirche, weil da nichts Neues zerstört wurde, die Steine noch vor Ort lagen. Aber natürlich gibt es indirekte Verbindungen von übertriebenem Dresdner Lokalstolz zu gruppenbezogener Menschenfeindlichkeit. So zirkuliert im Netz das Foto eines Dresdner Neonazis, der sich auf den Rücken das Bild der Frauenkirche tätowieren ließ [Abb. 6.1, S. 139]. Darüber steht kein Nazispruch wie „Unsere Ehre heißt Treue", sondern schlicht „Elbflorenz".

AG: Gibt es einen Zusammenhang zwischen der Rekonstruktion des „Elbflorenz" und den Pegida-Demonstrationen?

ST: Die Pegida-Demos nur auf die in Dresden sehr starke Rekonstruktionsbewegung zurückzuführen wäre falsch. Aber Dresden ist eine historisch überkodierte Stadt, und viele Dresdner*innen leben leider in einer irrationalen Opferidentität. Daraus resultiert ein unkanalisierter Lokalstolz, der gesellschaftspolitisch in Teilen der Bevölkerung zu Ausgrenzung und Xenophobie führen kann.

AG: Die rekonstruierte Architektur stärkt die Rechtspopulist*innen?

ST: Schauen Sie, Stuttgart ist im Vergleich zu Dresden eine unterkodierte Stadt, die unter einem Hässlichkeitsverdacht steht. In den Bruchstellen von Stuttgart können sich Migrant*innen problemloser einfügen, auch etwas Eigenes aufbauen. Hier gab es noch nie eine Pegida-Demonstration. Auch eine Karriere wie die von Cem Özdemir wäre in Dresden vollkommen unmöglich gewesen. Eben auch aufgrund des übermäßigen Lokalstolzes.

AG: Sie wurden nach Ihrem Artikel über die Rekonstruktion der Frankfurter Altstadt als „Ideologe moderner Architektur" bezeichnet – als „Luxus-Antifaschist" und „Anhänger der Sühnearchitektur", die die deutschen Städte mit Betonbrutalismus und Traditionsverachtung verschandelt hätten. Haben Sie diese Angriffe getroffen?

ST: Diese Angriffe habe ich so erwartet und sie mir geradezu herbeigewünscht, da sie sehr deutlich den enthemmten Hass hinter der vermeintlich bürgerlichen Fassade vieler sogenannter „Altstadtfreund*innen" abbilden. Im Übrigen glaube ich, dass der Antifaschismus durchaus auch von konservativen und meinetwegen auch luxusaffinen Menschen kommen sollte. Wenn Konservative keine Antifaschist*innen mehr sind, dann sind wir verloren.

AG: „Ist Fachwerk faschistisch?", fragte eine große überregionale Zeitung nach Ihrem Artikel.

ST: Dankwart Guratzsch hat in der *Welt* fälschlicherweise behauptet, dass für mich Fachwerk faschistisch sei. Ein völliger Unsinn. Das Wort „Fachwerk" tauchte in meinem Artikel nicht mal auf. Diese Behauptung hat er von Roland Tichy, der mich in seinem rechtspopulistischen Blog *Tichys Einblick* angegriffen hatte, kalkuliert übernommen. Weil er genau weiß, dass es bei dem Stichwort „Fachwerk" um die kollektive Identität Deutschlands geht. Da werden Emotionen geweckt, da kann man einen Shitstorm erzeugen, da kann man diesem Prof mal so richtig eins reindrücken. Aber mehr als tausend Menschen solidarisierten sich mit mir gegen die Desinformationspolitik von Guratzsch und anderen, darunter viele prominente Architekt*innen, Philosoph*innen und Historiker*innen aus ganz Europa.

AG: Und zwar mit der Unterzeichnung eines offenen Briefes, in dem ein „Rekonstruktions-Watch" gefordert wird.

ST: Darüber habe ich mich sehr gefreut. Der Rekonstruktions-Watch ist ein Aufruf zur Achtsamkeit, ein Warnruf, der uns darauf hinweist, dass bestimmte Milieus durch Rekonstruktionen versuchen, den Mythos einer bruchlosen deutschen Geschichte in die Mitte der Gesellschaft zu tragen. Wir sollten ganz genau beobachten, mit wem wir da eigentlich Stadtpolitik betreiben. Und dafür wäre ein Rekonstruktions-Watch wichtig.

AG: Entsteht der Wunsch nach Rekonstruktionen nicht viel eher durch ein Unbehagen an moderner Architektur?

ST: Viele Menschen verspüren angesichts der Globalisierung eine neue Unsicherheit und auch eine Überforderung des Nicht-mehr-Mitkommens. In anderen Zeiten haben wir Neues besser ertragen. Es gibt eine Sehnsucht nach Pseudostabilitäten: Die rekonstruierte Altstadt gaukelt uns eine stabile Identität, Heimat und Nationalgeschichte vor.

AG: Sprechen wir hier nicht auch von ästhetischem Unbehagen? Ihr Büro, in dem wir hier reden, befindet sich in einem brutalistischen Betonhochhaus, dem Kollegiengebäude I auf dem Innenstadt-Campus der Universität Stuttgart. Können Sie verstehen, dass viele Menschen solche Gebäude hässlich finden?

ST: Schönheit oder Hässlichkeit sind Begriffe, die wissenschaftlich nicht haltbar sind. Sobald etwas hundert Jahre alt ist, finden wir es schön. Da setzt dann automatisch ein Romantisierungsprozess ein. Der Brutalismus glaubte nach dem Zivilisationsbruch des Zweiten Weltkrieges an eine optimistische, planbare, bessere Zukunft. Das Wort leitet sich nicht von „brutal", sondern vom französischen *béton brut*, vom rohen Beton, ab. Es ging den Brutalist*innen um die rohen, ehrlichen Oberflächen, die nicht verputzt und verkleidet werden. Es ging um eine Art gebaute Ethik, um eine „Hart, aber herzlich"-Optik.

AG: Und in hundert Jahren werden die Menschen den Brutalismus als schön empfinden?
ST: Davon bin ich überzeugt. Das tun sie ja auch teilweise jetzt schon.

AG: Was sind denn eigentlich rechte Räume?
ST: Sie sind keine Architekturen, sondern Territorien. Rechte Räume sind manchmal in Städten zu finden, vor allem aber auf dem Land. In manchen Regionen findet man beispielsweise auch völkische Siedlungen. Dort wird der Erhalt einer „reinen Volksgemeinschaft" jenseits der multikulturellen Zentren unter dem Motto „Blut und Boden" geprobt.

AG: Wie entstehen diese völkischen Siedlungen?
ST: Durch den Ankauf billiger Immobilien in verlassenen Dörfern. So lässt sich leicht eine rechte kulturelle Hegemonie herstellen.

AG: Haben Sie ein Beispiel?
ST: In einer konzertierten Aktion zogen zum Beispiel ein neonazistischer Steinmetz, ein Kunstschmied, eine Buchbinderin und eine Hebamme in ein kleines Dorf in der Mecklenburgischen Schweiz. Auch die Kinder kamen mit, und die Hebamme ist natürlich für die Fortpflanzung wichtig. Plötzlich sitzt ein Nazi im Elternbeirat. Außerdem helfen sie den Einheimischen, sind eigentlich ja auch ganz nett. Das Dorf kippt und wird nach und nach zu einer völkischen Siedlung.

AG: Halten Sie das für ein ostdeutsches Phänomen?

ST: Nicht nur. Solche Siedlungen gibt es auch im Westen. Dort sitzen im Übrigen auch viele Geldgeber, die diese ostdeutschen Dörfer mitfinanzieren. Aber die völkischen Siedlungen sind nur ein Teil der Strategie. Man braucht auch Orte der Sammlung und Zentren. Gerade AfD-Politiker*innen und Menschen aus dem rechten Milieu hegen eine Präferenz für Rittergüter und Ritterburgen. Der Bekannteste unter ihnen ist sicherlich Götz Kubitschek mit seinem Verlag Antaios und seiner Zeitschrift *Sezession* auf dem Rittergut in Schnellroda. Von dort sollen die rechtsradikalen Ideen ins Land getragen werden.

AG: Woher kommt die Vorliebe für marode Ritterburgen?

ST: Das Hassdatum vieler Rechter ist die Französische Revolution 1789. Die Abschaffung der Feudalgesellschaft. Die Abschaffung einer vermeintlich natürlichen Gesellschaftsordnung. Die gebauten Symbole hierfür sind Ritterburgen und Schlösser. Sie fügen sich wunderbar in nationalromantische Traditionen und patriarchale Gesellschaftsordnungen ein.

AG: In was für einem Haus sind Sie aufgewachsen?

ST: In einem suburbanen Einfamilienhaus mit Satteldach. Der Brutalismus war bei uns allerdings Familiengespräch, weil mein Onkel die meisten katholischen Kirchen Deutschlands gebaut hat, viele davon im brutalistischen Stil.

AG: War es dann Ihr Onkel, der Sie zur Architektur gebracht hat?

ST: Es gibt diesen familiären Kontext mit vielen Architekt*innen in der Verwandtschaft. Aber da war noch etwas anderes. Es gab eine prägende Erfahrung im Jahr 1983. Ich war 13 und bin an einem neblig-grauen Novembertag mit meinen Eltern an der Neuen Staatsgalerie in Stuttgart vorbeigefahren. Sie stand kurz vor der Eröffnung. Ich sehe noch heute diese bunten, bonbonfarbenen Geländerrohre der Neuen Staatsgalerie vor mir. Wie eine Heiligenerscheinung bei miesem Wetter. Das war Pop, damit konnte ich mich identifizieren. Ich war begeistert.

AG: Und trotz Ihrer Kritik: Wie gefällt Ihnen denn nun die Neue Frankfurter Altstadt?

ST: Da kann man bestimmt mal einen Kaffee trinken. Sie ist ein erträglicher Hintergrund. Aber sie ist kein Stadtviertel geworden, das die Auseinandersetzung mit guter Architektur lohnen würde. Die rekonstruierten Häuser sind schlecht geschnitten, schlecht belichtet, sie haben teils hübsche Ornamente, aber das war es dann auch. Allein die Ideologie, die dahintersteckt, lohnt eine Auseinandersetzung.

AG: Was hätten Sie sich für die Neue Frankfurter Altstadt gewünscht?

ST: Einerseits ein geschichtsbewusstes Bauen, das an eine Tradition anknüpft und trotzdem nicht so tut, als wäre nichts gewesen. Eine Architektur, die raffiniert mit Brüchen, Anschlüssen und Gegenwärtigem umgeht. Einige wenige Neubauten, die dort zwischen den Rekonstruktionen errichtet wurden, gehen übrigens in diese Richtung.

AG: Welche Stadt finden Sie architektonisch am spannendsten?

ST: Städte mit Brüchen. Mit ablesbarer Geschichte. Dazu zähle ich eine Metropole wie London, aber auch moderne Großstädte wie Rotterdam oder Stuttgart. In diesen Städten wird man immer wieder mit vermeintlich Unpassendem konfrontiert. Das setzt das Denken frei.

„Es gibt keine per se rechte oder linke Architektur." Stephan Trüby im Gespräch mit Martin Tschechne (*Zeit Online*, 12. Juni 2019)

Martin Tschechne (MT): Herr Trüby, was haben Sie eigentlich gegen Fachwerkhäuser?

Stephan Trüby (ST): Überhaupt nichts! Ich liebe Fachwerkhäuser! Ich liebe Altstädte. Ich vermute, Ihre Frage bezieht sich auf einen Artikel, den ich vor gut einem Jahr in der *Frankfurter Allgemeinen Sonntagszeitung* über die teilweise neu aufgebaute und im vergangenen September eröffnete Altstadt in Frankfurt geschrieben habe. Ich habe darin nachgewiesen, dass die erste parlamentarische Initiative zu ihrer Rekonstruktion auf zwei Rechtsradikale zurückgeht, den Lokalpolitiker Wolfgang Hübner und den Publizisten Claus M. Wolfschlag. Die Initiative wurde dann aber von einer schwarz-grünen Koalition aufgegriffen und umgesetzt. Mein Hinweis führte zu einem Gegenartikel in der *Welt*, dessen Autor Dankwart Guratzsch mir unterstellte, dass ich Fachwerk für „faschistisch" halten würde. Das tue ich natürlich nicht. Übrigens kam das Wort „Fachwerk" in meinem Artikel nicht einmal vor.

MT: Was lehrt uns die Reise, die Sie durch Europa unternommen haben und deren Ergebnisse Sie unter dem Stichwort „rechte Räume" in der Architekturzeitschrift *ARCH+ 235* präsentieren, über den Zustand der Architektur?
ST: Sie lehrt uns viel mehr als nur etwas über Architektur – nämlich etwas über die Zustände der verschiedenen europäischen Gesellschaften. Ich habe diese Reise mit Kolleg*innen und Studierenden im November 2018 unternommen. Sie führte uns tatsächlich entlang der berüchtigten Achse Rom–Berlin, und wir haben dabei versucht, historische Faschismen in Phänomenen zu erkennen, die ein neuerliches Aufkommen autoritärer, wenn nicht gar faschistischer Politiken belegen könnten.

MT: Sind Sie fündig geworden?

ST: Oh ja! Wenn wir derzeit etwa einen Blick in das politische Italien werfen, kann es einem angst und bange werden. Ebenso, wenn wir nach Ungarn oder Polen blicken. Dazu haben wir versucht, die Befunde unserer Reise durch Zuschaltungen aus anderen Ländern, etwa Großbritannien, den Niederlanden und auch der Türkei zu ergänzen.

MT: Und in all diesen Ländern finden Sie Belege dafür, dass rechte, nationalistische Kreise die Architektur für ihre Zwecke wiederentdeckt haben und sie erneut einsetzen?

ST: So kann man es sagen, ja. Das betrifft die Architektur und insbesondere das Thema Denkmäler. Es gibt eine wichtige Vokabel in diesem Zusammenhang, sie lautet Metapolitik.

MT: Also der Versuch, theoretische Aussagen über die Politik selbst und ihre Bedingungen zu formulieren.

ST: Nun, es ist ein Begriff, der ursprünglich von der Linken geprägt wurde, und zwar von dem Italiener Antonio Gramsci. Inzwischen hat die Rechte ihn als einen Lieblingsbegriff übernommen. Gemeint ist, dass man erst den kulturellen Raum beherrschen muss, um dann am Ende auch faktisch regieren zu können. Zu diesem metapolitischen Raum gehören Mode, Kunst, Theater – und nicht zuletzt auch die Architektur.

MT: Es geht also um die Frage, wie sich Architektur zu politischen Zwecken instrumentalisieren lässt?

ST: So ist es. Wir haben dann auch spätestens auf unserer Reise festgestellt, dass rechtsextreme Bewegungen in Italien eine recht fortgeschrittene Urbanismus-Diskussion führen, besonders um die neofaschistische Partei CasaPound herum. Und auch andere rechtspopulistische bis rechtsradikale Gruppierungen stellen solche metapolitischen Überlegungen an, um sich in ihren Gesellschaften zu verankern.

MT: Sie geben damit ja sehr deutlich die Richtung vor, in der Ursache und Wirkung miteinander verknüpft sein sollen – die Architektur ist ein Werkzeug der Ideologie und bestimmt das Bewusstsein. Aber kann man das immer so eindeutig sagen? Oder sind auch Architekt*innen die Täter*innen, indem sie durch ihre Bauten nicht nur eine Lebensweise vorgeben, sondern damit auch politische Haltungen und Weltanschauungen?

ST: Zunächst: Es gibt keine per se rechte oder linke Architektur. Das betone ich immer wieder. Aber es gibt rechte Räume. Einige davon – möglichst unterschiedliche – haben wir auf unserer Reise aufgesucht, um sie für die *ARCH+ 235: „Rechte Räume"* zu analysieren. Denn tatsächlich ist das Verhältnis von Architektur und Ideologie sehr komplex. Da gibt es keine einfachen Verknüpfungen von Ursache und Wirkung. Aber einen Zusammenhang gibt es ganz offenkundig. Und den versuchen wir an den verschiedenen Beispielen deutlich zu machen, europaweit und bis in die USA.

Eine „erinnerungspolitische Wende" in Dresden

MT: In Frankfurt diente die Rekonstruktion der Altstadt einer romantischen Verklärung. Sie ist so etwas wie die verpasste Chance, etwas Neues zu entwickeln. Wie ist das mit dem großen Rekonstruktionsprojekt in Dresden: Haben Sie womöglich etwas gegen die Frauenkirche?

ST: Nein, und das wird Sie vielleicht überraschen. Ich war sogar für ihre Rekonstruktion. Aber wir müssen uns vielleicht auch fragen: Was hat eigentlich dazu beigetragen, dass gerade in Sachsen die fremdenfeindliche Pegida-Bewegung so stark wurde? Dafür gibt es viele Ursachen, aber eine davon liegt sicherlich in einer Gedenkpolitik, der zufolge die Geschichte des 20. Jahrhunderts für viele Dresdner*innen – erlauben Sie mir die leichte Übertreibung – doch allzu oft mit dem 13. Februar 1945 beginnt.

MT: Den Luftangriffen auf Dresden also durch britische und amerikanische Bombenflugzeuge …

ST: Es ist höchst aufschlussreich und sehr bedrückend zu sehen, wie sich die Stadt in ihrer Geschichte darstellt. Wer heute nach Dresden kommt, erlebt eine touristisch höchst attraktive Stadt. Aber nirgends um den Neumarkt herum, an der Frauenkirche oder in der Ausstellung, die dort im Keller aufgebaut ist, werden Sie einen Hinweis darauf finden, welche politischen Entwicklungen zur Bombardierung der deutschen Städte geführt haben. Dass es in Deutschland den Nationalsozialismus gab, dass von Deutschen der Holocaust verübt wurde. Und dass der Krieg, der zu den Zerstörungen von Dresden und von anderen deutschen Städten führte, von Deutschland aus begonnen worden war. Dresden präsentiert sich seit Langem in einer Opferrolle – und errichtete sich in den letzten Jahren eine adrette neualte Stadtmitte als geschichtsrevisionistisches Terrain.

MT: Woran machen Sie das „Geschichtsrevisionistische" konkret fest?

ST: In der Sporergasse 12 steht zum Beispiel das sogenannte „Triersche Haus", rekonstruiert im Jahre 2016 nach dem Vorbild eines 1695 errichten Barockhauses. Ins Vorgängerhaus zog im Jahr 1920 ein jüdisch-orthodoxer Verein ein. Auf die einstigen jüdischen Bewohner wird auch am Erinnerungsschild aufmerksam gemacht, das seit Kurzem am Neubau angebracht wurde (Abb. 11.1). Darauf steht korrekterweise zu lesen: „Ab 1940 wurden jüdische Familien gezwungen, hier im ‚Judenhaus' zu wohnen, bevor sie in andere Lager deportiert wurden." Aber der Schlusssatz lautet: „Bei der Zerstörung des Hauses am 13. Februar 1945 fanden zahlreiche jüdische Bewohner den Tod." Was hier auf engstem Raum gesagt wird, ist eine ungeheuerliche Geschichtsfälschung. Die könnte man so zusammenfassen: „Ja, die Nazis haben Menschen jüdischer Herkunft deportiert, das war nicht gut, aber getötet wurden sie von den Alliierten mit ihren Bomben." Was sich hier geschichtspolitisch abzeichnet, summiert sich zu einer mehr als Besorgnis erregenden Tendenz. Am Trierschen Haus, am Neumarkt und der Frauenkirche ist die „erinnerungspolitische Wende um 180 Grad", die der AfD-Politiker Björn Höcke fordert, bereits vollzogen.

MT: Wie herrlich anders, wie geschichtsbewusst auch präsentiert sich da doch das Berliner Stadtschloss …

ST [lacht]: Auch wenn das geplante Kuppelkreuz ein Lieblingsthema der Rechten ist, hat das Berliner Stadtschloss mit Pegida und mit Rechtspopulismus im

Abb. 11.1: Hier, in der Dresdner Spo-rergasse 12, ist die von Björn Höcke ersehnte „erinnerungspolitische Wende um 180 Grad" bereits voll-zogen: Die Plakette am Trierschen Haus sagt sinngemäß: „Ja, die Nazis haben Juden deportiert, das war nicht gut, aber getötet wurden sie von den Alliierten mit ihren Bomben".

Ganzen eher wenig zu tun. Das will ich ganz deutlich sagen, auch als einer, der mal zur Jury für die Ausstellungsgestaltung im Humboldtforum gehörte. Ich muss aber mit einigem zeitlichen Abstand anmerken, dass ich inzwischen mehr Probleme als Verdienste bei diesem wichtigsten Kulturprojekt der Bundesrepublik Deutschland in den letzten Jahrzehnten sehe. Das hat mit der aktuellen Debatte um die Restitution geraubter Kulturgüter aus Afrika zu tun, aber auch mit dem Bau selbst. Mit der rekonstruierten Barockfassade etwa: Der Bau des Originals von Andreas Schlüter wurde seinerzeit durch Gewinne aus der ersten kurbrandenburgischen Kolonie Groß-Friedrichsburg im heutigen Ghana mitfinanziert, wie unsere Autorin Anna Yeboah in der erwähnten *ARCH+ 235: „Rechte Räume"* berichtet. Sie besuchte auch mit ihrem Vater, der aus Ghana stammt, die kleinen Keller des Forts, in denen Tausende von Menschen eingesperrt und gefoltert wurden, bevor sie nach Mittelamerika verschifft wurden. Von ihnen blieb eine schwarze Masse zurück, die den Kellerboden heute wie ein weicher Estrich überzieht: eine über die Jahrhunderte stabilisierte Melasse aus Blut und menschlichen Fäkalien. Gerade bei einem Projekt wie dem Humboldtforum, das so breite parlamentarische

Unterstützung genießt, ist es also dringend geboten, sich auch der deutschen Kolonialgeschichte zu stellen. Sonst wird es kalt erwischt von der Restitutionsdebatte. Die wird übrigens in Frankreich offen und vorbildlich geführt.

MT: Gibt es überhaupt eine Baukultur, die ein einheitliches, identitätspolitisches Programm verfolgt?

ST: Warum sollte das wünschenswert sein? Ich halte den Begriff Identität für insgesamt recht problematisch. Da teile ich die Auffassung des französischen Sinologen François Jullien, der sagt: Es gibt keine kulturelle Identität, es gibt nur kulturelle Ressourcen. Identität ist ein latent oder auch offen ausschließender Begriff. Wenn wir stattdessen von Ressourcen sprechen, dann schließen wir ein. Ich trauere um die Zerstörung der Bibliothek in Timbuktu oder um die des brasilianischen Nationalmuseums in Rio de Janeiro genauso wie um die der Kathedrale von Notre Dame. Das waren und sind Ressourcen, die uns alle angehen. Ich glaube, sobald wir Denkmalpflege mithilfe des Identitätsbegriffs in die Nähe von Heimatschutz rücken, haben wir ein Problem.

MT: Aber bei der Rekonstruktion von Architektur kann es durchaus unterschiedliche Motive geben, oder?

ST: Natürlich! Es gibt genauso wenig eine rechte oder linke Rekonstruktion (im Sinne eines Artefaktes) wie eine rechte oder linke Architektur. Aber wenn wir die jüngere Geschichte Deutschlands anschauen, dann fallen da schon viele Rekonstruktionsinitiativen auf, die aus rechtspopulistischen Milieus angestoßen wurden.

MT: Kann man einer Architektur denn die Motive dahinter ansehen?

ST: So gut wie nicht. Es gibt beispielsweise eine moderne Architektur insbesondere in Italien, die zutiefst faschistischen Motiven entsprang, genauso wie es eine moderne Architektur gab, die sozialistisch, wenn nicht gar kommunistisch grundiert war. Bei Letzterem denke ich etwa an Hannes Meyer, den Nachfolger von Walter Gropius am Bauhaus. Es gibt keine direkten Verbindungen zwischen gebauter Materialität und politischer Ideologie. Daher zielt auch die dümmliche Diskussion über Stein- versus Glasarchitektur, die uns manche unserer Kritiker aufdrängen wollen, hoffnungslos ins Leere. Es geht uns nun wirklich nicht um Materialdiskussionen, sondern um Gedanken, um Sprechakte, um Köpfe.

„Hans Kollhoff ist ja kein naiver Architekt"

MT: Dann sprechen wir doch über den Architekten Hans Kollhoff und über den von ihm gestalteten Walter-Benjamin-Platz in Berlin. Um dieses Beispiel dreht sich nun ein wesentlicher Teil der Debatte um Ihre Zuschreibung „rechter Räume", auch weil Kollhoff Ihnen in Interviews widerspricht. Der Platz wurde ursprünglich 1984 konzipiert, 2001 schließlich fertiggestellt. Wie kamen diese beiden Köpfe, Kollhoff und Benjamin, denn zusammen?

ST: Die Entscheidung, den Platz nach Walter Benjamin zu benennen, kam erst am Schluss des ganzen Prozesses und war eine Initiative des SPD-Bezirksbeirates. Es war jedenfalls nicht Kollhoffs Idee.

MT: In der Mitte des Platzes ist ein Zitat des amerikanischen Schriftstellers Ezra Pound in den Boden eingelassen. Darin geht es um „Usura", also um Wucher und die Qualität von Häusern, und da Pound unstreitig ein Antisemit war und Menschen jüdischer Herkunft immer wieder auch als Wucherer verunglimpft hat, ist nun eine heftige Kontroverse um das ganze Ensemble ausgebrochen. Kollhoff weist jede Unterstellung einer politischen Absicht weit von sich. Was halten Sie für sein Motiv?

ST: Als Wissenschaftler bin ich es gewohnt, über Fakten zu sprechen. Und die liegen offen zutage: Der Architekt bringt im Jahre 2001 mitten in Berlin-Charlottenburg auf einem von ihm erbauten Platz ein Zitat des Dichters Ezra Pound an, der 1942 über das von Mussolini gleichgeschaltete Radio Rom von oben befohlene Ausschreitungen gegen Menschen jüdischer Herkunft herbeisehnte. Und zwar mit Sätzen wie: „[…] wenn ein Mann einen genialen Einfall hätte und ein Pogrom ganz oben starten würde. Ich wiederhole: […] wenn jemand mit einem Geniestreich ein Pogrom ganz oben starten würde: Dafür gäbe es Argumente." Und das Wort „Usura", das im angebrachten Zitat fällt, ist nichts anderes als das Pound'sche Codewort für „jüdische Zinswirtschaft".

Ich denke, wir sollten aufhören, Pound immer wieder als einen wirren Verirrten zu verharmlosen. Gleichzeitig sollten wir seine Gedichte auch in ihren politischen Implikationen ernst nehmen, vor allem, wenn sie, wie in Berlin geschehen, in die Nähe zu Walter Benjamin rücken, der sich bekanntlich 1940 auf der Flucht vor den Nazis in Portbou das Leben nahm.

MT: Kollhoff hat vom „Debakel des Verfalls architektonischer Empfindung" gesprochen, vom Großkapital und seinen Geldströmen, die anonym um den Globus wälzten und das Bauen doch nur immer armseliger werden ließen – eine Art Wutausbruch also, in Stein gemeißelt und an eine ganz andere Adresse gerichtet. Auch Niklas Maak, der Architekturkritiker der *FAZ*, nimmt ihn da in Schutz ...

ST: Ich halte Maaks Inschutznahme von Kollhoff für erschreckend, zumal er uns „Diffamierung" vorwarf. Und Kollhoffs Argumentation halte ich für nicht haltbar. Er ist ja kein naiver Architekt. Er weiß sehr genau, was er tut, und er weiß mehr über Pound als ein durchschnittlicher Literaturwissenschaftler. Er tut dies alles aus der Perspektive eines Connaisseurs. Es ist einfach kontrafaktisch, wenn er behauptet, das Wort „Usura" habe keine antisemitische Konnotation.

MT: Warum haben Sie Kollhoff nicht zu einer Stellungnahme in der betreffenden Ausgabe der *ARCH+* eingeladen?

ST: Unsere Autorin Verena Hartbaum, die diesen Skandal aufgegriffen hat, hat ihn im Rahmen einer 2013 veröffentlichten Arbeit zu Wort kommen lassen. Kollhoff sprach damals vom Reiz einer Konfrontation zwischen Pound und Benjamin, die persönlich nie stattgefunden hat, an die man aber, ich zitiere, „hypothetische Behauptungen knüpfen kann, die nicht selten ein grelles Licht werfen auf die fatale Geschichte des vergangenen Jahrhunderts." Ich halte das für komplette Perfidie.

MT: Für einen eigenen Beitrag Kollhoffs war in *ARCH+* kein Platz?

ST: Kollhoff hat sich unserer Autorin erklärt und vor sechs Jahren das Angebot, eine erweiterte Stellungnahme für die Publikation der Arbeit zu geben, nicht angenommen. Dass sich seine Meinung zu Pound nicht geändert hat, wird in zwei Interviews deutlich, die er kürzlich dem *Spiegel* und der *Welt* gegeben hat. Er sieht nach wie vor überhaupt kein Problem in einem antisemitisch konnotierten Zitat auf dem Walter-Benjamin-Platz. Wir führen diese Diskussion wohlgemerkt wenige Tage, nachdem Felix Klein, der Antisemitismusbeauftragte der Bundesregierung, seinen sehr bedrückenden Bericht zur Bedrohung von Menschen jüdischer Herkunft in Deutschland vorgetragen hat.

MT: Was wollen Sie jetzt noch ändern?

ST: Tatsächlich würde auch ich das Zitat von Pound heute nicht mehr entfernen. Das wäre reine Kosmetik für einen Platz, der in seiner ganzen Gestaltung ein Turiner Bauwerk von Mussolinis Lieblingsarchitekt Marcello Piacentini zitiert. Aber ich plädiere für eine Ergänzung mit zwei Sätzen von Walter Benjamin: „Alle Bemühungen um die Ästhetisierung von Politik gipfeln in einem Punkt. Dieser eine Punkt ist der Krieg." Das steht so in Benjamins berühmtem Text *Das Kunstwerk im Zeitalter seiner technischen Reproduzierbarkeit.* Geschrieben hat Benjamin diese beiden Sätze 1936, genau im selben Jahr, in dem auch Pounds Sentenz über den Wucher und die Macht der anonymen Geldströme entstanden ist. Benjamins Aussage passt perfekt – sowohl zum Zitat des amerikanischen Schriftstellers als auch zu der Diskussion, die uns heute beschäftigt.

„Identitäres Denken ist in der Architektur weit verbreitet." Stephan Trüby im Gespräch mit Leon Kahane und Fabian Bechtle vom Forum Democratic Culture and Contemporary Art (DCCA) (*Belltower News*, 12. Dezember 2019)

DCCA: Vor circa einem Jahr, im April 2018 haben Sie mit dem Artikel „Wir haben das Haus am rechten Fleck" in der *Frankfurter Allgemeinen Sonntagszeitung (FAS)* eine Fundamentalkritik an der Neugestaltung der Frankfurter Altstadt publiziert. Sie wiesen nach, dass die erste parlamentarische Initiative für die Rekonstruktion von Rechtsradikalen kam. Wie waren die Reaktionen auf Ihre Recherche?

Stephan Trüby (ST): Eine heftige Debatte folgte, bei der zwischen Lob und Kritik zwar alles dabei war, aber unter Architekt*innen doch eine gewisse Zurückhaltung überwog. Was mich nicht überraschte, denn vielen war die Thematik offenbar zu heiß für eine öffentliche Positionierung. In der Theater- und Kunstwelt stießen wir dagegen auf viele offene Ohren. Bei einem Wettstreit in puncto Politisiertheit würde die Architektur derzeit im Vergleich zu anderen künstlerischen Disziplinen wohl eher schlecht abschneiden. Jedenfalls in Deutschland. Gut ein Jahr nach dem *FAS*-Artikel, im Mai 2019, legte ich mit meinem Stuttgarter Institut für Grundlagen moderne Architektur und Entwerfen (IGmA) nach, und wir publizierten die *ARCH+ 235: „Rechte Räume. Bericht einer Europareise"*. Damit rührten wir endgültig am architektonischen Tabu einer Rede über basale politische Orientierungen – die Gegenreaktionen waren erwartungsgemäß heftig.

DCCA: Warum war die Reaktion auf Ihre Arbeit so stark?

ST: Ich glaube, das hat auch mit der hiesigen architektonischen Kultur der Moderatheit zu tun, die über alles reden möchte, nur nicht über Ideologie und politische Orientierungen. Die vermeintlich autonome Architekturkategorien wie Raum, Form und Typus thematisiert, sich dabei gerne auch auf den italienischen Architekten Aldo Rossi bezieht, aber dessen Kommunismus so gut wie nie mitreflektiert. Wir müssen hier wohl auch über eine spezifisch deutsche 68er-Generation sprechen, und ich sage das ausdrücklich als jemand, der das emanzipatorische und progressive Erbe der Achtundsechziger gegen den gegenwärtigen Rollback hochhält. Aber mit ein Grund für das Einigeln im Architekturkonservatismus, den ich derzeit in Deutschland wahrnehme, hat sicherlich auch damit zu tun, dass es hierzulande – im Unterschied etwa zu Großbritannien und den USA – kaum eine technikaffine 68er-Generation gab. Denken Sie beispielsweise an das berühmt-berüchtigte Protest-Plakat „Alle Häuser sind schön, hört auf zu bauen", das 1967 einige Studierende der TU Berlin im Rahmen eines Architekturtheorie-Kongresses entrollten. Heute dürften manche von ihnen wohl rufen: „Alle Häuser sind schön, rekonstruiert sie." Die überaus starke Dominanz von konservativen Bautraditionen quer durch fast alle politische Lager in Deutschland ist sicherlich mit darauf zurückzuführen, dass das Experiment – gerade auch das technisch getragene Experiment – in Deutschland seit 1968 latent unter Technokratie-, ja sogar Faschismusverdacht gestanden hat. In der Folge wurde gerade auch die Planungsrationalität im Fahrwasser einer Horkheimer-Adorno'schen *Dialektik der Aufklärung* kritisiert. Die Konsequenzen sind derzeit in der deutschen Debatte um Rekonstruktionen zu spüren, wo stellenweise Linke oder ehemalige Linke, die aus der Stadterneuerungsbewegung kommen, mit rechten Geschichtsrevisionisten fraternisieren. Und alle glauben, sich in Sachen „Schönheit" und „Stadtraum" einig zu sein.

DCCA: Heißt das, dass Rekonstruktionsprojekte in der Umsetzung unideologisch sind?

ST: Unideologisch nur in dem Sinne, als Ideologie oftmals im Unbewussten verbleibt. Um bei der Rekonstruktion oder besser Teilrekonstruktion der Neuen Frankfurter Altstadt zu bleiben: Die erste parlamentarische Initiative stammte hier bekanntlich von den „Bürgern für Frankfurt (BFF)", in deren Reihen sich Rechtsradikale finden. Der BFF-Antrag wurde zunächst abgeschmettert, aber später dann inhaltlich ähnlich gelagert von

Schwarz-Grün neu aufgelegt und durchgesetzt, um schlussendlich von einem SPD-Bürgermeister eingeweiht zu werden. Das zutiefst ideologisch geprägte Projekt – immerhin sprechen wir hier über ein mit öffentlichen Geldern teilsubventioniertes Luxuswohnprojekt – wurde in einem vermeintlich unideologischen Klima umgesetzt.

DCCA: Kann man dennoch sagen, dass das Frankfurter Altstadt-Projekt ein Beispiel für eine Renaissance bzw. eine Kontinuität antimoderner Vorstellungen ist?

ST: Zumindest insofern, als die Moderne ihre antimodernen Strömungen stets mitgebiert. Bei der Frankfurter Altstadt-Rekonstruktion wurde mit modernsten Mitteln einer anti-modernen Ideologie zum Bild verholfen. Aber Architektur ist nicht nur etwas, was am Ende eines langen Prozesses steht. Ebenso kann sie, die angeblich „langsamste" aller Künste, als Frühwarnsystem betrachtet werden. Es ist sicherlich nicht abwegig, wenn Nikolaus Kuhnert, einer der Mitherausgeber der *ARCH+*, behauptet, dass im Berliner Architekturstreit der 1990er-Jahre, bei dem erbittert über Blockrandbebauung, Steinverkleidung, Glasfassaden, „Berlinische Architektur" und „Preußischer Stil" gestritten wurde, die geschichtspolitischen Ideale der AfD vorweggenommen wurden. Die Architektur verfügt – wie andere Kunstformen auch – über seismografische Eigenschaften. Sie ist Teil eines weiten metapolitischen Feldes, auf dem künftige Politikformen abgesteckt werden. In Deutschland geht es insbesondere darum, das Projekt einer besseren Zukunft zugunsten einer besseren Vergangenheit aufzugeben.

DCCA: Gibt es gegenüber dem Berliner Architekturstreit der 1990er-Jahre etwas Neues an der aktuellen Debatte um „Rechte Räume"?
ST: Das Novum der aktuellen Debatte um „Rechte Räume" ist neben der veränderten politischen Großwetterlage und der örtlichen Entgrenzung vor allem die Rolle der sozialen Medien, die es in den 1990er-Jahren natürlich nicht gab. Das macht die aktuelle Debatte so enthemmt – bis hin zur offenen Gewaltbereitschaft, die sich in entsprechenden Kommentarspalten niederschlägt. Eine seltsame Fusion hat sich zugetragen: Das ganz Junge – das

technische Medium entsprechender Internetplattformen wie Facebook und Twitter – perpetuiert das ganz Alte: Baudenkmäler als Symbole für eine vermeintlich „christliche Identität" Europas. Beim Brand von Notre-Dame ist diese Fusion so richtig deutlich geworden – und hat millionenfach antiislamische Verschwörungstheorien bezüglich der Brandursache um den Globus getragen – nicht zuletzt auch auf rechten Facebook-Architekturseiten wie *Architectural Revival*. Dort stört sich kaum jemand an den Tausenden von Kommentaren mit deutlichem Rechtsdrall.

DCCA: Bei vielen dieser Kommentare geht es wahrscheinlich auch um den Glauben, in der Vergangenheit etwas Ursprüngliches zu erkennen. Durch diesen Rückgriff glauben dann manche zu erkennen, was z.B. europäisch oder deutsch ist, oder?

ST: Ja. Ich würde sogar noch weiter gehen: Viele der Posts auf *Architectural Revival*, die sich auch bei deutschen Rekonstruktionsfans großer Beliebtheit erfreuen, propagieren eine rechtsradikale, ethnopluralistische, also neorassistische Argumentation. Vor einiger Zeit wurde beispielsweise eine Visualisierung des Siegerentwurfs von Staab Architekten für die Neugestaltung der südlichen Domumgebung in der Kölner Innenstadt mit folgenden Worten untertitelt: „Die Moderne ist demoralisierend. [...] Die Tilgung der deutschen Identität ebnet den Weg für den Austausch des deutschen Volkes" (Abb. 11,2). Eine klassische neurechte Erzählung – den „abendländischen" Nationen stehe der „große Austausch" durch überwiegend muslimische Einwanderer*innen bevor – wird hier mithilfe von Architektur illustriert. Ein solches Denken, bei dem versucht wird, jeglichen universalistischen Architekturansatz durch identitäre Ideologie in Misskredit zu bringen, ist in der Architektur übrigens durchaus weit verbreitet – und kommt nicht selten auch von links. Und zwar in Gestalt einer Globalisierungsskepsis oder -feindlichkeit, oft gepaart mit einer Prise Antiamerikanismus. Dies ist perfekt zu vereinnahmen von rechts.

DCCA: Ein Differenzdenken, wie es sich in der Rede einer „europäischen Identität" zeigt, appelliert ja auch an einen Authentizitätscharakter von Städten oder Regionen. Lehnen Sie dies grundsätzlich ab? Oder geht es Ihnen

Abb. 11.2: Eine klassische neurechte Erzählung, dargeboten von einer angeblich unpolitischen Social-Media-Plattform: „Die Moderne ist demoralisierend", twittert *Architectural Revival* am 29. April 2017 über den Siegerentwurfs von Staab Architekten für die Neugestaltung der südlichen Domumgebung in der Kölner Innenstadt – um dann eine rechtsradikale Verschwörungstheorie zu perpetuieren: „Die Tilgung der deutschen Identität ebnet den Weg für den Austausch des deutschen Volkes."

darum, dass etwas nicht ins übertrieben Identitäre kippen darf? Über welches Maß an Differenz sprechen wir?

ST: Natürlich will auch ich Differenzen erleben, nicht zuletzt auf Reisen. Was allerdings in den letzten dreißig oder vierzig Jahren im Architekturdiskurs und darüber hinaus passierte, kommt einer weitgehenden Diskreditierung universalistischer Positionen in der Architektur gleich, an der auch die globalen Erfolge des sogenannten „Parametrismus", also des computergenerierten Entwerfens von Architekturen mit komplexen Geometrien, nicht allzu viel ändern konnte. Dieser Diskreditierung muss man nun, denke ich, wieder gegensteuern. Im Übrigen auch gegen gewisse Spielarten des Postkolonialismus, die „Kulturen" auf vermeintliche Identitäten festschreiben wollen. Aber als Leiter des wahrscheinlich einzigen deutschen Architekturinstituts, in dem die Wortkombination „moderne Architektur" auftaucht, sage ich auch:

Ein simples Zurück zu einer Prä-Postmoderne, zu einer modernen Architektur westlich-kolonialistischer Vorherrschaft, kann es nicht geben. Wir fragen uns daher: Gibt es so etwas wie ein neues, multiperspektivisches Moderneprojekt, das postkoloniale Sensibilitäten mitreflektiert? Die Schwierigkeit, ein Moderneprojekt für die Gegenwart zu reaktivieren, hat sicherlich auch mit der Dominanz von Märkten über Staaten zu tun; also mit dem, was Zygmunt Bauman mit der Transformation einer stabilen in eine verflüssigte Moderne beschrieben hat. Was Patrik Schumacher, der Chef von Zaha Hadid Architects propagiert – nämlich eine anarchokapitalistische Architektur des reinen Marktes – kann ja wohl nicht die Zukunft sein. Das ist rechts-libertäre Andienerei an eine verflüssigte Private-sector-Welt; öffentliche Bauherren kommen hier fast nur in Form von autoritären Regimen ins Spiel. Das ultimative Gegenmodell dazu – die partizipationsgeübte Demokratie – bringt allerdings auch Probleme mit sich: und zwar die vielerorts zu beobachtende ästhetische Regression in Richtung des Alten und Vertrauten; in Deutschland vor allem in Richtung Rekonstruktion. Zwischen den beiden Extremen „Parametrismus" und „Rekonstruktion" tut sich derzeit eine große Lücke auf – auch im Theorieangebot.

DCCA: Wo sehen Sie interessante Bauvorhaben, die diesen Weg einschlagen?
ST: Es gibt in Kopenhagen einen hochinteressanten Platz bzw. Park namens Superkilen, der von der Künstlergruppe Superflex in Zusammenarbeit mit der Bjarke Ingels Group (BIG) und Topotek1, einem deutschen Landschaftsarchitekturbüro, entworfen und 2012 eingeweiht wurde (Abb. 11.3). Was dort entstanden ist, kann als Versuch eines öffentliches Raumes für eine multikulturelle Gesellschaft betrachtet werden. In unmittelbarer Nachbarschaft zu einem migrantisch geprägten Stadtviertel finden sich ein marokkanischer Brunnen, eine türkische Bank, japanische Kirschbäume, Trainingsgeräte vom Muscle Beach in Los Angeles, Abwasserkanäle aus Israel und Palmen aus China bis hin zu Neonreklamen aus Katar und Russland. Bei jedem Objekt befindet sich eine kleine, in den Boden eingelassene Edelstahlplatte mit einer Beschreibung des Objekts auf Dänisch und in der jeweiligen Sprache des Herkunftslandes. Eine Art surrealistische Sammlung globaler

Diversität ist entstanden, die jegliches Bild eines ethnisch homogenen Dänemarks dementiert. Dort wurde das Fragment einer „Weltgesellschaft" symbolisch errichtet.

DCCA: Künstler entziehen sich oft der politischen Diskussion, indem sie die Autonomie des Kunstwerks betonen. Gibt es diese Tendenz auch in der Architektur, oder werden die Debatten, die diese Art von Verteidigung notwendig machen, erst gar nicht geführt?

ST: Auch in der Architektur gibt es ein sehr starkes Autonomiedenken, und zwar in völlig unterschiedlichen Lagern. Es findet sich beispielsweise sowohl bei Patrik Schumacher – der glaubt, dass Architektur ein System sei, das autonomen Gestaltungsentscheidungen gehorchen würde – als auch bei Hans Kollhoff. Letzterer ist ja kürzlich wegen seines 2001 fertiggestellten Walter-Benjamin-Platzes in Berlin massiv unter Beschuss geraten, weil der Platz erstens formale Anleihen bei bestimmten Architekturen des italienischen Faschismus macht und zweitens der Architekt dort ein antisemitisch konnotiertes Ezra-Pound-Zitat aus den 1930er-Jahren anbringen ließ: „Bei

Usura hat keiner ein Haus von gutem Werkstein. Die Quadern wohlbehauen, fugenrecht, dass die Stirnfläche sich zum Muster gliedert." Mit dem Codewort „Usura" (Wucher) sind natürlich „die Juden" gemeint, denen Pound die Schuld an allem Möglichen, auch eben an schlechter Architektur ohne „guten Werkstein" anlastete. Beides, die Architektur des Platzes wie das Zitat, wird vom Architekten mit Bezug auf die Autonomie der Architektur bzw. Dichtkunst verteidigt.

DCCA: Sind reaktionäre Architekturtendenzen vor allem ein deutsches Phänomen oder gibt es Ähnliches auch woanders in Europa?

ST: In der *ARCH+ 235: „Rechte Räume"* gehen wir auf verschiedene europäische Länder ein. Zum Beispiel auf Polen und Ungarn. Im Unterschied zu Deutschland, wo es vonseiten der Rechten ein starkes Interesse an Rekonstruktionen gibt, ist in Polen zumindest die Rekonstruktion der Warschauer Altstadt antifaschistisch grundiert. Dafür finden sich dort viele aktuelle kirchliche Projekte, die dem rechtskatholischen Kontext zuzuordnen sind. Ungarn dagegen ist beim Thema „rechte Räume" vor allem für seine Denkmalpolitik interessant, etwa wenn sozialistische Denkmäler an die Peripherie verlegt werden; wenn – wie auf dem Szabadság-Platz in Budapest geschehen – neue Denkmäler errichtet werden, die die Kollaborationsgeschichte Ungarns mit Nazi-Deutschland verschweigen (Abb. 11.4); oder wenn – wie 2013 am Eingang zur Budapester Reformierten Kirche Hazatérés Temploma geschehen gar eine Bronzebüste von Miklós Horthy aufgestellt wird [Abb. 11.5]. Unter Horthys autoritärem Regime war 1920–44 eine antijüdische und pro-nationalsozialistische Politik in Ungarn betrieben worden.

DCCA: Die Entsorgung der sozialistischen Moderne spielt wahrscheinlich bei den deutschen Rekonstruktionsprojekten eine große Rolle, oder?
ST: Natürlich. Das sieht man besonders in Berlin deutlich. Beim Humboldtforum etwa, das an die Stelle des Palastes der Republik trat. Oder bei der geplanten Rekonstruktion der Schinkel'schen Bauakademie, für die ein Meisterwerk der Ostmoderne geopfert wurde, nämlich das Ministerium für Auswärtige Angelegenheiten der DDR, errichtet 1972 von Josef Kaiser, Heinz

Abb. 11.4: Ausblendung der aktiven Beteiligung Ungarns an der Deportation der ungarischen Juden: Das 2014 errichtete Denkmal zur Erinnerung an die Opfer der deutschen Besatzung Ungarns der Jahre 1944/45 am Szabadság-Platz stellt Ungarn einseitig als Opfer der Nazi-Besatzung dar (Foto von 2017).

Abb. 11.5: Offene Ehrbekundung für einen Antisemiten und Kollaborateur Hitlers: Seit 2013 steht am Eingang zur Budapester Reformierten Kirche Hazatérés Temploma, die direkte Verbindungen zur rechtsextremen Jobbik-Partei unterhält, eine Bronzebüste von Miklós Horthy (Foto Mai 2019).

Aust, Gerhard Lehmann und Lothar Kwasnitza. Oder ganz aktuell bei der Debatte über die Zukunft des Marx-Engels-Forums. Hierfür hat vor knapp einem Jahr der bekannte Berliner Stadtsoziologe Harald Bodenschatz den Vorschlag gemacht, eine Berliner Altstadt nach dem Vorbild der Frankfurter Altstadt zu rekonstruieren. Und zwar mit dem – wie ich finde – sehr bizarren Argument, hier eine Art „christliche-jüdische Toleranztopografie" wiedererstehen lassen, die es dort natürlich niemals gegeben hat, trotz der bemerkenswert hohen Dichte von Immobilien im Besitz jüdischer Familien vor 1933. Aber Menschen jüdischer Herkunft durften bekanntlich erst ab 1918 einen Ministerposten oder Ähnliches in Deutschland bekleiden. Eine lange Diskriminierungs- und Pogromgeschichte nun mit einem angeblichen Zeitalter christlich-jüdischer Toleranz zu verklären und auf dieser Argumentationsbasis dann eine Altstadt zu rekonstruieren, halte ich für geradezu obszön. Mein Vorschlag lautet einerseits entschlossene Restitution und Entschädigung – da ist noch viel zu wenig getan worden – und andererseits die Erhaltung des Bruches in Form des Marx-Engels-Forums. Hier eine Art Happy-End-Rekonstruktion zu bauen, wäre meines Erachtens städtebaulich ein Fehler und historisch auch das falsche Signal.

DCCA: Gibt es rechte oder linke Architekturen?

ST: Ich meine nein. Aber es gibt rechte oder linke Architekt*innen. Und vor allem natürlich auch Opportunist*innen. Architektur kann allerdings meist dann eindeutig in einem politischen Rechts-links-Spektrum verortet werden, wenn Inschriften ins Spiel kommen, was häufig und nicht zuletzt ja auch beim Walter-Benjamin-Platz der Fall ist. Uns wurde u. a. von den beiden *FAZ*-Architekturkritikern Niklas Maak und Arnold Bartetzky vorgeworfen, dass wir nicht mit Hans Kollhoff reden, ihn nur diffamieren würden. Dieser Vorwurf ist schlicht falsch und eine Verdrehung der Tatsachen: Die Architekturtheoretikerin Verena Hartbaum, die die ganze Causa mit dem Ezra-Pound-Zitat für die *ARCH+ 235: „Rechte Räume"* aufgearbeitet hat, hat sehr wohl Hans Kollhoff kontaktiert und ihn um eine Stellungnahme gebeten. Diese hat sie auch erhalten und publiziert. Und abgesehen davon ist es hier nicht entscheidend, was Kollhoff denkt und sagt. Wichtig ist, was da auf dem Platz steht und in welchem Kontext die Pound-Zeilen entstanden sind.

DCCA: Wie geht man nun mit dem Zitat auf dem Platz um?
ST: In der *ZEIT* hat Adam Soboczynski vor ein paar Wochen eine lesenswerte Milieustudie veröffentlicht. Unter dem Titel „Eine AfD des Bauens?" berichtet er von der Reaktion des Schriftstellerpaars Durs Grünbein und Eva Sichelschmidt auf die *„Rechte Räume"-ARCH+*, in der Kollhoffs Pound-Zitat vehement kritisiert wurde. Das Paar sitzt auf dem Berliner Walter-Benjamin-Platz im „italienischen Restaurant, das sehr gut und sehr teuer ist", legt „Wert auf feine Gesten", „blättert befremdet" im Heft – und mokiert sich über „Jogginghosen", während man mit dem antisemitisch konnotierten Pound-Zitat ganz offenkundig seinen relativen Frieden gemacht hat: „Wenn Sie in Deutschland einen richtig rechten Raum sehen wollen, dann müssen Sie auf die deutsche Autobahn", so Grünbein am Ende. Ein ziemlicher

Whataboutismus, finde ich. Jedenfalls bin ich gegen eine simple Zitatentfernung. Das würde den Ort nur auf falsche Art und Weise adrett machen. Vielmehr plädiere ich für eine Ergänzung des Pound-Zitats mit zwei Sätzen von Walter Benjamin: „Alle Bemühungen um die Ästhetisierung von Politik gipfeln in einem Punkt. Dieser eine Punkt ist der Krieg." Das steht so in Benjamins berühmtem Text „Das Kunstwerk im Zeitalter seiner technischen Reproduzierbarkeit". Geschrieben hat Benjamin diese beiden Sätze 1936, also etwa gleichzeitig mit Pounds Usura-Dichtung.

DCCA: Die Antwort könnte also die Erzeugung von Ambivalenz sein?

ST: Die Antwort sollte jedenfalls ein Kommentar sein, der nicht nur das Pound-Zitat, sondern auch die gesamte Kriegsbereitschafts-Ästhetik des Platzes in die Schranken verweist. Wissen Sie, was mich umtreibt in der Architektur, ist ihr Verdammtsein zum Optimismus. Daniel Libeskind hat mal gesagt: „Als Architekt musst du an die Zukunft glauben. Du kannst weder Zyniker noch Skeptiker sein, sonst wärst du kein Architekt. Vielleicht ein Politiker oder Historiker oder ein Autor, aber nie ein Architekt. Aufgabe eines Architekten ist es, das Leben besser zu machen." Aber auf was baut quasi die gesamte Hochkultur und Unterhaltungsindustrie auf? Auf dem Faszinosum und der Attraktivität des Bösen und Verbrecherischen. Dagegen steht der grundsätzliche Optimismus der Architektur. Um diesen Optimismus weiterhin attraktiv zu halten, muss man künftig vielleicht noch entschlossener dazu übergehen, in kulturellen Artefakten – und eben auch in der Architektur – künstlich Ambivalenzen einzubauen: so etwas wie „harmlose Bösartigkeiten" im grundsätzlich Guten.

Über den Autor

Prof. Dr. phil. Stephan Trüby (* 1970) ist Professor für Architekturtheorie und Direktor des Instituts für Grundlagen moderner Architektur und Entwerfen (IGmA) der Universität Stuttgart. Zuvor war er Professor für Temporäre Architektur an der HfG Karlsruhe (2007–2009), leitete das Postgraduierten-programm MAS Scenography/Spatial Design an der Zürcher Hochschule der Künste (2009–2014), lehrte Architekturtheorie an der Harvard University (2012–2014) und war Professor für Architektur und Kulturtheorie an der TU München (2014-2018). Zu seinen wichtigsten Büchern gehören *Exit-Architektur. Design zwischen Krieg und Frieden* (2008), *The World of Madelon Vriesendorp* (2008, mit Shumon Basar), *Germania, Venezia. Die deutschen Beiträge zur Architekturbiennale Venedig seit 1991 – Eine Oral History* (2016, mit Verena Hartbaum), *Absolute Architekturbeginner: Schriften 2004–2014* (2017) und *Die Geschichte des Korridors* (2018).

Bildnachweis

Abb. 1.1: Archiv S. T.

Abb. 1.2: Archiv S. T.

Abb. 1.3: *Wikimedia Commons.*

Abb. 1.4: Foto von Stephan Trüby, 2019.

Abb. 1.5: Foto von Stephan Trüby, 2020.

Abb. 1.6: Diagramm von Stephan Trüby.

Abb. 2.2–3: *Wikimedia Commons.*

Abb. 2.4: *wettbewerbe aktuell* 12/1977.

Abb. 2.5: Gilles Deleuze, Félix Guattari: *Kafka. Für eine kleine Literatur,* Frankfurt am Main: Suhrkamp, 1976.

Abb. 3.1: Le Corbusier: *Vers une architecture,* 1923.

Abb. 3.2: Matthias Schirren: *Bruno Taut: Alpine Architektur,* München: Prestel, 2004.

Abb. 3.3: *Wikimedia Commons.*

Abb. 3.4: Wilhelm Heinrich Riehl: *Land und Leute. Naturgeschichte des Volkes als Grundlage einer deutschen Social-Politik,* Band 1, 1854.

Abb. 3.5: *Wikimedia Commons.*

Abb. 3.6: Ernst Rudorff: *Heimatschutz,* St. Goar: Reichl, 1994.

Abb. 3.7: *Wikimedia Commons.*

Abb. 3.8: Ulrich Fröschle, Markus Josef Klein und Michael Paulwitz (Hrsg.): *Der andere Mohler. Lesebuch für einen Selbstdenker. Armin Mohler zum 75. Geburtstag,* Rohrdorf: Brienna, 2013.

Abb. 3.9: Armin Mohler: *Die Konservative Revolution in Deutschland 1918–1932. Ein Handbuch,* Graz: Leopold Stocker, 2005.

Abb. 3.10: a+u: *Hans Hollein, Architecture and Urbanism Extra Edition,* 1992.

Abb. 3.11: Karlheinz Weißmann: *Armin Mohler. Eine politische Biografie,* Schnellroda: Edition Antaios, 2011.

Abb. 3.12: *Wikimedia Commons.*

Abb. 3.13: Stephan Trüby, Verena Hartbaum, University of Looking Good, c/o now (Hrsg): *Bayern,* München. *100 Jahre Freistaat. Eine Raumverfälschung,* Paderborn: Fink, 2019.

Abb. 3.14–15: Paul Schultze-Naumburg: *Kunst und Rasse,* München: Lehmanns, 1928.

Abb. 3.16: Erich Retzlaff: *Wegbereiter und Vorkämpfer für das neue Deutschland,* München, 1933.

Abb. 3.17: Arthur Moeller van den Bruck: *Der preußische Stil,* München: Piper, 1916.

Abb. 3.18: *Wikimedia Commons.*

Abb. 3.19: Leopold Ziegler: *Florentinische Introduktion,* Braunschweig: Vieweg, 1989.

Abb. 3.20: Archiv S. T.

Abb. 3.21: Alexander von Senger: *Mord an Apollo,* Zürich: Thomas, 1964.

Abb. 3.22: *Wikimedia Commons.*

Abb. 3.23–24: Hartmut Mayer: *Paul Ludwig Troost. „Germanische Tektonik" für München,* Tübingen/Berlin: Wasmuth, 2007.

Abb. 3.25: *Wikimedia Commons.*

Abb. 4.1: Richard W. Eichler: *Baukultur gegen Formzerstörung. Für eine menschenfreundliche Architektur,* Tübingen: Grabert, 1999.

Abb. 4.2: Paul Schultze-Naumburg 1869–1949. *Maler, Publizist, Architekt. Vom Kulturreformer der Jahrhundertwende zum Kulturpolitiker im Dritten Reich,* Essen: Richard Bacht, 1989.

Abb. 4.3: Norbert Borrmann: *„Kulturbolschewismus" oder „Ewige Ordnung". Architektur und Ideologie im 20. Jahrhundert,* Graz: Ares, 2009.

Abb. 4.4: Norbert Borrmann: *Die große Gleichschaltung. Vom Verschwinden der Vielfalt,* Schnellroda: Antaios, 2016.

Abb. 4.5: Christian J. Grothaus: *Baukunst als unmögliche Möglichkeit. Plädoyer für eine unbestimmte Architektur,* Bielefeld: Transcript, 2014.

Abb. 4.6: Christian J. Grothaus: *Der „hybride Krieg" vor dem Hintergrund der kollektiven Gedächtnisse Estlands, Lettlands und Litauens,* Berlin: Carola Hartmann Miles-Verlag, 2017.

Abb. 4.7–8: Archiv S. T.

Abb. 4.9: Andreas Molau (Hrsg.): *Opposition für Deutschland. Widerspruch und Erneuerung,* Berg am See: VGB Verlagsgesellschaft Berg, 1995.

Abb. 4.10: Claus M. Wolfschlag: *Traumstadt und Armageddon. Zukunftsvisionen und Weltuntergang im Science-Fiction-Film,* Graz: Ares, 2007.

Abb. 5.1: *https://www.spiegel.de/fotostrecke/front-national-anti-minarett-kampagne-fotostrecke-52334.html.*

Abb. 5.2: *https://www.spiegel.de/fotostrecke/front-national-anti-minarett-kampagne-fotostrecke-52334.html.*

Abb. 5.3: Foto von Stephan Trüby, 2016.

Abb. 5.4: *ARCH+ 228: „Stadtland – Der neue Rurbanismus",* April 2017; Foto von Joachim Bessing.

Abb. 5.5: *ARCH+ 228: „Stadtland – Der neue Rurbanismus",* April 2017.

Abb. 5.6: Anna Schmidt / Amadeu-Antonio-Stiftung: *Völkische SiedlerInnen im ländlichen Raum. Basiswissen und Handlungsrategien*, Berlin: Amadeu-Antonio-Stiftung, 2014; Foto von Anna Schmidt.

Abb. 5.7: *https://www.endstation-rechts.de/news/udo-pastoers-npd-droht-strafzahlung-fuer-gediegenes-wohneigentum.html.*

Abb. 5.8: *https://recherche-nord.com/gallery/2015.03.01.html.*

Abb. 5.9: *https://www.faz.net/aktuell/politik/inland/zu-besuch-bei-goetz-kubitschek-14180792/von-diesem-rittergut-aus-14180551.html;* Foto von Daniel Pilar.

Abb. 5.10: *ARCH+ 235: „Rechte Räume. Bericht einer Europareise"*, Mai 2019; Foto von Gene Clover.

Abb. 5.11: Foto von Stephan Trüby, 2017.

Abb. 5.12: *Wikimedia Commons.*

Abb. 5.13: *Wikimedia Commons;* Foto von Alexander Blum.

Abb. 5.14: *https://www.tagesspiegel.de/politik/zentrum-fuer-politische-schoenheit-ermittlungen-gegen-ak-tionskuenstler-eingestellt/24194936.html;* Foto: *IMAGO/SNAPSHOT.*

Abb. 6.1: *ARCH+ 235: „Rechte Räume. Bericht einer Europareise"*, Mai 2019.

Abb. 6.2: Peter Cachola Schmal, Philipp Sturm (Hrsg.) *Die immer neue Altstadt: Bauen zwischen Dom und Römer*, Berlin: Jovis, 2018.

Abb. 6.3: Max Klaar (Hrsg.): *Das Potsdamer Glockenspiel in Iserlohn*, Iserlohn, 1986.

Abb. 6.4: Archiv S. T.

Abb. 6.5: *Wikimedia Commons*

Abb. 6.6: Foto von Philipp Sturm.

Abb. 6.7: Wolfgang Pehnt, Hilde Strohl: *Rudolf Schwarz (1897–1961). Architekt einer anderen Moderne*, Ostfildern-Ruit: Hatje Cantz, 1997.

Abb. 6.8: *Wikimedia Commons.*

Abb. 6.9: *Wikimedia Commons;* Foto von Jean-Pierre Dalbéra.

Abb. 7.1: Christoph Mäckler, Wolfgang Sonne (Hrsg.): *Nichts ist erledigt! Reform des Städtebaurechts*, Berlin: Dom Publishers, 2020.

Abb. 7.2: *www.stadtbaukunst.de.*

Abb. 7.3: *www.stadtplanungsamt-frankfurt.de.*

Abb. 8.1: *Wikimedia Commons;* Foto von Ajay Suresh, 2019.

Abb. 8.2: *Wikimedia Commons;* Foto von Sebastian Bergmann, 2013.

Abb. 8.3: *Wikimedia Commons.*

Abb. 8.4: Foto von Stephan Trüby, 2010.

Abb. 8.5: *Wikimedia Commons.*

Abb. 8.6: *https://motherboard.vice.com/en_us/article/the-strange-history-of-steve-bannon-and-the-bio-sphere-2-experiment; Filmausschnitt aus dem Jahre 1995).*

Abb. 8.7: David Harvey: *The Condition of Postmodernity*, Cambridge, Mass./Oxford: Blackwell, 1990.

Abb. 8.8: *Wikimedia Commons;* Foto von David Shankbone, 2007.

Abb. 8.9: *Wikimedia Commons.*

Abb. 8.10: *Wikimedia Commons.*

Abb. 8.11: Foto von Stephan Trüby, 2019.

Abb. 8.12–14: *https://exportabel.wordpress.com/2017/05/16/der-trump-der-architektur-2/.*

Abb. 8.15: *https://www.dezeen.com/2017/10/17/zaha-hadid-architects-666-fifth-avenue-skyscraper-ja-red-kushner-companies-unlikely/.*

Abb. 8.16: Archiv S. T.

Abb. 9.1–9: *Wikimedia Commons.*

Abb. 9.10: Archiv S. T.

Abb. 9.11: *https://thereconstructionera.com/kommemo-rating-the-klans-birthplace-with-a-backwards-pla-que-in-pulaski-tn/.*

Abb. 9.12: *Wikimedia Commons.*

Abb. 9.13: *www.davidduke.com.*

Abb. 9.14: Archiv S. T.

Abb. 9.15: *https://www.splcenter.org/hate-watch/2015/05/20/chaos-compound.*

Abb. 9.15: *https://www.splcenter.org/hate-watch/2015/05/20/chaos-compound.*

Abb. 9.17–18: Archiv S. T.

Abb. 9.19: *www.huttonbuilds.com.*

Abb. 9.20: *Wikimedia Commons;* Foto von Ajay Suresh, 2019.

Abb. 9.21: *https://www.brownstoner.com/architecture/brooklyn-architecture-canarsie-649-east-91st-street-middle-class-houses-1930s-great-depres-sion/;* Foto von Susan De Vries, 2013.

Abb. 9.22: *Wikimedia Commons,* Foto von Hassan Tahir, 2016.

Abb. 9.23–25: Donald J. Trump, Tony Schwartz: *Trump. Die Kunst des Erfolges*, München: Heyne, 1988.

Abb. 9.26: *https://nationalpolicy.institute*, Screenshot vom 12. Mai 2019.

Abb. 9.27: *Wikimedia Commons,* Foto von 2008.

Abb. 9.28: *https://www.nytimes.com/2018/09/12/us/migrant-children-detention.html.*

Abb. 9.29: *https://archinect.com/news/article/150188248/melania-trump-is-building-a-classically-inspired-tennis-pavilion-on-the-white-house-lawn.*

Abb. 10.1: Jean-Nicolas-Louis Durand: *Précis des leçons d'architectures données à l'École Polytechnique,* Paris 1802–1805.

Abb. 10.2: Harry Francis Mallgrave: *Gottfried Semper: Ein Architekt des 19. Jahrhunderts,* Zürich: gta Verlag, 2001.

Abb. 10.3: *Wikimedia Commons.*

Abb. 10.4: Gottfried Semper: *Der Stil in den technischen und tektonischen Künsten oder Praktische Ästhetik. Ein Handbuch für Techniker, Künstler und Kunstfreunde,* Bd. 2, Frankfurt am Main: Verlag für Kunst und Wissenschaft, 1863.

Abb. 10.5: *Wikimedia Commons.*

Abb. 10.6: *Wikimedia Commons.*

Abb. 10.7: *www.youtube.com.*

Abb. 10.8: Marion von Osten: „Das Patio Grid", in: *ARCH+ 230: „Projekt Bauhaus 2: Architekturen der Globalisierung",* Dezember 2017.

Abb. 10.9: *Detail „Hybride Konstruktionen",* Oktober 2019.

Abb. 10.10: Archiv S. T.

Abb. 12.1: Foto von Stephan Trüby, 2018.

Abb. 13.1: *www.twitter.com.*

Abb. 13.2: *Wikimedia Commons.*

Abb. 13.3: *ARCH+ 235: „Rechte Räume. Bericht einer Europareise",* Mai 2019; Foto von Tünde Karaba, 2017.

Abb. 13.4: *ARCH+ 235: „Rechte Räume. Bericht einer Europareise",* Mai 2019; Foto von Csaba Nemes.

Personen- und Ortsregister